Ce qu'elles ont dit à propos de
Bouillon de poulet pour l'âme d'une mère II

« *Bouillon de poulet pour l'âme d'une mère II* m'a rappelé que le privilège d'être la mère de mes enfants est le plus grand rôle que j'aurai jamais à jouer. Et les mots les plus importants que j'aurai jamais écrits sont ces murmures de l'amour gravé dans leur cœur. »

LISA WHELCHEL
Comédienne, Blair dans « The Facts of Life »
Auteure, *Creative Correction : Extraordinary Ideas
for Everyday Discipline*

« L'un des besoins les plus fondamentaux dans le métier de mère est l'inspiration. Ce livre en est justement une ressource extraordinaire. »

LINDA EYRE
Auteure, *A Joyful Mother of Children :
The Magic & Mayhem of Motherhood*

« Ce livre est une lecture inspirante pour les mères qui tentent de jongler avec leurs multiples rôles. Ses histoires réconfortantes proposent un paisible répit dans nos vies occupées et célèbrent l'âme exceptionnelle de la maternité. »

ELLEN H. PARLAPIANO et PATRICIA COBE
Auteures, *Mompreneurs® : A Mother's Practical
Step-by-Step Guide to Work-at-Home Success*

« Quel cadeau pour toutes les mères du monde! Vous adorerez les histoires sur la sagesse des mères, leurs miracles, leurs précieux moments, sans oublier le pouvoir de l'amour d'une mère. »

BOBBI MCCAUGHEY
Mère des septuplés McCaughey
Auteure, *Seven from Heaven :
The Miracle of the McCaughey Septuplets*

« Lire *Bouillon de poulet pour l'âme d'une mère II* nous rappelle à tous la profondeur et la puissance du lien précieux entre une mère et son enfant et il élève le rôle de la maternité au rang du divin. »

JEANETTE LISEFSKI
Fondatrice, National Association of
At-Home Mothers and *AtHomeMothers.com*

« Toute maman ordinaire a des histoires extraordinaires à raconter. En rassemblant de telles histoires, *Bouillon de poulet pour l'âme d'une mère II*, comme son prédécesseur, rend un service inestimable — honorer et célébrer la maternité. »

LYNDA DEWITT
Responsable du contenu, Mom.com, Inc.

« L'amour d'une mère pour son enfant est sans bornes. *Bouillon de poulet pour l'âme d'une mère II* contient de précieuses histoires inspirantes et véridiques qui captent l'essence même de la maternité. Chaque histoire m'a profondément touchée, alors qu'elle reflétait ces lois universelles de l'amour inconditionnel. »

LAURA L. BORDOW
Directrice d'école primaire et mère

« *Bouillon de poulet pour l'âme d'une mère II* nous rappelle que non seulement nos enfants sont des cadeaux de Dieu à aimer et à chérir, mais que nos propres mères le sont aussi! »

PEGGY DUNN
Mairesse de Leawood, Kansas

« En tant que mère, je dis "Merci!" *Bouillon de poulet pour l'âme d'une mère II* réaffirme le fait qu'être maman est le travail le plus important et le plus épanouissant au monde. »

GLO GOODWIN
Personnalité du monde radiophonique

Jack Canfield
Mark Victor Hansen
Marci Shimoff
Carol Kline

Bouillon de Poulet pour l'âme d'une Mère II

D'autres histoires qui réchauffent le cœur
et remontent le moral des mères

Traduit par Renée Thivierge

SCIENCES ET *CULTURE*

Montréal, Canada

L'édition originale de cet ouvrage a été publiée sous le titre
CHICKEN SOUP FOR THE MOTHER'S SOUL 2
© 2001 Jack Canfield et Mark Victor Hansen
Health Communications, Inc., Deerfield Beach, Floride (É.-U.)
ISBN 1-55874-890-3

Réalisation de la couverture : Alexandre Béliveau

Tous droits réservés pour l'édition française
en Amérique du Nord
© 2002, *Éditions Sciences et Culture Inc.*

Dépôt légal : 4e trimestre 2002
Bibliothèque nationale du Québec
Bibliothèque nationale du Canada

ISBN 2-89092-305-3

 Éditions Sciences et Culture
5090, rue de Bellechasse
Montréal (Québec) Canada H1T 2A2
(514) 253-0403 Fax : (514) 256-5078
Internet : www.sciences-culture.qc.ca
Courriel : admin@sciences-culture.qc.ca

Nous reconnaissons l'aide financière du gouvernement du Canada
par l'entremise du Programme d'Aide au Développement de l'Indus-
trie de l'Édition pour nos activités d'édition.

IMPRIMÉ AU CANADA

*Nous dédions avec amour ce livre
à notre mère à tous — la planète Terre.*

*Nous le dédions aussi à toutes les mères qui,
avec une générosité sans limites,
créent, nourrissent, maintiennent la vie
et remplissent notre monde de beauté et d'amour.*

Table des matières

12. Merci, Maman

Les citations

Pour chacune des citations contenues dans cet ouvrage, nous avons fait une traduction libre de l'anglais au français. Nous pensons avoir réussi à rendre le plus précisément possible l'idée d'origine de chacun des auteurs cités.

Remerciements

Il a fallu trois ans pour fabriquer ce *Bouillon de poulet pour l'âme d'une mère II* et pour chacun de nous, ce fut un travail d'amour. Pendant la création de ce livre, l'une de nos plus grandes joies fut de travailler avec des personnes qui ont donné à ce projet non seulement leur temps et leur attention, mais aussi leur cœur et leur âme. Nous aimerions remercier les personnes suivantes — sans leur aide, ce livre n'aurait pu voir le jour.

Nos remerciements les plus sincères à :

Nos familles qui ont été un bouillon de poulet pour *nos* âmes! Inga, Travis, Riley, Christopher, Oran et Kyle pour tout leur amour et leur soutien. Patty, Elizabeth et Melanie Hansen, pour encore une fois avoir partagé et nous avoir soutenus avec amour pendant la création d'un autre livre.

Larry, le mari de Carol, pour avoir été cette montagne de gentillesse et de force, et les beaux-enfants de Carol, Lorin et McKenna Kline, pour leur inspiration, leur affection et pour leur coup de main quand tout devenait fou! Et la famille de Carol, sa mère, Selmajean Schneider, et son père décédé, Raymond Zuner, et ses frères et sœurs, Jim, Diana, Barbara, Wilbur, Burt, Pam et Holly, pour leurs encouragements, leur bon sens et, le meilleur de tout, leur amour.

Sergio Baroni, pour avoir été cette source constante d'amour, de lumière et de vérité, et pour nous avoir rappelé de garder nos cœurs ouverts, humbles et remplis de gratitude. Les parents de Marci toujours affectueux et d'un si grand soutien, Marcus et Louise Shimoff, et Lynda, Paul, Susan, Aaron, Jared, Tony et Vickie pour la merveilleuse famille qu'ils sont.

Jennifer Read Hawthorne, l'initiatrice de ce livre puisqu'elle a corédigé le premier *Bouillon de poulet pour l'âme d'une mère.* Nous apprécions profondément ton aimable participation, ta superbe édition et tes généreux encouragements à la production de ce livre.

Sue Penberthy, qui fut pour nous la véritable mère qu'elle est, en prenant si bien soin de ce livre et de nous, de tellement de façons. Nous te remercions d'avoir mis tout ton cœur à lire et à recommander des milliers d'histoires et d'avoir vu à tous les détails. Suzanne Lawlor, notre « mère au foyer », pour son dévouement et ses soins constants qui nous ont aidés à terminer ce livre.

Bryan Aubrey et Natalie Cleeson, pour vos talents de rédacteurs. Ce livre a extraordinairement profité de vos merveilleux talents d'écrivains et de rédacteurs. Et ce fut tellement agréable de travailler avec vous. Vous êtes les meilleurs!

Craig Herndon, pour être encore une fois venu à la rescousse de l'ordinateur. Merci pour ta précision et ton dévouement pour le travail bien fait.

Patty Aubery, pour avoir été un modèle pour nous tous — tu es l'ingrédient qui cimente la famille de *Bouillon de poulet pour l'âme.* Nous apprécions sincèrement ton amitié toute spéciale, ton amour qui vient du cœur et ton brillant sens des affaires.

Notre éditeur, Peter Vegso, qui continue à nous soutenir et ne cesse d'apporter au public les *Bouillon de poulet pour l'âme.*

Heather McNamara et D'ette Corona, pour la production de notre manuscrit final avec une magnifique facilité, finesse et soin. Merci d'avoir rendu les dernières étapes de la production aussi faciles.

Nancy Autio et Leslie Riskin pour nous avoir fourni des histoires et des dessins humoristiques à volonté, et pour avoir supervisé avec soin l'ingrate tâche d'obtenir les autorisations. Nous adorons vos multiples façons de vous occuper de nous.

Deborah Hatchell, pour avoir été cet extraordinaire lien entre les *Bouillon de poulet*. Tu as accompli le travail incroyable d'organiser toute l'aventure du *Bouillon de poulet* et ton aide fut inestimable.

Mark et Chrissy Donnelly, nos collègues et amis, pour leur exceptionnel talent en marketing et pour avoir représenté *Chicken Soup* avec tant de style.

Veronica Romero, Teresa Esparza, Robin Yerian, Cindy Holland, Vince Wong, Sarah White, Lisa Williams, Michelle Adams, DeeDee Romanello, Trudy Marschall, Tracy Smith, Shanna Vieyra, Joy Pieterse, Kristi Knoppe et David Coleman, qui ont soutenu l'entreprise de Jack et de Mark avec savoir-faire et amour.

Maria Nickless pour son soutien et son expertise en marketing et relations publiques ainsi que pour son enthousiasme sans bornes.

Patty Hansen, pour avoir négocié, avec minutie et compétence, les aspects légaux et l'obtention des autorisations nécessaires à la série *Bouillon de poulet pour l'âme*. Merci d'accomplir l'un des emplois les plus difficiles. Laurie Hartman, pour être une si bonne gardienne de la marque *Bouillon de poulet*.

Christine Belleris, Lisa Drucker et Susan Tobias, nos éditrices chez Health Communications, Inc., et tout spécialement Allison Janse, notre éditrice en chef, pour son engagement vers l'excellence. Nous avons adoré la facilité à travailler avec vous dans un climat de joie.

Tom Sand, Terry Burke, Irena Xanthos, Jane Barone, Lori Golden, Kelly Johnson Maragni, Karen Bailiff Ornstein, Randee Feldman, Patricia McConnell, Kim Weiss, Maria Dinoia, Kimberley Denney, Claude Choquette et Terry Peluso, des départements du marketing, de l'administration et des relations publiques ainsi que de la direction commerciale chez Health Communications, Inc., pour leur si merveilleux travail de soutien de nos livres.

Merci aux personnes du service artistique de Health Communications, pour leur talent, leur créativité et leur inlassable patience dans la production des couvertures de livre et de la conception graphique des pages intérieures (de l'édition américaine), qui captent l'essence de *Bouillon de poulet* : Larissa Hise Henoch, Lawna Patterson Oldfield, Andrea Perrine Brower, Lisa Camp, Anthony Clausi et Dawn Grove.

George et Felicity Foster, pour nous avoir aidés dans la conception de la couverture du livre. Ce fut un réel plaisir de travailler avec vous. Fairfield Printing, pour être encore une fois venu à bout du travail, même lorsque nous avions besoin que quelque chose soit fait pour « hier ». Lynda DeWitt, de Mom.com, Inc., pour nous avoir aidés dans l'organisation de notre concours d'histoires lancé sur le magnifique site Internet Mom.com. Sid Slagter, pour ses conseils informatiques inestimables, pour son encouragement, sans oublier son scanner toujours disponible. Merci pour tout. Elinor Hall, notre lectrice de la « seconde opinion », pour ses affectueuses remarques et son sens merveilleux de ce qui fait les bons *Bouillon de poulet*. Nous t'aimons.

Nous sommes profondément reconnaissants à tous les coauteurs de *Bouillon de poulet pour l'âme* qui font que c'est une joie de faire partie de la *famille Bouillon de poulet* : Raymond Aaron, Patty et Jeff Aubery, Nancy Mitchell Autio, Marty Becker, Cynthia Brian, Cindy Buck, Ron Camacho, Barbara Russell Chesser, Dan Clark, Tim Clauss, Barbara De Angelis, Mark et Chrissy Donnelly, Irene Dunlap, Bud Gardner, Patty Hansen, Jennifer Read Hawthorne, Kimberly Kirberger, Tom Lagana, Hanoch et Meladee McCarty, Heather McNamara, Paul J. Meyer, Marion Owen, Maida Rogerson, Martin Rutte, Amy Seeger,

Barry Spilchuk, Pat Stone, Carol Sturgulewski, Jim Tunney et Diana von Welanetz Wentworth.

Les personnes suivantes se sont chargées de la tâche monumentale de lire le manuscrit préliminaire. Elles nous ont aidés à faire la sélection finale et leurs commentaires furent inestimables pour améliorer ce livre : Bryan Aubrey, Linda Beckwith, Christine Belleris, Cindy Buck, D'ette Corona, Randee Feldman, Elinor Hall, Ceil Halpern, Amy Hawthorne, Jennifer Read Hawthorne, Deborah Hatchell, Betsy Hinchman, Becky Huggins, Carol Jackson, Allison Janse, Rita Kline, Cindy Knowlton, Suzanne Lawlor, Jeanette Lisefski, Barb McLaughlin, Heather McNamara, Linda Mitchell, Holly Moore, Sue Penberthy, Staci Richmond, Carol Richter, Heather Sanders, Selmajean Schneider, Maria Sears, Marc et Louise Shimoff, Elizabeth Songster, May Story, Carolyn Strickland et Lynda Valles. Vos remarques furent d'une valeur inestimable.

Nous voulons aussi remercier les centaines de personnes qui nous ont envoyé des histoires, des poèmes et des citations pour être possiblement inclus dans *Bouillon de poulet pour l'âme d'une mère II*. Même s'il ne nous a pas été possible d'utiliser tout ce matériel, nous avons été profondément touchés par votre intention sincère de partager vos histoires avec nous et avec nos lecteurs. Plusieurs de ces textes pourraient être utilisés dans les futurs volumes de la série *Bouillon de poulet pour l'âme*. Merci!

Étant donné l'ampleur du projet, nous avons peut-être oublié les noms de certaines personnes qui nous ont accompagnés tout au long de ce parcours. Si c'est le cas, nous en sommes désolés — mais sachez que nous vous avons tous appréciés très profondément.

Nous sommes sincèrement reconnaissants à toutes les mains et tous les cœurs qui ont rendu possible ce livre. Nous vous aimons tous!

« *J'en ai assez du* Bouillon de poulet pour l'âme.
Qu'est-ce que tu dirais d'une pizza pour le fils ? »

Introduction

Il n'est pas possible de comparer une mère à qui que ce soit — une mère, ça ne se compare pas!

Proverbe africain

Il n'y a rien comme une mère. Nos mères nous donnent la vie, elles nous aiment, elles prennent soin de nous et elles veulent le meilleur pour nous, quel que soit notre âge. Elles ne cessent jamais d'être nos mères et les mots ne suffisent pas pour décrire avec justesse ce cadeau qu'elles nous ont offert.

Être une mère ne peut se comparer à aucune autre expérience de ce monde. Être enceinte, vivre les douleurs de l'accouchement et, cela concerne autant les mères adoptives que les mères biologiques, voir pour la toute première fois le visage de votre enfant — toutes ces étapes qui nous marquent profondément ne sont que le début de ce rôle unique et fascinant dans la vie que nous nommons maternité.

C'est parce que les mères tiennent une place aussi spéciale dans nos cœurs que le premier *Bouillon de poulet pour l'âme d'une mère* fut créé. Ce nouveau livre, *Bouillon de poulet pour l'âme d'une mère II*, fut rédigé pour répondre à la demande enthousiaste de lecteurs à travers le monde qui ont aimé notre premier *Bouillon de poulet* portant sur les mères et qui en ont redemandé. L'ordre de lecture des livres n'est pas important — vous n'avez pas à lire le premier pour apprécier celui-ci. Mais, d'après nos lecteurs, une fois que vous en aurez lu un, vous aurez faim pour d'autres.

Que vous soyez vous-même une mère ou que vous entreteniez un lien précieux avec votre mère, les histoires de ce livre vous charmeront, vous inspireront, vous émouvront et vous toucheront. Pour les fils et les filles, ces histoires vous

montreront les diverses façons dont nos mères enrichissent
nos vies. Pour les mères, ces histoires vraies célèbrent et
reconnaissent la nature exigeante et les multiples facettes
de votre rôle.

Qui d'autre doit jongler avec tous les travaux nécessaires pour élever une famille à notre époque! À n'importe quel
moment, on peut demander à une mère d'être le soutien de
famille, la pourvoyeuse de denrées, le chauffeur, la laveuse
de vaisselle, la domestique, l'assistante sociale, l'infirmière,
celle qui encourage ses enfants sur le terrain, le gendarme,
celle qui fait les courses de tout le monde, la confidente et
bien d'autres choses. Quelquefois une mère doit exécuter
toutes ces tâches en même temps! Il est clair que les mères
sont le prototype des appareils multifonctions.

Ces différents aspects de la vie d'une mère sont décrits
dans les chapitres de *Bouillon de poulet pour l'âme d'une
mère II*. Le premier chapitre contient des histoires portant
sur l'ingrédient fondamental de la vie humaine — l'amour.
Ces histoires mettent l'accent sur le lien d'amour qui unit
les mères à leurs enfants. Nous avons également inclus des
chapitres portant sur le courage des mères devant les défis,
sur la sagesse que les mères partagent avec leurs enfants,
sur les miracles, sur ces moments particuliers qui créent
nos plus chers souvenirs et sur l'aventure incroyable de
devenir une mère, que ce soit par l'accouchement ou par
l'adoption.

Nous avons ajouté un chapitre intitulé « Les mères et les
filles », dédié à la relation spéciale que partagent les mères
et les filles. Notre chapitre « Être mère » touche une grande
variété de sujets, les uns humoristiques, les autres poi-
gnants, qui trouveront tous un écho chez les mères de partout.

Le chapitre intitulé « Lâcher prise » inclut des histoires
touchant la perte d'une mère ou d'un enfant. Ce chapitre
offre du réconfort et de l'inspiration aux mères et aux
enfants qui font face à ces pertes accablantes.

Aucun livre sur les mères ne serait complet sans un hommage à nos mères; c'est la raison de notre dernier chapitre « Merci, Maman », qui est un recueil d'histoires exprimant la gratitude pour les cadeaux inestimables prodigués par les mères.

Dans son entier, ce livre a été rédigé comme un hommage aux mères de tout âge et pour servir de source d'inspiration, de partage d'expériences et de réconfort lors de moments difficiles. De plus, nous espérons que ce livre fournira des exemples de sagesse pratique aux mères. Après avoir lu notre manuscrit initial, la mère de Carol a écrit le mot suivant à sa fille : « *Il y a beaucoup de choses dans ces histoires que j'aimerais avoir accomplies en tant que mère. Il en reste encore que je peux accomplir. Par exemple, je dirai à mes enfants, à mes petits-enfants et à mes arrière-petits-enfants combien je les aime, et tout ce qu'ils représentent pour moi.* » Nous désirons sincèrement que chaque lecteur soit ému de façon semblable.

Il reste une question : Comment peut-on suffisamment remercier nos mères pour le cadeau de la vie et pour l'amour inconditionnel? Comment pouvons-nous honorer nos filles, nos épouses, nos amies et autres parentes qui sont des mères, pour l'énorme et important travail qu'elles accomplissent? Pour commencer, nous pouvons nous souvenir d'exprimer tout l'amour et toute la gratitude que nous ressentons pour elles. De plus, nous de *Bouillon de poulet* offrons ce « bouquet d'histoires » aux mères et à leurs enfants, où qu'ils soient. Nous espérons qu'il réchauffera votre cœur, vous fera rire et donnera aux mères un sens renouvelé de détermination et de courage pour continuer ce que tellement de gens croient être la tâche la plus enrichissante — et la plus difficile — de la vie.

Jack Canfield, Mark Victor Hansen
Marci Shimoff et Carol Kline

1

L'AMOUR

Lorsque Mère Teresa reçut son prix Nobel,
on lui demanda :
« Que peut-on faire pour promouvoir
la paix dans le monde ?
Elle répondit :
« Retournez chez vous et aimez votre famille. »

Reproduit avec l'autorisation de Mike Shapiro.

L'appel de minuit

L'un des besoins primordiaux de l'être humain est d'avoir quelqu'un qui se demande où il peut bien être lorsqu'il ne rentre pas pour la nuit.

Margaret Mead

Nous connaissons tous l'effet que produit un appel téléphonique au beau milieu de la nuit. L'appel de cette nuit-là ne fut pas différent. Tirée brusquement de mon sommeil par la sonnerie qui m'enjoignait de répondre, je jetai un regard sur mon réveille-matin : les chiffres rouges lumineux indiquaient minuit. Des idées alarmantes surgirent dans mon esprit encore ensommeillé tandis que je décrochai le combiné.

« Allô? » Le cœur battant, j'agrippai l'appareil et jetai un coup d'œil à mon mari allongé près de moi, qui se retournait maintenant de mon côté.

« Maman? » Je pouvais difficilement entendre la voix faible qui me parvenait sur un fond de parasites. Mais je pensai immédiatement à ma fille. À mesure que le son devenait plus clair, je perçus des pleurs désespérés. C'était la voix d'une jeune personne. J'attrapai le poignet de mon mari et le serrai très fort.

« Maman, je sais qu'il est tard. Mais ne... ne dis rien avant que j'aie fini de parler. Et puis... avant que tu me le demandes, oui j'ai bu. J'ai presque fait une sortie de route à quelques kilomètres d'ici et... »

J'inspirai brusquement une gorgée d'air, me dégageai de mon mari et appuyai ma main contre mon front. Le sommeil brouillait encore mes idées et j'essayais de ne pas succomber à la panique. Quelque chose n'allait pas.

« Et j'ai eu tellement peur. Je pensais seulement à la souffrance que vous auriez eue si un policier était venu se présenter à la porte pour vous annoncer ma mort. Je veux… revenir à la maison. Je sais que ce n'était pas bien de m'enfuir. Je sais que vous vous êtes rongés d'inquiétude. J'aurais dû vous téléphoner il y a plusieurs jours, mais j'avais peur… j'avais peur… »

Des sanglots remplis d'une émotion profonde affluèrent du récepteur et se déversèrent dans mon cœur. Immédiatement, j'imaginai le visage de ma fille et mes sens embrouillés commencèrent à se réveiller. « Je crois… »

« Non! S'il te plaît, laisse-moi terminer! S'il te plaît! » Elle suppliait. Ce n'était pas vraiment de la colère, mais plutôt du désespoir.

Je fis une pause et j'essayai de penser à ce que je devrais dire. Avant que j'aie pu commencer, elle continua : « Je suis enceinte, maman. Je sais que je ne devrais pas boire maintenant… surtout maintenant, mais j'ai peur, maman, j'ai tellement peur. »

La voix se brisa de nouveau; je me mordis la lèvre alors que je sentais mes propres yeux s'embuer. Je regardai mon mari qui était assis et qui me demandait dans un mouvement de lèvres silencieux : « Qui est-ce? »

Je hochai la tête, et comme je ne répondais pas, il se leva d'un bond et quitta la chambre, pour revenir quelques secondes plus tard avec le téléphone sans fil collé à son oreille. Elle avait dû entendre le déclic sur la ligne car elle continua, « Es-tu toujours là? S'il te plaît, ne raccroche pas! J'ai besoin de toi. Je me sens tellement seule. »

Je tins fermement le téléphone et regardai fixement mon mari, cherchant un conseil. Je lui dis : « Je suis là. Je ne raccrocherai pas. »

« J'aurais dû te le dire, maman. Je sais que j'aurais dû te le dire. Mais quand nous parlons, tu ne cesses de me dire ce que je devrais faire. Tu as lu toutes ces brochures sur la façon de parler de sexe et de tout le reste, mais tout ce que tu fais, c'est parler. Tu ne m'écoutes pas. Tu ne me laisses jamais te dire comment je me sens. C'est comme si mes sentiments ne sont pas importants. Parce que tu es ma mère, tu crois que tu connais toutes les réponses. Mais des fois, je n'ai pas besoin de réponse. Je veux simplement que quelqu'un m'écoute. » J'avalai la boule dans ma gorge et je me mis à fixer les brochures du style « comment parler à vos enfants » éparpillées sur ma table de nuit. Je murmurai : « J'écoute. » ,

« Tu sais, tout à l'heure sur la route, après que j'ai repris le contrôle de la voiture, j'ai commencé à penser au bébé et à comment prendre soin de lui. Là, j'ai remarqué la cabine téléphonique, et c'est comme si je t'avais entendue faire des sermons sur les gens qui boivent et ne devraient pas prendre le volant. Alors j'ai appelé un taxi. Je veux retourner à la maison. »

« C'est bien, ma chérie », lui dis-je, sentant un soulagement dans ma poitrine. Mon mari s'approcha, il s'assit tout près de moi et entrelaça ses doigts autour des miens. Simplement par son toucher, je savais qu'il pensait que je faisais et disais les bonnes choses.

« Mais tu sais, je crois que je peux conduire maintenant. »

« Non! » rétorquai-je. Mes muscles se raidirent et je resserrai l'étreinte autour de la main de mon mari. « S'il te plaît, attends le taxi. Ne raccroche pas avant qu'il soit arrivé. »

« Je veux juste revenir chez nous, maman. »

« Je sais. Mais fais-le pour ta maman. S'il te plaît, attends le taxi. » Apeurée, j'écoutai le silence. N'entendant aucune réponse, je me mordis la lèvre et fermai les yeux. D'une manière ou d'une autre, je devais l'empêcher de conduire.

« Le taxi est arrivé maintenant. » C'est seulement lorsque j'entendis une voix au loin qui demandait si on avait appelé un taxi, que je sentis ma tension diminuer.

« Je rentre à la maison, maman. » Il y eut un déclic, puis le silence.

Les larmes aux yeux, je me levai et je marchai dans le couloir pour me rendre à la chambre de ma fille de seize ans. Le silence alourdissait la pièce. Mon mari arriva derrière moi, il m'enveloppa de ses bras et posa son menton sur le dessus de ma tête.

J'essuyai les larmes sur mes joues. « Nous devons apprendre à écouter », lui dis-je.

Il me retourna face à lui. « Nous apprendrons, tu verras. » Puis il me prit dans ses bras et j'appuyai ma tête sur son épaule. Je le laissai m'enlacer un bon moment, puis je reculai et fixai le lit. Il me scruta pendant une seconde, puis il me demanda : « Crois-tu qu'elle sache jamais qu'elle avait composé le mauvais numéro? »

Je regardai notre fille endormie, puis mon mari. « Peut-être que ce n'était pas un si mauvais numéro. »

« Maman, papa, qu'est-ce que vous faites? » Une jeune voix ensommeillée émergea de dessous les couvertures.

Je m'approchai de ma fille qui était maintenant assise sur le lit et fixait l'obscurité. « Nous nous exerçons », lui répondis-je.

Elle marmonna : « À quoi? » en s'allongeant de nouveau sur le matelas, ses paupières déjà fermées dans un sommeil paisible.

Je murmurai : « À écouter. » Puis j'effleurai sa joue de ma main.

Christie Craig

L'amour d'une mère

Je suis convaincu que le plus bel héritage que nous puissions léguer à nos enfants, ce sont des souvenirs heureux.

Og Mandino

Lorsque je pense à la famille de Clara Harden, le mot *bonheur* me vient immédiatement à l'esprit. Quand j'allais les visiter, leurs rires m'accueillaient toujours.

Leur vie était si différente de la mienne. La mère de Clara croyait qu'il était plus important de nourrir l'esprit que d'accomplir des tâches futiles. Le ménage n'était vraiment pas une priorité pour elle. La famille comptait cinq enfants, de Clara, l'aînée âgée de douze ans, jusqu'au bébé de deux ans. Leur manque d'ordre me dérangeait parfois, mais jamais très longtemps. Leur maison semblait toujours en état de chaos total, avec au moins une personne en état de crise, réelle ou imaginaire. Mais j'aimais faire partie de leur bande turbulente; ils prenaient la vie avec insouciance et optimisme. La mère de Clara n'était jamais trop occupée pour nous. Elle aurait interrompu son repassage pour aller encourager un projet d'équipe ou débranché l'aspirateur pour nous appeler et nous entraîner pour une randonnée dans les bois afin de recueillir des spécimens destinés au travail scientifique scolaire d'un des enfants.

Vous ne saviez jamais à quoi vous attendre lorsque vous les visitiez. Leur vie était remplie de plaisir et d'amour — beaucoup d'amour!

Donc, le jour où les enfants Harden descendirent de l'autobus scolaire avec les yeux gonflés et rougis, je savais que quelque chose n'allait pas du tout. Je me précipitai vers Clara, je la tirai à l'écart, l'implorant de me dire ce qui était arrivé, sans être préparée à la réponse qu'elle me fit. Le soir précédent, la mère de Clara leur avait révélé qu'elle était atteinte d'un cancer au cerveau en phase terminale, avec simplement quelques mois à vivre. Je me souviens très bien de ce matin-là. Clara et moi allâmes derrière le bâtiment de l'école, pour sangloter, nous enlacer, sans savoir comment apaiser l'incroyable douleur. Nous restâmes là, partageant notre peine, jusqu'à la sonnerie de la cloche annonçant le premier cours.

Plusieurs jours passèrent avant que je visite de nouveau la maison des Harden. Redoutant le chagrin et la tristesse et me sentant tellement coupable de continuer la même vie, je retardai ce moment jusqu'à ce que ma mère me convainque que je ne pouvais négliger mon amie et sa famille en ces moments de tristesse.

Alors, j'allai les visiter. Lorsque j'entrai dans la maison des Harden, à ma grande surprise et à mon grand plaisir, j'entendis de la musique entraînante et des voix qui parlaient fort et avec animation, ponctuées de rires et de gémissements. Madame Harden était assise sur le sofa en train de jouer une partie de Monopoly avec ses enfants rassemblés autour d'elle. Chacun d'entre eux m'accueillit avec le sourire pendant que je m'efforçais de cacher ma stupéfaction. Cela ne se passait pas du tout comme je m'y attendais.

Finalement, Clara arrêta de jouer et nous sortîmes de la pièce pour nous rendre dans sa chambre où elle m'expliqua tout. Sa mère leur avait dit que le plus beau cadeau qu'ils pouvaient lui donner était de continuer à vivre comme si tout allait bien. Elle voulait que ses derniers souvenirs soient heureux, alors ils avaient promis de faire tout leur possible.

Un jour, la mère de Clara m'invita pour une occasion spéciale. Je m'empressai d'accepter et je la trouvai qui portait un large turban doré. Elle expliqua que maintenant que ses cheveux avaient commencé à tomber, elle avait décidé de porter ce turban au lieu d'une perruque. Sur la table, elle plaça des perles, de la colle, des marqueurs de couleur, des ciseaux et du tissu et nous demanda de décorer le turban, pendant qu'elle s'assoyait dans une position de reine hindoue. Nous transformâmes ce turban très quelconque en un bel objet tape-à-l'œil, chacun de nous ajoutant sa touche personnelle. Même si nous nous chamaillions sur l'endroit où placer la babiole suivante, j'étais consciente de la pâleur et de la fragilité de madame Harden. Plus tard, une photo fut prise avec la mère de Clara, chacun de nous pointant fièrement l'endroit du turban où il avait participé. Sous ce souvenir heureux, il y avait, toute proche, la peur non exprimée de son départ.

Finalement, la triste journée arriva : la mère de Clara mourut. Dans les semaines qui suivirent, la tristesse et la douleur des Harden étaient impossibles à décrire.

Puis, un jour, j'arrivai à l'école et je vis Clara qui riait, tout excitée en faisant des signes à ses camarades. Le nom de sa mère était fréquemment mentionné. L'ancienne Clara était revenue. Lorsque je parvins à l'approcher, elle me raconta son bonheur. Ce matin-là, pendant qu'elle habillait sa petite sœur pour l'école, elle avait trouvé un mot amusant, caché par sa mère dans les chaussettes de l'enfant. C'était comme si sa mère était revenue.

Dans l'après-midi, les Harden mirent la maison sens dessus dessous, à la recherche de messages cachés. Chaque nouveau message était partagé, mais certains demeurèrent cachés. Pendant les Fêtes, lorsqu'ils récupérèrent les décorations de Noël du grenier, ils découvrirent un merveilleux message de Noël.

Pendant les années qui suivirent, on découvrit d'autres messages de manière sporadique. Il en arriva même un le jour de la remise des diplômes de Clara et un autre, le jour de son mariage. Sa mère avait confié les lettres à des amis qui les distribuaient chaque fois qu'il y avait une journée spéciale. Même le jour de la naissance du premier enfant de Clara arriva une carte où était écrit un poignant message. Chacun reçut ces petits mots amusants, ou ces lettres remplies d'amour, jusqu'à ce que le dernier enfant eut atteint l'âge adulte.

M. Harden se remaria et le jour de son mariage, un ami lui remit une lettre de sa première femme pour qu'il la lise à ses enfants. Dans cette lettre, elle lui souhaitait du bonheur et demandait à ses enfants d'entourer leur belle-mère d'amour, car elle était absolument persuadée que leur père n'aurait jamais choisi une femme qui ne serait pas douce et aimante envers ses précieux enfants.

J'ai souvent songé à la peine que la mère de Clara avait dû ressentir lorsqu'elle écrivait ces lettres à ses enfants. J'ai aussi imaginé sa joie espiègle au moment où elle cachait ces petits mots. Mais à travers cela, j'ai été fascinée par les merveilleux souvenirs qu'elle laissa à ses enfants, malgré la souffrance, qu'elle supportait sereinement, et malgré l'angoisse qu'elle avait dû ressentir en quittant sa famille adorée. Ces gestes généreux sont l'exemple du plus grand amour maternel que j'aie jamais connu.

Pat Laye

Le pyjama vert mousse

Lorsque ma mère transportait son seau de charbon jusqu'aux dernières marches de l'escalier, je la surveillais souvent de l'intérieur de la maison. Elle montait habituellement trois chargements de charbon et il y avait dix-sept marches. Elle me souriait lorsqu'elle passait devant la fenêtre. Je lui criais plusieurs fois à travers la vitre : « Laisse-moi t'aider! »

Sa réponse était toujours la même. « Non, Mannie. Tu restes à l'intérieur. C'est plus chaud. Je n'en ai plus que pour une minute. Et puis, il n'y a qu'un seau. » Je devais avoir environ neuf ans.

Tu ne devrais pas faire ça, Maman. Tu as déjà travaillé toute la journée dans un bureau. Je sais que tu es fatiguée.

Quelquefois, je ne faisais pas mon guet habituel. Je m'occupais ailleurs dans la maison jusqu'à ce que je m'aperçoive que le charbon du lendemain avait été apporté. Souvent, je pensais à mes amis : leur père pouvait aller chercher le charbon pour la maison. Mon propre père était décédé avant que j'aie deux ans.

Pourtant, même si ma mère devait aller travailler chaque jour et qu'avoir un père me manquait, il y avait beaucoup de moments de bonheur dans notre vie familiale.

Lorsque j'ai grandi, il m'arrivait de monter le charbon avant que ma mère revienne du travail. C'était terriblement lourd et j'avais l'impression de ne jamais en apporter assez. Je voulais tellement trouver un moyen pour que sa vie soit meilleure.

Lorsque j'ai eu environ treize ans, à ma grande surprise, j'ai obtenu un emploi temporaire les fins de semaine dans un grand magasin du quartier. J'étais chargée d'emballer les cadeaux de Noël. Bien que jeune et inexpérimentée, je travaillais rapidement et je gagnais vingt-trois cents de l'heure. On me paierait juste avant Noël.

Je voulais donner à ma mère quelque chose de spécial cette année-là — quelque chose qui lui faciliterait la vie. Un soir, après le travail, j'allai faire du lèche-vitrines et je vis ce qu'il fallait à ma mère. Une femme-mannequin aux cheveux foncés le portait avec élégance. Elle avait un sourire radieux sans aucune trace de fatigue sur son visage. Vêtue d'un pyjama couleur vert mousse assorti d'un peignoir court, elle paraissait choyée et détendue. Je pensai qu'elle avait à peu près la même taille que ma mère. Je m'efforçai de voir le prix, tournant la tête presque à l'envers.

Vingt-cinq dollars et quatre-vingt-quinze sous. Une fortune en 1950!

Je ne savais vraiment pas si je pouvais gagner autant d'argent. Et même si je le pouvais, quelqu'un pourrait acheter le magnifique ensemble avant moi. « Mon Dieu, priai-je, fixant intensément le pyjama, garde-le-moi. Ne laisse personne l'acheter et fais-moi gagner au moins 25,95 $. »

Plusieurs soirs après le travail, j'allai me poster en face de la vitrine du magasin pour regarder l'ensemble convoité, souriant avec satisfaction et rassurée de le retrouver au même endroit.

Deux jours avant Noël, je reçus ma paie. Je sortis l'argent de l'enveloppe et je le comptai. *Vingt-sept dollars et treize sous!* J'en avais bien plus qu'il n'en fallait. Je courus vers le magasin avec l'argent en poche. J'entrai à bout de souffle et je dis à la vendeuse : « Je veux acheter le bel ensemble pyjama qui est dans la vitrine. C'est 25,95 $. »

La vendeuse nous connaissait, moi et ma mère. Elle sourit chaleureusement, mais suggéra, « Marion, ne crois-tu pas que ta mère aimerait plutôt recevoir quelque chose de plus… pratique? »

Je fis non de la tête. Je n'avais même pas entendu sa suggestion subtile et gentiment intentionnée. Rien au monde ne m'aurait fait changer d'idée. Ce pyjama appartiendrait à ma mère. Dieu avait empêché tout le monde de l'acheter, et j'avais l'argent pour le payer. Je retins presque mon souffle pendant que la vendeuse enlevait le pyjama et le peignoir de la vitrine. Pendant qu'elle allait chercher une boîte pour les emballer, j'étendis le bras et touchai le doux satin. Ce fut un moment exquis. La vendeuse enveloppa le cadeau dans du papier de soie, puis dans du papier d'emballage de Noël.

Finalement, tenant l'énorme paquet sous mon bras, je revins à la maison. Je plaçai le cadeau de ma mère sous le sapin, me demandant comment il me serait possible d'attendre jusqu'au matin de Noël.

Lorsque je me levai, je ne pus ouvrir aucun de mes cadeaux avant que ma mère n'ouvre le sien. Je l'observais le cœur battant.

Ma mère enleva le papier de soie et sa bouche dessina un « Oh! » silencieux. Elle toucha le pyjama avec un doigt — puis elle prit le peignoir. Elle me regarda et dit : « Oh, Mannie! C'est la plus belle chose que j'ai jamais vue. Je ne sais comment tu as fait, mais je l'adore! »

Je souris et je dis : « Mets-le, maman. »

Ce qu'elle fit et elle prépara le déjeuner ainsi habillée. Toute la matinée et tout l'après-midi, elle me dit combien elle aimait le cadeau. Je savais que c'était vrai. Elle le montrait à tous ceux qui venaient la voir.

Au cours des années, même s'il était complètement défraîchi, ma mère parlait encore aux gens de cet ensemble pyjama.

Je suppose que, d'une certaine façon, mon cadeau était une compensation pour les corvées qu'elle devait assumer, comme apporter le charbon, allumer le feu et se rendre à pied à son travail. Tous les soirs, elle portait son pyjama de satin et nous nous asseyions près du feu en écoutant la radio, en lisant ou en parlant.

Enfant, je ne m'étais jamais rendu compte que j'aurais dû lui acheter un chandail ou des bottes. Personne n'aurait pu m'en convaincre puisque, comme je l'avais escompté, le pyjama en satin vert semblait nous transporter dans un autre monde.

Plusieurs années plus tard, lorsque j'eus mes propres enfants, ma mère vint nous rendre visite un jour de Noël. Malgré la joie de cette période, j'étais un peu lasse. Il me semblait que j'étais fatiguée depuis des mois — peut-être des années. Je commençai enfin à prendre conscience que la maternité est un travail à plein temps, souvent banal, et surtout *quotidien*. Le poids de mes responsabilités familiales avait commencé à paraître sur mon visage et dans ma manière d'être.

Les enfants poussèrent des cris et ouvrirent leurs cadeaux. Nous nagions jusqu'au cou dans les emballages que, pensai-je avec irritation, je devrais ramasser plus tard. Juste à ce moment, ma mère me tendit un présent. « Joyeux Noël, Mannie », dit-elle doucement.

Elle n'avait pas ouvert ses cadeaux. Elle me surveillait alors que j'ouvrais délicatement l'énorme paquet doré. Je dépliai le papier de soie rose et je retins mon souffle. Lentement, je sortis la plus belle et la plus élégante robe d'intérieur de soie rose et or que j'avais jamais vue. Je passai ma main sur le motif gaufré-or. « Ohhh » était le seul son que je pus émettre pendant quelques instants. Puis, je dis : « Je ne peux croire que c'est pour moi. Ce n'est pas quelque chose qu'une mère peut porter. » Je baissai les yeux sur ma robe de flanelle abîmée à travers les larmes qui m'embrouillaient la vue.

« Essaie-la », m'exhorta ma mère.

Comme j'enlevais ma vieille robe, il me sembla que je me dépouillais en même temps de mon découragement et de ma lassitude. Je me levai enveloppée dans la ravissante robe de soie, comprenant ce que Cendrillon avait dû ressentir.

« Hé! dit l'un de mes enfants, regardez Maman. Elle est jolie. » Tout le monde me regarda. Mon mari sourit.

Ce matin de Noël, m'étant revêtue de l'élégante robe, je revins soudain quelques années en arrière et me rappelai le pyjama vert. Je tournai mon regard vers ma mère. Je crois qu'elle s'en souvenait aussi. Elle devait s'en rappeler pour comprendre combien j'avais désespérément besoin de cette robe. Nous n'avions plus besoin de parler. Nous comprenions trop bien, toutes deux, ce que pouvaient signifier ces cadeaux.

Marion Bond West

Grandir

Les enfants sont l'ancre qui retient une mère à la vie.

Sophocle

Ma mère m'avait lu l'histoire des *Emprunteurs,* ces petits visiteurs qui se cachent dans les moindres recoins d'une maison. Captivée, j'avais fabriqué une minuscule salle à manger sous une bibliothèque avec des meubles de maison de poupée. Pendant des semaines, j'y laissai des miettes de pain et un petit bol d'eau — le bouchon d'une bouteille de ketchup — avant d'aller au lit. Chaque matin, avant l'école, je vérifiais si les *Emprunteurs* étaient revenus. L'eau et les miettes avaient disparu. Quelquefois, il y avait même un petit mot de remerciement pour moi.

J'avais neuf ans et j'étais probablement trop vieille pour vraiment croire aux *Emprunteurs.* Et même si je me doutais que mes petits visiteurs pouvaient être l'œuvre de ma mère, je tenais encore à croire qu'ils étaient bien réels. Puis un jour, je revins de l'école et ma mère était partie. Ainsi que les *Emprunteurs.*

« Maman est très malade, me dit mon père, ses yeux habituellement d'un bleu clair éclatant paraissant fatigués et tristes. Elle restera à l'hôpital pendant un moment jusqu'à ce qu'elle aille mieux. Ses reins ne fonctionnent pas bien et les médecins vont la soigner pour la remettre en forme, mais cela prendra quelques semaines avant que tu puisses la voir, car les médecins ont besoin de ce temps pour tout arranger, d'accord? »

Au début, cela sembla presque des vacances. Tout le monde était particulièrement gentil avec moi; mon père me cuisinait mes plats préférés ou m'emmenait au restaurant. Il apportait à la maison des lettres de ma mère, « Assure-toi de demander à Papa de t'aider à brosser tes cheveux; quand ils commencent à se nouer, ils sont tellement difficiles à brosser. » Mes cheveux, fins et ondulés, avaient tendance à s'emmêler.

« Pourquoi ne puis-je aller voir Maman? » lui demandais-je.

Mais sa réponse était toujours la même : « Pas tout de suite. Elle est trop faible maintenant... mais bientôt. »

C'était difficile d'imaginer que ma mère pouvait être faible. Nous allions nous baigner ensemble chaque jour de l'été, marchant les huit kilomètres ou plus qui nous séparaient de la piscine publique et nous revenions par le même chemin. Quelquefois, nous nous poursuivions toutes les deux à travers la maison, jouant au jeu du chat, jusqu'à ce que les voisins du dessous deviennent tellement agacés qu'ils se mettaient à cogner au plafond pour que nous nous arrêtions. Ensuite, nous nous effondrions de rire sur le plancher, chacune de nous essayant en vain d'être tranquille.

Et même si elle était très occupée, elle avait toujours assez de temps pour s'asseoir sur le plancher et jouer à la poupée avec moi. Dans ses jeux, mes poupées ne participaient pas simplement à des fêtes, elles étaient architectes ou médecins, ou même candidates comme député! J'étais probablement la seule fillette de neuf ans dont la mère lui avait fait connaître *Jane Eyre* et *Autant en emporte le vent*. Je lisais une partie du livre chaque jour et nous nous asseyions et en discutions tout en buvant une tasse de thé avec des biscuits.

« Dans ces livres, les femmes sont fortes, Lisa. Elles traversent des situations très difficiles et elles apprennent qu'elles peuvent prendre soin d'elles-mêmes », me disait ma mère. Elle admirait la force de Jane et de Scarlett et elle voulait que je les apprécie également.

Mais ensuite, les choses avaient commencé à changer. De plus en plus souvent, je devais me lever le matin afin de préparer mon petit déjeuner. Ou bien je revenais de l'école pour trouver une voisine qui m'attendait pour m'emmener chez elle après l'école. Quelquefois, mes parents étaient dans leur chambre et parlaient la porte fermée. Le jour où les *Emprunteurs* ont cessé de venir, je sus que quelque chose n'allait vraiment pas.

Pendant l'absence de ma mère, je remarquai que mon père allait rarement dans leur chambre. Quelquefois, je me levais au milieu de la nuit et je le trouvais endormi sur le canapé sous la lumière vacillante du téléviseur, encore vêtu de ses habits de travail. Je posais une couverture sur lui et éteignais le téléviseur; j'étais une fillette qui était en train de grandir. Une petite fille qui ne croyait plus aux *Emprunteurs*.

« Papa, demandai-je à mon père un jour, est-ce que Maman va mourir? » Il me regarda pendant un moment que je crus être une éternité, puis il attrapa mes bras et me tira contre lui. « Peut-être », dit-il, puis il baissa la tête et commença à pleurer. J'enveloppai mes bras autour de son cou et je le tins serré. Nous nous assîmes là et, pour la première fois, nous pleurâmes ensemble.

Puis, il me dit qu'on avait diagnostiqué chez ma mère une insuffisance rénale en phase terminale, ce qui signifiait que ses reins ne fonctionnaient plus et que, à moins qu'on lui transplante un rein, elle mourrait probablement. Au début des années soixante-dix, les traitements de dialyse pour l'insuffisance rénale en étaient à leurs balbutiements. Ma mère était hospitalisée au Centre médical du comté où on pouvait avoir accès à une nouvelle technologie médicale. L'incertitude dura plusieurs semaines et, par moments, il semblait qu'ils avaient attendu trop longtemps pour pouvoir aider ma mère. Je dis à mon père que je voulais la voir.

À l'hôpital, mon père cria à l'infirmière de la réception des soins intensifs, « Je m'en moque que ce ne soit pas permis. »

« Ce sera trop perturbant pour l'enfant », dit à voix basse l'infirmière à mon père, lui faisant signe de parler moins fort lui aussi.

Mon père marcha vers moi alors que j'étais assise sur un banc contre le mur. « Écoute, ma chérie, je vais aller parler au responsable du personnel pour que tu puisses voir ta maman. Reste assise ici et fais-moi un dessin, je serai de retour dans quelques minutes. D'accord ? » Je lui fis signe que oui et je le regardai partir avec l'infirmière dans le couloir.

Sur les larges portes doubles, on avait inscrit : « Seul le personnel médical est admis. » C'était écrit en énormes caractères gras. Une affiche en face du banc disait : « Seuls les enfants de plus de quinze ans sont admis. » Les bruits que j'entendais à travers les doubles portes me faisaient peur et la pensée que ma mère était là m'effrayait encore plus.

Mais, pendant que j'étais assise à cet endroit, ma peur se dissipa et ma colère grandit. *Qui sont ces étrangers qui m'empêchent d'être à côté de ma mère ? Scarlett O'Hara ne serait pas restée assise là, laissant les gens lui dire ce qu'elle devait faire ou ne pas faire.* Ma mère était derrière cette porte et j'irais la retrouver.

Plaçant mes deux mains sur un battant de la porte de l'unité de soins intensifs, je le poussai aussi fort que je pus. À l'intérieur, des lumières fluorescentes illuminaient la pièce, des personnes vêtues de blanc s'affairaient et des bips sonores remplissaient l'espace. Instinctivement, je tournai à droite et commençai à marcher vers un lit où était concentrée une grande partie des activités. Personne ne semblait être conscient de ma présence.

La femme dans le lit semblait toute petite et elle était entourée de tubes et de machines clignotantes. Elle ressemblait à ma mère, sauf qu'elle était beaucoup plus pâle et beaucoup plus petite que dans mes souvenirs. Ses yeux étaient fermés et ses longs cheveux foncés étaient éparpillés sur l'oreiller.

« Elle ne répond plus! » cria un homme vêtu de blanc.

« Sa tension est trop basse », répondit une infirmière à l'homme vêtu de blanc.

« Maman », lui dis-je doucement. Puis, j'augmentai le ton « *Maman?* »

Les gens commencèrent à courir vers moi. « Sortez-la d'ici! » hurla l'homme en blanc.

« Attendez! » cria l'infirmière qui me fit signe d'avancer. Comme je m'approchais de ma mère, tout le monde recula, sauf l'homme en blanc qui essaya d'attraper mon épaule. L'infirmière debout près du lit leva sa main pour l'arrêter.

« Regardez! » dit-elle, jetant un regard sur ma mère.

Ma mère avait ouvert les yeux. « Lisa? » Elle tourna la tête de mon côté et elle sourit. Le bip frénétique semblait ralentir.

« Maman, c'est moi! » Je me tenais près du lit, voulant me glisser à ses côtés malgré les machines et les tubes qui l'entouraient.

« Viens ici. » Elle leva les bras et je la laissai m'envelopper. « N'aie pas peur de tout ça. Ces machines vont m'aider à aller mieux. Nous en aurons une à la maison et je pourrai revenir rester avec vous. » Elle fronça très légèrement les sourcils et dit : « Y a-t-il quelqu'un qui t'a aidé à brosser tes cheveux? » Les rires derrière moi me rappelèrent que nous n'étions pas seules. Les médecins et les infirmières nous entouraient et nous observaient, et plusieurs avaient les larmes aux yeux.

Ils savaient — même si je l'ignorais encore — que, seulement quelques instants auparavant, ma mère était effectivement décédée. Plus tard, elle m'expliqua qu'elle se rappelait avoir vu une jeune femme reliée à des tubes et à des machines, qui reposait sur un lit d'hôpital. Elle se sentit très malheureuse pour cette femme, jusqu'à ce qu'elle se rende compte qu'il s'agissait d'elle-même. Pour la première fois depuis des mois, elle ne ressentait ni douleur ni inconfort. Dans ce qui lui sembla un film, elle se rappelait que des gens s'affairaient autour d'elle tentant de la réanimer.

« J'ai ressenti une telle paix, un tel bonheur. Je ne voulais plus jamais être cette femme dans le lit, jusqu'au moment où j'ai entendu la voix d'une petite fille qui me disait "Maman?" »

Quand ma mère se rendit compte que c'était ma voix, elle sut qu'il lui fallait revenir. Je suis certaine que si je n'avais pas enfreint les règles de l'hôpital et si je n'avais pas été là pour la rappeler à nous, les choses se seraient passées bien différemment.

Peu de temps après, ma mère revint à la maison, accompagnée d'un appareil à dialyse qui fit partie intégrante de notre famille. Et même si les *Emprunteurs* ne sont jamais revenus, je n'en avais plus besoin. J'étais une petite fille tout à fait capable de démêler ses propres cheveux. Je pouvais concocter un repas ou deux sans aide. J'étais une fillette qui avait encore une mère. Et c'était le plus important.

Lisa Duffy-Korpics

Tenir dans ses bras

À l'été de 1959, accompagnée de mon père, je pris l'avion à partir de Washington, D.C., jusqu'à Los Angeles. J'avais dix-neuf ans, j'étais enceinte et j'étais effrayée. Je m'envolais vers cette ville lointaine pour demeurer chez de parfaits étrangers, afin que mon enfant puisse naître à l'abri des regards indiscrets et des langues bien pendues pour ensuite être placé pour adoption privée.

Le 3 septembre, je donnai naissance à un petit garçon et même si je le vis une fois, allongé dans la pouponnière, on ne me permit pas de le tenir dans mes bras. Le médecin et les infirmières avaient l'impression que ce serait trop douloureux pour moi et je suppose qu'ils avaient raison. Peu après la naissance, je revins à Washington, signai les papiers d'adoption et, comme mon médecin me l'avait suggéré, continuai ma vie.

Même si la douleur de la séparation a diminué avec le temps, je n'ai jamais oublié un seul instant que j'avais un fils. Pendant les trente-trois années qui suivirent, chaque 3 septembre, je pleurais silencieusement, faisant le deuil de cet enfant que j'avais abandonné. Le jour de la fête des Mères était le pire. J'avais l'impression que toutes les femmes que je connaissais étaient des mères. *Je suis une mère, moi aussi*, avais-je envie de dire, mais je ne pouvais pas.

Ainsi passèrent les années qui se transformèrent en décennies, et le souvenir de mon unique enfant persistait jusque dans mon inconscient, prêt à éclater à tout moment.

Puis, le 26 mars 1993, je reçus ce message sur mon répondeur : « Elizabeth, disait une femme, j'ai des nouvelles à vous communiquer et j'espère qu'elles vous intéresseront et qu'elles vous apporteront beaucoup de joie et de bonheur. »

Sa voix se brisa. Il était assez évident qu'elle pleurait. « Si vous êtes la même Elizabeth Thring qui m'a rendu service il y a trente-trois ans, s'il vous plaît, téléphonez-moi à Newport Beach en Californie. J'aimerais beaucoup parler avec vous. »

Je rappelai immédiatement et je tombai sur un répondeur. Trois jours plus tard, quand je finis par la joindre, la femme me dit qu'elle se prénommait Susie. Elle me remercia avec effusion pour mon appel et me demanda si je savais qui elle était.

« Je crois que oui, répondis-je, mais je ne suis pas certaine à 100 %. »

« Oh! Elizabeth, dit-elle, j'ai adopté votre magnifique petit garçon il y a trente-trois ans et je vous téléphone juste pour vous dire quel merveilleux fils vous avez. Bill est marié à une fille formidable et vos deux petites-filles sont absolument adorables. »

Je ne pouvais croire ce que j'entendais. J'avais rêvé depuis des années d'un tel moment sous une forme ou sous une autre et, maintenant, c'était bien réel. Je lui dis que je ne connaissais aucune autre femme pourvue d'une âme aussi généreuse. Susie dit qu'un jour, pendant qu'elle regardait ses petites-filles jouer, elle s'était dit : « Quelle femme ne voudrait pas connaître de si beaux enfants? » et elle commença à me chercher.

Elle me dit que même si Bill savait d'une certaine façon qu'elle me cherchait, il n'était pas au courant de cette récente tentative pour me trouver, puisqu'il était toujours possible que je ne veuille pas le voir.

Peu de temps après, je fis parvenir une lettre à Bill. J'y écrivis : *Oh! quelle joie — quelle joie pure, absolue — de découvrir après toutes ces années que tu es là, sur la même planète, sous le même ciel , sous les mêmes étoiles et sous la même lune la nuit que moi — et que toi, mon fils bien-aimé, tu veux me connaître autant que j'ai souhaité te connaître aussi, te tenir dans mes bras et t'aimer. Billy, il est important pour moi que tu saches que je ne t'ai jamais, jamais oublié et que je n'ai jamais cessé de t'aimer. Je te remercie du fond du cœur de vouloir me connaître et de ne pas m'abandonner.*

Ta mère qui t'aime, Elizabeth.

À la mi-avril, je m'envolai vers Los Angeles. Pendant le vol, j'écrivis trente-trois cartes d'anniversaire à mon fils, avec une petite description de ce que j'avais fait pendant chacune des années de sa vie. *Bill a besoin*, pensai-je, *de me connaître aussi.*

DeAnn, l'épouse de Bill, me filma pendant que je descendais la passerelle de l'aéroport. À ses côtés, il y avait mes petites-filles et, se tenant juste derrière elle, un homme blond, très grand, impeccablement vêtu.

Lorsqu'il me vit, Bill s'avança de derrière son épouse et marcha vers moi, les bras grands ouverts. J'entrai dans ce cercle d'amour, me sentant juste comme n'importe quelle autre mère de ce monde, tenant son bébé dans ses bras pour la première fois.

Elizabeth Thring

La joie de Noël

Nous sommes sur terre pour nous aider les uns les autres dans ce voyage de la vie.

William Bennett

Un terrible jour de septembre, ma mère et ma sœur furent tuées dans un tragique accident de voiture. Le mois de décembre qui suivit, je ne m'imaginais pas pouvoir célébrer Noël.

Noël? *Comment pourrai-je passer à travers cette fête?* Joie sur le monde? *Comment pourrai-je connaître à nouveau la joie et être joyeuse quand mon cœur est en pièces détachées?* Moi qui avais toujours glorifié les joies et les merveilles de Noël, je voulais faire disparaître ce jour du calendrier. Mais comme j'étais la mère de deux petites filles, j'ai traversé, dans la torpeur, tous les préparatifs habituels.

À mesure que Noël approchait, ma peine augmenta et je me retrouvai immergée dans les sables mouvants de l'apitoiement sur moi-même. Est-ce que ce n'était pas assez d'avoir un enfant sans défense et handicapé et d'être sans presque aucune ressource financière? Ajoutons à cela le choc accablant d'avoir vu à la fois ma sœur et ma mère se faire tuer. C'était beaucoup plus de chagrin que je n'en pouvais supporter.

Le 23 décembre, j'étais descendue si profondément dans un abîme de larmes que je pouvais difficilement fonctionner. Ce soir-là, le cœur déchiré, j'allai marcher, complètement découragée. La magie de Noël était partout présente : de la neige fraîche, un ciel parsemé d'étoiles, des arbres illuminés aux fenêtres, des couronnes posées sur les portes et des bougies qui brillaient.

Alors que j'errais, j'imaginais que tout le monde était heureux, sauf moi. Passant devant la maison d'une voisine, je commençai à me rappeler que son mari était décédé, et que ce jour de Noël serait le premier qu'elle passerait seule. Je regardai la maison suivante : ils avaient d'épouvantables problèmes avec leur jeune adolescent. Dans la maison suivante, derrière ces fenêtres illuminées, il y avait des parents tristes qui avaient perdu un enfant au printemps.

Silencieusement, je marchai à travers notre petite ville et, chaque fois que je passais devant une maison, pour la première fois depuis des mois, je commençai à me rappeler la souffrance des autres au lieu de la mienne, et je commençai à prendre conscience que je n'étais pas la seule personne que le destin avait frappée dans le plexus solaire. Il était difficile de trouver une maison où il n'y avait pas eu de chagrin ou de tragédie. Chacun ne porte-t-il pas ses propres fardeaux et chacun ne verse-t-il pas ses propres larmes?

De retour à la maison, debout à la fenêtre, je jetai un regard vers le bas de la côte, sur la maison au coin. À l'intérieur de ces murs vivait une mère, avec ses quatre enfants et leur grand-mère. Aucune lumière ne scintillait et il n'y avait pas non plus de cadeaux enveloppés sous ce toit. Tout le monde en ville connaissait leur détresse et leurs combats, et même si je disposais de maigres ressources financières, les leurs étaient carrément précaires. Quel genre de Noël vivraient-ils? Leur petite fille, qui avait l'âge de ma cadette, recevrait-elle une poupée ou tout autre jouet? Que mangeraient-ils au réveillon de Noël?

L'empathie commença à m'éveiller et se fraya un chemin à travers mon chagrin. Je me rendais compte que j'avais trouvé le moyen de me libérer de la tristesse, car là — juste sous mon nez — il y avait quelqu'un de bien pire que moi. Si je pouvais rassembler mes forces et m'oublier un peu, je pourrais changer quelque chose dans le Noël d'une famille.

Le 24 décembre fut un branle-bas de combat. J'appelai des gens qui en appelèrent d'autres, il en résulta un flot constant de joyeux donateurs qui franchissaient ma porte. Dès l'après-midi, un étonnant assortiment de jouets, de vêtements et de nourriture était empilé sur la table de ma salle à manger.

Heather, ma fille de cinq ans, m'aidait, alors qu'Audrey, ma fille handicapée, regardait. Ensemble, nous enveloppâmes les paquets, préparâmes une boîte avec les ingrédients d'un repas complet et nous partageâmes l'excitation.

La nuit arriva et nous avions finalement terminé. Laissant Audrey avec son père, Heather et moi plaçâmes les boîtes débordantes dans l'automobile et descendîmes la côte. C'était grisant de nous glisser de la voiture à la véranda, glissant les boîtes sur le plancher de bois, tout en marchant sur la pointe des pieds et en chuchotant : « Chu-u-ut. » Quand le tout fut déposé, nous frappâmes à la porte et courûmes comme des lapins. Nous nous précipitâmes dans le fossé et nous épiâmes derrière un buisson.

La lumière de la véranda brilla. La petite fille qui avait l'âge d'Heather ouvrit la porte, se tenant sous la lueur de la lumière, et regarda les boîtes débordant de cadeaux enveloppés et, commençant à sautiller, elle cria : « Le père Noël est passé! Le père Noël est passé! »

La famille s'entassa dans la petite véranda, riant et criant; les enfants sortaient les paquets des boîtes et criaient les noms écrits sur les étiquettes, la lumière à l'extérieur comme à l'intérieur les illuminant. Puis, avec gaieté, ils transportèrent le tout à l'intérieur, fermèrent la porte, éteignirent la lumière de la véranda et tout devint silencieux.

Là, dans la noirceur et le calme de la nuit, la paix envahit mon âme, enveloppant mon cœur de sa douce chaleur. La chaleur n'effaçait pas la tristesse... mais elle la rendait plus supportable. Elle n'effaçait pas les souvenirs... mais elle les adoucissait, pour que je puisse de nouveau accueillir le bonheur.

Heather et moi escaladâmes notre fossé et j'étreignis ma fille très fort pendant que nous riions doucement. J'avais découvert un secret : en aidant les autres, nous nous guérissons nous-même; en donnant du bonheur, nous recevons notre paix; et en dépassant nos douleurs, nous découvrons notre propre joie. Mon âme était comblée, car là, en cette magnifique veille de Noël, Noël entra dans mon cœur.

Phyllis Volkens

« C'est parce que votre mère a froid, voilà pourquoi. »

Le pull-over

Je me rendis compte que j'avais fait une erreur, mais il était trop tard pour la réparer. J'avais tellement été aveuglée par mon propre chagrin lors du rapide déclin de mon père suivi de sa mort que je n'avais pas pensé à quel point ma fille pourrait en être affectée.

Pendant des mois, Papa s'était plaint d'une douleur à l'épaule, « un nerf coincé » — c'était ce que nous croyions. Lorsqu'il tomba malade pendant les vacances et qu'on diagnostiqua un cancer primaire évolutif de la prostate, nous fûmes tous consternés.

Mon père était l'une de ces personnes spéciales qui sont nées avec un pétillement dans les yeux. Je n'ai jamais rencontré quelqu'un qui ne pensait pas grand bien de lui. Les petits enfants, en particulier, étaient attirés par lui comme par du bonbon. Il joignait ses mains avec un tel sourire de joie que les enfants accouraient vers lui. Durant une visite avec ma sœur en Irlande, il montra aux enfants du village comment jouer au football américain. Les enfants irlandais venaient souvent nous voir le soir et demandaient : « Est-ce que Grand-père peut sortir et venir jouer avec nous? »

Ce ne fut pas une surprise qu'il soit très proche de notre fille de cinq ans, Jodi, la dernière de ses petits-enfants à demeurer près de lui aux États-Unis. Pendant des heures, ils riaient tous les deux, inventant des histoires et nourrissant des animaux imaginaires dans la cour arrière.

Au moment où l'on découvrit le cancer de Papa, la maladie s'était propagée dans ses os et les choses se gâtèrent rapidement. Lorsque nous allâmes le visiter, Jodi s'assit tranquillement à côté du lit, faisant semblant de lui lire un livre — les jeux turbulents étaient terminés. Je lui avais expliqué que son grand-père était très malade et qu'il ne pouvait plus jouer avec elle comme d'habitude, mais c'était très difficile à comprendre dans l'esprit d'un enfant de cinq ans.

Vers la fin, je n'emmenai plus Jodi avec moi, car je ne voulais pas qu'elle soit effrayée par la vue du corps décharné de mon père et par les souffrances sur le visage de l'homme autrefois si dynamique que nous adorions tous.

Après sa mort, je ne savais pas si Jodi avait compris qu'il était décédé, ou si elle avait simplement pensé que son grand-père était en dehors de la ville, « en vacances ». Mais à mesure que les semaines passaient, elle devint très silencieuse et renfermée, pleurant souvent pour des choses que je trouvais bizarres.

Un soir, je l'assis sur mes genoux et je caressai doucement ses cheveux.

Je lui dis : « Tu as l'air bien triste, ma pitchounette. Peux-tu me dire ce qui ne va pas ? »

Elle demeura silencieuse un moment, puis elle éclata en sanglots.

« Je ne suis pas allée dire au revoir à Grand-père », dit-elle.

C'est alors que je pris conscience que, même avec les meilleures intentions, j'avais fait une erreur.

Les larmes aux yeux, nous nous assîmes en nous berçant et nous parlâmes de Grand-père et de tous les merveilleux moments que nous avions passés avec lui.

« Aimerais-tu dire au revoir à Grand-père maintenant ? » lui demandai-je.

Elle me regarda comme si j'étais un peu bizarre.

« Ferme les yeux. Maintenant, imagine le visage de Grand-père juste devant toi. Lorsqu'il sourira, tu pourras lui parler. »

Soudainement, un énorme sourire apparut sur son visage. « Il me fait un si grand sourire! »

« Maintenant, dis-lui tout ce que tu veux lui dire. »

« Grand-père, dit-elle, je t'aime et tu me manques tellement. Maintenant je veux te dire au revoir. Au revoir, Grand-père. »

Puis, je me rappelai que je m'étais fait des cadeaux quand ma mère avait rangé les vêtements de mon père. Je lui avais demandé deux de ses vieux pull-overs confortables avec lesquels il aimait flâner le week-end. J'allai chercher les deux pull-overs bleus et j'en offris un à Jodi.

« Ce sont des pull-overs spéciaux que portait Grand-père. Si nous sommes tristes ou s'il nous manque, nous n'avons qu'à les porter et imaginer qu'il nous serre dans ses bras. »

Toutes les deux, nous nous remîmes à pleurer en enfilant les pull-overs. Puis, je la tins dans mes bras comme elle s'assoupissait doucement. Pour la première fois depuis des semaines, elle semblait en paix, avec un léger sourire.

Les deux pull-overs furent bien utilisés au fil des années. Souvent, si Jodi passait des moments difficiles, elle se retirait dans sa chambre. Lorsque, plus tard, j'allais vérifier ce qui se passait, je la trouvais allongée sur son lit avec le pull bleu de son grand-père enveloppé autour d'elle — dormant paisiblement avec le soupçon d'un sourire sur son visage.

Jodi a maintenant dix-huit ans et elle aime toujours porter le pull-over de son grand-père. D'une manière ou d'une autre, il lui va toujours à la perfection. Voyez-vous, il a la taille d'une étreinte.

Pamela Albee

Les fleurs de la fête
des Mères

Quand mon mari m'annonça calmement, après onze années de mariage, qu'il avait déposé une demande de divorce et qu'il quittait la maison, ma première pensée alla vers mes enfants. Mon fils avait seulement cinq ans et ma fille quatre. Pourrais-je les garder ensemble et leur donner le sentiment qu'ils formaient une « famille »? Pourrais-je, en mère célibataire, entretenir la maison et leur apprendre les lois de la morale et les valeurs que je considérais nécessaires pour eux dans la vie? Tout ce que je savais, c'est que je devais essayer.

Donc, chaque dimanche, nous allions à l'église. Durant la semaine, je prenais le temps de revoir leurs devoirs avec eux et je leur expliquais souvent pourquoi il était important de faire les bonnes choses. Cela prenait du temps et de l'énergie et j'en avais peu; pire encore, il m'était difficile de dire si je les atteignais vraiment.

Le jour de la fête des Mères, deux ans après le divorce, comme nous marchions dans l'église, je remarquai des chariots de magnifiques fleurs plantées dans de petits pots chaque côté de l'autel. Durant le service, le pasteur nous dit qu'il croyait que la maternité était l'une des tâches les plus difficiles de la vie et que cela méritait reconnaissance et récompense. Alors il demanda à chaque enfant de s'avancer pour cueillir une très belle fleur et la remettre à leur mère, en symbole de leur amour et de leur reconnaissance.

Main dans la main, mon fils et ma fille s'avancèrent dans l'allée avec les autres enfants. Ensemble, ils réfléchirent pour savoir quelle plante ils devaient m'apporter. Nous étions assurément passés à travers des moments difficiles, et ce petit geste de reconnaissance représentait tout ce dont j'avais besoin. Je jetai un regard sur les superbes bégonias, sur les bouquets de soucis dorés, sur les pensées couleur mauve et je commençai à prévoir l'endroit où je planterais la plante qu'ils m'offriraient. Je pourrais planter n'importe quelle fleur qu'ils choisiraient, car ils m'apporteraient certainement un spécimen superbe en témoignage de leur amour.

Mes enfants prirent leur tâche à cœur et examinèrent chacun des pots installés sur les chariots. Longtemps après que les autres enfants furent retournés à leur siège et eurent présenté leur belle fleur en pot à leur mère, mes propres enfants en étaient encore à choisir. Finalement, avec une exclamation joyeuse, ils firent leur choix à l'arrière d'un des chariots. Avec des sourires exubérants illuminant leur visage, ils redescendirent fièrement l'allée et m'offrirent la plante qu'ils avaient choisie pour moi en ce jour de fête des Mères, en guise de remerciement.

Je fixai avec étonnement la pauvre tige cassée, flétrie, maladive que mon fils tenait dans ses mains. Mortifiée, j'acceptai son pot. Ils avaient manifestement choisi la plante la plus chétive et la plus malade, sans même une fleur accrochée à ses tiges. À leur visage souriant, je sentis qu'ils étaient fiers de leur choix et je me rappelai qu'ils avaient pris beaucoup de temps pour choisir cette plante-là. Je souris et j'acceptai leur cadeau.

Mais lorsque je fus loin de toutes ces magnifiques fleurs, je devais leur demander *ce qui* avait guidé leur choix vers cette plante en particulier pour me l'offrir.

Avec beaucoup de fierté, mon fils me dit : « C'était celle qui semblait avoir besoin de toi, Maman. »

Comme des larmes coulaient sur mes joues, je serrai mes enfants bien fort dans mes bras. Ils m'avaient tout simplement donné le plus merveilleux cadeau que je pouvais imaginer pour la fête des Mères. Mon dur travail et mes sacrifices n'avaient pas été vains — mes enfants grandiraient vraiment très bien.

Patricia A. Rinaldi

La dame d'à côté

Pendant mes études secondaires, je rêvais souvent que la maison de notre voisine immédiate, madame Paxton, s'était effondrée en bas de la colline avec madame Paxton à l'intérieur. J'étais convaincu que ma vie deviendrait bien meilleure si cet événement imaginaire survenait réellement.

Nous vivions alors dans une banlieue de Pittsburgh — un environnement familial avec plein d'enfants. C'était idéal : de grandes cours, de nombreux petits terrains boisés, des rues sans danger, des collines pour faire de la luge et quelques endroits dangereux à explorer. Tout ce qu'un petit garçon pouvait désirer. À l'exception de madame Paxton, notre voisine d'à côté.

C'était une petite femme mince, qui portait des lunettes munies d'une cordelette noire autour de son cou. Sur son front dégarni, elle portait un anneau de boucles grises, qui de loin ressemblait un peu à une auréole. Elle n'avait jamais eu d'enfant à elle, ce qui nous semblait un coup de veine, car madame Paxton était la pire ennemie de tous les enfants : une fouineuse qui non seulement nous surveillait plus attentivement que nos propres mères, mais qui rapportait tout ce qu'elle voyait.

De la fenêtre de sa chambre à l'étage supérieur, madame Paxton pouvait voir notre cour arrière, notre flan de coteau et le bas de la rue. Donc, elle pouvait observer presque tout ce que nous faisions. Quelquefois quand nous nous bataillions, elle frappait sur la vitre avec un crayon; vous seriez surpris de savoir à quelle distance ce son pouvait aller. D'autres fois, si nous faisions des choses dangereuses comme sauter le trottoir avec notre vélo, elle le disait à mes parents et j'héritais d'un sermon… au moins un sermon.

Le seul répit dont nous disposions contre l'intrusion constante de madame Paxton dans notre intimité était les jeudis après-midi d'été. À ce moment-là, trois voitures s'engageaient dans son allée et des professeurs de musique de mon école défilaient dans sa maison.

Cela attira mon attention car je croyais que les professeurs se fabriquaient un cocon ou quelque chose de semblable et qu'ils hivernaient tout simplement pendant l'été. Mais là, ils transportaient des boîtiers contenant des instruments et, après un moment, nous pouvions entendre la musique d'un quatuor à cordes provenant des fenêtres ouvertes.

Madame Paxton elle-même jouait de l'alto et je l'écoutais plus attentivement lorsque son instrument exécutait la mélodie. J'avais commencé des leçons de piano quelques années auparavant. J'étais devenu assez bon pour apprendre comment vraiment écouter la musique. Les sons produits par le quatuor à cordes me transportaient dans un univers jamais atteint par le piano. Quand elle jouait, les sonorités de madame Paxton étaient chaudes, douces comme une chanson — douces et mélodieuses comme l'été.

Lorsque arrivait le jour du quatuor à cordes, c'était une bonne nouvelle car cela signifiait que madame Paxton n'était pas installée à sa fenêtre du haut et que nous pouvions faire les choses que nous ne voulions pas ébruiter aux oreilles de nos parents. Alors, mes amis et moi descendions de la colline jusqu'au fossé du système d'égout. Ma mère disait que c'était un « égout dégueulasse », mais des salamandres très propres y vivaient, donc j'aimais beaucoup cet égout. Quelquefois, nous rampions vers la maison incendiée interdite aux visiteurs — encore debout à cause d'un certain imbroglio juridique. Nous écaillions le papier peint taché par l'eau, à la recherche de messages cachés ou passions au crible les cendres pour trouver des pièces de monnaie.

Si les sons du quatuor à cordes s'élevant de la maison de madame Paxton ne nous avaient pas accompagnés pendant l'une ou l'autre de ces activités, nos parents en auraient été immédiatement informés. Madame Paxton savait tout ce qui se passait dans notre voisinage et racontait tout ce qu'elle savait aux adultes ou aux autres. Je ne pouvais comprendre pourquoi elle agissait ainsi. Était-ce parce qu'elle n'avait jamais eu d'enfant à elle qu'elle ne nous aimait pas?

À la fin de l'été, j'entrai en 2e secondaire et je m'enregistrai pour faire partie de l'orchestre de l'école. Tout excité, j'allai rencontrer le chef d'orchestre pour savoir si je pouvais apprendre sur un des instruments de l'école. Mais mademoiselle Wagner m'expliqua que tous les instruments à cordes avaient déjà été empruntés. Elle me dit cependant qu'elle aimerait me voir donner un coup de main à la section des percussions.

Ça ne ressemblait pas du tout à ce que j'avais en tête, alors je broyai du noir à la maison pendant quelques jours. Mes parents n'avaient pas les moyens de me payer un instrument et je ne voulais pas les supplier d'en obtenir un. Même si je passai plus de temps que d'habitude à courir avec mes copains, je ne pouvais chasser de ma tête l'idée de faire de la musique.

Alors, un jour que j'arrivais d'une promenade en vélo avec mes amis, je trouvai madame Paxton assise dans notre propre salon en train de parler avec ma mère. J'essayai de reculer doucement pour sortir par la porte d'entrée, mais ma mère m'avait déjà vu et me demanda d'entrer. Madame Paxton avait quelque chose à me dire.

Je sentis mon corps s'alourdir et je traînai les pieds pour entrer dans la pièce. Je m'assis sur une chaise droite, loin de madame Paxton. Elle donna une petite tape sur le siège du canapé à côté d'elle et me dit de venir m'asseoir près d'elle. J'aurais préféré qu'on m'ordonne de jouer avec les amies de ma sœur. Je tardai à bouger, et ma mère me jeta un de ses regards bien à elle — celui qui vous fait lever de votre siège en vitesse.

Je pensai m'asseoir à l'autre extrémité du canapé, mais je savais que ma mère considérerait cela comme un refus d'obéir. Alors, je m'assis prudemment à côté de madame Paxton. À ma surprise, elle dégageait une odeur de lilas. Elle commença immédiatement à me questionner sur la musique, sur toutes sortes de choses. Elle voulait savoir ce que j'aimais et si je voulais vraiment jouer un instrument à cordes — je ne sais comment, elle savait même cela.

Je regardai ma mère pour voir si elle lui avait raconté, mais elle hocha la tête, m'affirmant que non. Je ne savais pas quelle raison donner à madame Paxton au sujet de mon désir si intense de jouer dans l'orchestre. J'étais obsédé par le désir de faire de la musique qui chantait.

Ce n'est pas le genre de choses à confier, même pas à sa propre mère. Mais quelque chose en moi me poussa à le dire de toute façon et de laisser les gens rire s'ils le voulaient.

Je dis : « Je veux jouer un instrument avec des cordes parce qu'on peut les faire chanter comme si c'était une voix. » Les yeux de madame Paxton s'agrandirent. Elle me regarda avec beaucoup de curiosité comme si j'avais prononcé des mots magiques. Ensuite, elle souleva un long étui noir du plancher et le plaça entre nous deux sur le canapé. Elle l'ouvrit, enleva la couverture de velours vert, sortit son alto et le tint sur ses genoux. Un peu comme ma mère tenait les bébés.

C'était l'instrument de mes rêves. L'alto couleur de miel luisait et brillait. Elle le frappa doucement de sa main et puis elle me le tendit. « Je veux que tu le prennes. C'est un prêt jusqu'à ce que tu puisses avoir le tien un jour. »

Je ne savais pas quoi faire. Je regardai fixement madame Paxton, puis l'alto. Je ne pouvais bouger. Elle prit ma main dans les siennes, étrangement douces et chaudes, et plaça mes doigts sur le manche de l'instrument. Je la regardai. Elle sourit. Je regardai ma mère. Elle sourit. Je commençai à trembler un peu et j'étais tellement effrayé que j'aurais pu pleurer ou faire quelque chose de honteux. Mais d'une manière ou d'une autre, je voulais garder mon amour-propre.

Après cela, madame Paxton ne resta pas longtemps. Je voulais lui dire quelque chose de vraiment gentil, mais j'étais tellement habitué à la haïr que je n'étais pas capable de trouver d'autre chose que « Merci beaucoup! » Cela semblait bien mince, considérant ce que l'instrument signifiait pour elle et pour moi.

Plus tard, j'accusai ma mère d'avoir parlé à madame Paxton de mon désir de posséder un instrument. Mais elle me jura qu'elle n'avait rien fait de tel. « Madame Paxton devine les choses », me dit-elle. « Mais pourquoi fait-elle cela? » lui demandai-je, encore étonné de ma chance.

« Bien, elle n'a jamais eu d'enfant à elle. Je crois qu'elle doit simplement t'aimer. » Je regardai ma mère comme si elle avait perdu la tête. « Quand tu seras plus grand… » Je sortis de la pièce avant qu'elle puisse terminer cette ritournelle que je connaissais par cœur.

Au cours des ans, j'ai souvent pensé à madame Paxton et à la mystérieuse raison qui l'a poussée à me donner ce qu'elle aimait le plus au monde. Je m'améliorai finalement assez pour jouer dans mon propre quatuor à cordes. Je fis une tournée en Russie, jouai dans un orchestre à Carnegie Hall et devins le premier altiste de l'Orchestre philharmonique de Floride. Et, après tout ce temps, je compris que madame Paxton en savait plus sur moi que je ne l'avais imaginé, qu'elle en savait presque autant que ma propre mère.

Je pense qu'elle me surveillait et qu'elle se faisait du souci pour moi comme elle l'aurait fait pour son propre fils. Et je pense que si elle avait pu avoir des enfants, ils auraient été bien chanceux. Elle ne s'en serait pas seulement occupé, mais elle leur aurait ouvert des portes sur des choses inimaginables. Des portes sur la joie et le bonheur et l'incommensurable plaisir de découvrir ce qu'on aime le plus faire au monde — tout comme elle l'avait fait pour moi.

Alors maintenant, je me prépare pour le concert Beethoven on the Beach, à Fort Lauderdale ; je mets le t-shirt du festival porté par les membres de l'orchestre pour cette occasion. Et j'espère que ma prestation résonnera comme un chant, un son que j'entendis jadis des fenêtres ouvertes de la maison de madame Paxton, par un après-midi d'été.

Michael McClelland

« Bonne fête des Mères ! »

Reproduit avec l'autorisation de Bill Canty.

Un temps pour les souvenirs

L'amour pour un enfant est un processus circulaire…
Plus nous donnons, plus nous recevons; plus nous
recevons, plus nous avons envie de donner.

Penelope Leach

Par un doux après-midi d'été, je m'assis sur une vieille couverture sous un pin, bavardant avec ma mère. Depuis des années, nous venions dans ce parc pour des réunions et des pique-niques familiaux, et ma mère et moi nous asseyions souvent à ce même endroit.

Au cours des dernières années, nous parlions habituellement de la vie, mais quelquefois nous nous rappelions des événements de mon enfance. Comme lorsque j'ai eu treize ans et que j'ai eu mon premier rendez-vous, ma mère m'emmena à cet endroit pour me parler des choses de la vie. Ou un autre moment, quelques années après, lorsque mes cheveux tournèrent au rose pour mon bal de fin d'études et qu'elle me tenait dans ses bras pendant que je pleurais. Mais l'événement le plus spécial à se produire sous cet arbre fut lorsque j'annonçai à ma mère que je me marierais. Des larmes remplirent ses yeux et ce fut à mon tour de *la* tenir dans mes bras pendant qu'elle pleurait. Elle me dit qu'elle était triste de perdre sa petite fille mais heureuse de voir que j'étais devenue une belle jeune femme.

Avec le temps, nous vîmes les pins de ce parc devenir grands et droits, si bien que nous avions l'impression que leurs aiguilles touchaient les nuages. Chaque année de leur croissance semblait suivre notre relation de plus en plus intime et l'amour profond que nous éprouvions mutuellement.

En cet après-midi particulièrement ensoleillé, nous nous assîmes, Maman et moi, humant tranquillement l'odeur du gazon fraîchement coupé. Elle avait un air anormalement solennel et elle me surprit lorsqu'elle me demanda : « Qui emmèneras-tu ici lorsque je serai partie ? »

Je fronçai les sourcils comme pour l'interroger, puis je souris. Après quelques instants, comme elle ne me retournait pas mon sourire, je commençai à me demander ce qui la faisait me poser une question aussi dérangeante. Maman cueillit un brin d'herbe et commença à le déchiqueter avec son ongle. J'avais fini par bien connaître les tics de ma mère, et celui-ci indiquait qu'elle avait quelque chose de sérieux dans la tête.

Pendant plusieurs minutes, nous restâmes assises en silence, rassemblant nos pensées. Deux geais bleus poussèrent des cris tout près de nous et un avion vola au-dessus de nos têtes, mais ils ne détendirent pas l'atmosphère de cet instant difficile entre nous. Finalement, je pris la main de ma mère dans la mienne. « Il n'y a rien que tu ne puisses me dire, Maman, dis-je. Nous y ferons face ensemble, comme nous l'avons toujours fait. »

Elle regarda mon visage et ses yeux se remplirent de larmes qui coulèrent sur ses joues — des joues tellement pâles que c'en était alarmant. Même avant qu'elle me l'ait dit, je savais déjà ce qui se préparait. Maman était mourante.

Je la tins très fort alors qu'elle me raconta que ses problèmes cardiaques empiraient et qu'il n'y avait pas d'issue possible. Je crois que je le savais depuis un bon moment, mais que j'avais été incapable de me l'avouer. Elle avait eu plusieurs crises cardiaques et, il y a quelques années, elle avait même subi une opération à cœur ouvert. Ce que j'ignorais, et ce qu'elle s'était gardé de me dire, c'est que sa condition ne s'améliorait pas. Nous parlâmes de ses options, mais il y en avait peu ; dans les bras l'une de l'autre, nous pleurâmes en espérant que nous aurions encore un peu de temps ensemble.

Cela s'est passé il y a plusieurs années maintenant. Maman est décédée peu après cette journée, avant que mes fils aient eu la chance de la connaître. Je viens encore dans ce parc, mais maintenant j'y emmène mes fils. Je m'asseois encore sur une vieille couverture, sous le même pin robuste, et je parle à mes fils des réunions et des pique-niques familiaux, et de leur grand-mère qu'ils n'ont jamais connue. Tout comme ma mère le faisait, je leur raconte leurs bêtises de jeunesse et je les félicite pour leurs réalisations de jeunes adultes. Nous venons à cet endroit spécial pour fabriquer nos propres souvenirs — souvenirs qui, je le sais, feraient sourire fièrement ma mère.

Il n'y a pas si longtemps, mon fils aîné voulut venir au parc pour me parler. Nous nous y rendîmes pour nous asseoir sous notre arbre. Il bafouilla quelques instants pour finalement me dire qu'il se marierait. Je pleurai des larmes de joie et il me prit dans ses bras — son étreinte était un cadeau rare et spécial. Je lui dis combien j'étais fier de l'homme qu'il était devenu.

Pendant que j'étais assise par ce froid après-midi d'avril, faisant le plein de soleil et d'odeur de gazon fraîchement coupé, je sentis que, sous ce pin géant, j'avais accompli un cercle complet. Tenant mon fils dans mes bras, j'étais heureuse pour lui, tout comme je savais que ma mère l'avait été pour moi il y a tant d'années quand je lui avais annoncé mon mariage.

Regardant par-dessus l'épaule de mon fils, je vis que plusieurs jeunes pins avaient été plantés récemment. *Tout comme ces arbres deviennent hauts et grands,* pensai-je, *les vies de ma famille continueront-elles à grandir avec eux?* Je voulais aussi partager cet endroit avec mes petits-enfants.

Les branches supérieures du pin oscillaient sous la brise et, à travers elles, j'entendis une voix qui chuchotait : « Qui emmèneras-tu ici lorsque je serai partie? » C'était la voix de ma mère et je resserrai mes bras autour de mon fils.

Sharon Wright

2

LE COURAGE

« *Certaines choses s'apprennent mieux dans le calme,*
d'autres dans la tempête. »

Willa Cather

Plusieurs demandent à Dieu
d'alléger leurs fardeaux
plutôt que de lui demander
de renforcer leur dos.

Auteur inconnu

Trois mille fois mère

Celui qui me donne m'apprend à donner.

Proverbe ancien

Il y a trente ans, lorsque j'étais journaliste à Philadelphie, j'ai fondé un petit magazine appelé *Umoja* (mot swa-
hili qui signifie "unité"), qui traitait des problèmes auxquels
sont confrontés les Afro-Américains.

En raison des nombreuses lettres reçues par le magazine au sujet du problème de gang dans notre ville, je
demandai à mon mari, Dave, d'effectuer des recherches sur
le sujet. Il commença à arpenter les rues, poser des questions, parler avec les gens et observer le problème à sa
source.

Mon intérêt pour ce sujet était purement professionnel
—jusqu'au jour où Dave revint d'une mission d'information
et m'apprit que notre deuxième fils, Robin, faisait partie
d'un gang. Pire encore, Robin était le préféré du gang, celui
qu'on nommait « Objectif cœur ». Le cœur est la cible favo-
rite si des guerres de gangs surviennent. J'étais sous le choc
et effrayée. Comment cela pouvait-il arriver dans *ma* maison, dans *ma* famille? Mais c'était vrai. Mon fils était une
cible ambulante.

Nous avions six enfants, de onze à dix-huit ans. Ce soir-
là, à son retour à la maison, j'observai attentivement Robin
qui était âgé de seize ans. Je ne l'avais pas remarqué avant,
mais Robin *était* différent. Il portait ses vêtements différemment et ses manières étaient plus rudes. Je le confron-
tai et il ne nia point. Oui, il était membre d'un gang — et
tout ce que je dirais ou ferais ne pourrait rien y changer.

C'était comme si mon monde s'était effondré. Je cessai
de manger; je ne pouvais plus dormir. Dans un effort pour
sauver mon fils, j'allai parler aux bureaux des services

sociaux et à la police; mais personne ne semblait avoir de réponse. Personne ne paraissait capable de faire quoi que ce soit.

Mais tout le monde était d'accord pour dire que la principale source du problème des gangs était l'éclatement de la famille. Je pensais que notre famille était forte, mais pour Robin, manifestement quelque chose manquait.

Puis, j'eus une idée. Si la famille était le problème, la famille pourrait-elle également devenir la solution? Pourquoi ne pas inviter le gang de Robin à vivre dans notre maison? Nous pourrions leur montrer comment fonctionne une vraie famille.

« Es-tu devenue folle? » me dit Dave quand je lui parlai de mon idée.

Mais j'étais tout excitée par cette perspective et je n'avais pas l'intention d'abandonner. Finalement, il accepta de faire un essai. Nos autres fils étaient plus ou moins d'accord — ils savaient que la vie de Robin était en jeu. Robin, lui, fut enchanté — ses copains *et* sa famille, tous sous un même toit!

Le chef du gang auquel appartenait Robin vivait de sérieux problèmes dans la rue et il avait besoin d'un endroit pour se cacher. Il sauta sur l'occasion de vivre avec nous et le reste du gang suivit son chef. J'appelai chaque parent que je pouvais joindre pour les informer de notre stratégie, et ils furent tous d'accord pour laisser leur fils venir habiter à la maison.

Notre maison était petite, à peine assez grande pour notre propre famille. Lorsque quinze autres garçons emménagèrent, nous eûmes l'impression d'habiter une boîte de sardines. Mais nous nous arrangeâmes pour que cela fonctionne. Tous les garçons dormaient dans des sacs de couchage sur le plancher du salon et, au moment des repas, les sacs de couchage étaient roulés et rangés, puis des tables et des chaises pliantes étaient installées.

Les premières semaines furent difficiles. Plusieurs fois, je me demandai si Dave n'avait pas eu raison de croire que j'étais devenue folle. Les garçons s'irritaient lorsqu'ils devaient faire des corvées, ne voulaient pas participer à nos réunions de famille ni trouver les emplois à temps partiel sur lesquels j'avais insisté. Mais j'étais déterminée. J'abordais la situation comme si je devais résoudre un puzzle et je savais que nous devions trouver les bonnes pièces si nous voulions sauver la vie de ces enfants.

Finalement, nous demandâmes aux garçons d'établir des règles, dont nous pourrions tous nous accommoder. Cela nous angoissait un peu car, si nous n'aimions pas leurs règles, il serait difficile de faire valoir les nôtres. Mais je commençai à respirer quand ils lurent à haute voix leurs quatre règles : 1) Ne pas se battre dans la maison, 2) Ne consommer ni drogue ni alcool, 3) Ne pas emmener de filles dans les chambres et 4) Ne pas se battre entre gangs.

Cela pourra peut-être, juste peut-être, marcher, pensai-je. Nous trouvâmes que depuis que les garçons avaient établi leurs règles, ils les suivaient très bien.

Le plus important et le plus pressant défi était d'obtenir suffisamment de nourriture. Nos minces économies furent rapidement épuisées, mais j'eus l'idée de vendre d'anciens numéros de notre magazine, *Umoja*, entreposés au sous-sol. Les garçons en prirent des piles et les vendirent dans tout Philadelphie, rapportant à la maison de l'argent pour acheter la nourriture.

Nous parlâmes aussi à une église locale et nous leur expliquâmes que nous avions besoin de nourriture. Ils furent d'un grand soutien et ils firent parvenir un mot à des paroisses aisées leur demandant des dons de vivres. La réponse fut enthousiaste. Rapidement, nous fûmes inondés. Les camions chargés de nourriture commencèrent à faire halte devant notre résidence, appelée « La maison d'Umoja ».

Maintenant, nous avions plus de nourriture que nous pouvions en consommer. Nous décidâmes d'en distribuer un peu à des personnes de la région qui en avaient besoin. Les garçons étaient excités par cette distribution de vivres. La plupart d'entre eux se trouvaient pour la première fois dans un rôle de bienfaiteur — donner quelque chose pour aider les autres.

Après cela, les choses commencèrent à s'arranger. Les garçons se trouvèrent du travail et commencèrent à donner de l'argent pour couvrir les dépenses de la maison. Ce nouveau « gang » organisa des ventes de garage, vendit des bonbons de porte en porte et ils accompagnèrent des personnes âgées à la banque.

Nous fîmes face à notre plus gros obstacle le jour où George, un des rivaux les plus acharnés de l'ancien gang, manifesta le désir de se joindre à notre famille. Il se rendait compte qu'il devait accomplir ce geste radical, sinon il terminerait ses jours en prison ou se ferait tuer. Les garçons étaient silencieux, luttant contre leur haine envers leur ancien ennemi. Mais quelque chose de nouveau était entré dans leur cœur — engagement envers la famille, compassion, gentillesse — faisant pression sur leur ancienne « mentalité territoriale ». La tension disparut quand les garçons acceptèrent George dans notre nouvelle famille.

À mesure que les semaines passaient, je me trouvai à tomber amoureuse des garçons; ils devinrent comme mes propres enfants. Certains d'entre eux commencèrent même à m'appeler Maman. Lorsque les garçons du gang commencèrent à arriver, ils portaient tous des noms de rue comme Tueur, Yeux de serpent, Tôlard, Corbeau et Minus. Je commençai à leur donner des noms africains portant des significations particulières. C'étaient des noms qui témoignaient de leur courage ou leur discipline ou leur force. Même si cela n'avait jamais été mentionné, les garçons savaient qu'ils devaient mériter ces noms.

Des histoires sur notre famille se répandirent partout dans la ville. De plus en plus de garçons vinrent nous voir pour habiter avec nous. Finalement, l'État de Pennsylvanie nous proposa un contrat pour devenir un foyer d'accueil afin de prendre officiellement soin de ces garçons. Nous devînmes « La maison d'Umoja — La ville des garçons » et, avec nos nouvelles subventions, nous pûmes nous agrandir, acheter de nouvelles maisons sur notre rue et engager du personnel. Le flot de garçons continua à déferler… nous ouvrîmes simplement nos bras pour les y accueillir.

Ce n'était pas toujours facile de vivre avec ces enfants de la rue. La plupart des gens les avaient laissés tomber, et pour une bonne raison. Tout le monde leur disait quoi faire, mais je décidai de plutôt les écouter. J'ai toujours essayé de les voir avec les yeux d'une mère, me concentrant sur ce qu'il y avait de bon en eux. Je ne réussissais pas toujours, mais assez souvent, cela fonctionnait.

Ma façon de faire n'a pas réussi avec un garçon nommé Spike. Dès son arrivée, il fut un fauteur de troubles — cherchant la bagarre, refusant de travailler, dérangeant les réunions. Lorsqu'il partit, je secouai la tête, désespérée. J'avais tellement essayé de lui montrer ce qu'on ressent d'être membre d'une famille aimante. Je détestais perdre un seul de ces garçons.

Quelques années plus tard, un homme tenant un bébé dans ses bras fit irruption dans mon bureau. C'était Spike! « Maman », dit-il, plaçant sa toute petite fille dans mes bras, « je veux que tu lui donnes un nom. »

La surprise me rendait incapable de parler, mais lorsque j'ai regardé la magnifique enfant dans mes bras, son nom s'imposa à moi : « Fatima, lui dis-je doucement, cela signifie "celle qui brille". »

Spike reprit Fatima et il me dit : « Je veux l'élever comme tu me l'as montré. Je veux qu'elle fasse partie de notre famille. » Malgré tout, Spike m'avait entendue.

Certains garçons m'ont aussi surprise par la profondeur de leur dévouement et de leur engagement envers notre famille. Deux années après avoir commencé notre expérience, nous décidâmes d'organiser un colloque au sujet des gangs. Nous avons demandé aux enfants qui vivaient avec nous, aussi bien qu'aux jeunes gens qui étaient retournés à leur carrière et dans leur propre maison, de retourner à leurs anciens gangs et de demander aux nouveaux chefs d'assister à la conférence pour discuter de la façon de mettre fin aux meurtres de gangs à travers la ville. Lorsque l'un des garçons approcha son ancien gang, ils le frappèrent si grièvement qu'il dut se faire hospitaliser pendant quelques jours. Mais dès qu'il fut sorti, ce garçon retourna immédiatement vers le chef de gang pour lui redemander de venir à la maison assister à la conférence. Par respect pour son courage, le chef de gang y participa.

C'étaient les premiers garçons. Depuis trente ans, plus de trois mille autres ont suivi. Ils sont tous mes fils. Même si certains sont maintenant des hommes d'âge mûr, ils reviennent encore à la maison pour des conseils ou simplement pour une visite. Ils jouent au basketball et discutent avec le groupe actuel de jeunes gens qui habitent la Maison d'Umoja. Souvent, ils emmènent leur épouse et leurs enfants pour fêter des anniversaires ou d'autres événements.

Je commençai tout cela avec l'unique intention de sauver la vie de mon fils, mais ce simple geste d'amour maternel a grandi, devenant un service à plein temps qui a sauvé des milliers de vies. Même si une seule personne ne peut tout faire, *n'importe qui* peut commencer quelque chose.

L'unité, l'amour, la famille — c'est ce qui a sauvé mes fils et c'est ce qui sauvera de nombreux autres fils à venir. Il n'y a pas de limite à cet amour. Mon propre nom, Falaka, signifie « nouveau jour ». Chaque jour est pour moi l'occasion d'être une mère pour ces garçons qui, plus que de toute autre chose, ont simplement besoin d'amour.

Falaka Fattah

Parler

Je n'étais pas différente des autres mères.

À la naissance de mon fils, Skyler, j'attendais avec impatience le jour où il me parlerait. Mon mari et moi rêvions de la première fois où il nous dirait un doux « Maman » ou « Papa ». Chaque cri ou gazouillis me donnait un petit aperçu de ce qui se passait dans la tête de mon fils.

Les gazouillements de mon bébé étaient d'autant plus précieux que Skyler était né avec plusieurs problèmes de santé qui, au début, avaient retardé son développement. Mais, une fois ces problèmes résolus, j'avais hâte d'entendre les premiers mots de mon fils. Ils ne vinrent pas.

À l'âge de trois ans, le diagnostic tomba : Skyler était autiste, un trouble du développement qui affecterait son bien-être social et émotionnel durant toute sa vie. Skyler ne pouvait pas parler — il ne parlerait pas. Je n'entendrais probablement jamais de mots venant de lui. Dans un magasin, quand j'entendais un enfant dire « Maman », je me demandais si mon petit enfant aurait parlé ainsi. Je me demandais comment je me sentirais si mon enfant m'appelait de cette façon.

Mais j'aurais pu apprendre à vivre avec son silence s'il n'y avait pas eu cette autre caractéristique de l'autisme : Skyler ne démontrait aucune affection. Il ne voulait pas qu'on le prenne, préférant être couché dans son lit ou assis dans son siège de voiture. Il ne me regardait pas ; quelquefois, on aurait même dit qu'il faisait semblant de ne pas me voir.

Un jour, lorsque je l'emmenai chez le médecin, nous vîmes une spécialiste de la même taille et du même âge que moi, dont la couleur de cheveux était semblable à la mienne. Au moment de partir, Skyler se dirigea vers elle au

lieu de venir vers moi — il était incapable de nous différen-
cier. Quand Skyler avait trois ans, il passa trois jours dans
un camp appelé « Camp Courageux » pour enfants handicapés et, lorsqu'il revint, il ne me reconnut même pas.

Cette douleur m'était presque insupportable. Mon propre fils ne savait même pas que j'étais sa mère.

Je cachai ma peine, et nous fîmes tout ce qui nous était
possible pour Skyler. Nous l'inscrivîmes dans le réseau
d'écoles maternelles de notre région. À cet endroit, les
enseignants et les spécialistes du langage travaillèrent très
fort pour aider Skyler à communiquer avec le monde qui
l'entourait. Ils utilisaient des images et des ordinateurs
parlants qui communiquaient avec lui, en même temps
qu'ils lui apprenaient le langage des signes. Ces machines
me firent mieux connaître Skyler, même s'il ne comprenait
pas qui j'étais. « Il parlera! » insista la spécialiste du langage, mais, dans mon for intérieur, j'avais abandonné tout
espoir.

Le seul rêve que je n'abandonnais pas, c'était de faire
comprendre à Skyler que j'étais sa mère. Même si je ne
l'avais jamais entendu me dire « Maman », je voulais voir
un signe de reconnaissance dans ses yeux.

Cela se passa l'été de ses quatre ans. On aurait dit que
sa compréhension qui couvait avait émergé des braises,
allumée par nos efforts et, progressivement, elle se mit à
s'enflammer. Ses premiers mots étaient difficilement reconnaissables, souvent hors contexte, jamais spontanés. Puis,
doucement, il arrivait à montrer quelque chose et dire un
mot. Puis, deux mots ensemble comme s'il demandait quelque chose. Puis, des mots spontanés. Chaque jour, il ajoutait
de plus en plus de mots reconnaissables, les utilisant pour
identifier des images ou poser des questions. Nous pouvions
constater ses progrès manifestes, jusqu'à ce que ses yeux
cherchent les miens, demandant à comprendre.

« Toi, Maman? » dit-il un jour.

« Oui, Skyler, je suis ta Maman. »

Il demanda la même chose à ses professeurs et à ceux qui le soignaient : « Toi, Maman? »

« Non, Skyler, pas ta Maman. »

« Toi, *ma* Maman? » revenant à moi.

« Oui, Skyler, je suis *ta* Maman. »

Et finalement, il y eut une lueur de compréhension dans ses yeux : « Toi, ma *Maman*? »

« Oui, Skyler, je suis *ta Maman.* »

Si ces mots avaient été les seuls que Skyler eût prononcés, cela m'aurait suffi. Mon fils savait que j'étais sa mère.

Mais Skyler n'avait pas dit son dernier mot.

Un soir, je m'appuyai contre la tête du lit de Skyler, les bras enroulés autour de lui. Il était confortablement niché entre mes jambes, et nous étions bien au chaud pendant que je lui lisais une histoire de l'un de ses livres favoris — une scène d'affection typique entre une mère et son fils, mais étant donné l'autisme de Skyler, une scène que je ne pourrais jamais considérer comme allant de soi.

J'arrêtai de lire. Skyler m'avait interrompu, inclinant sa tête vers l'arrière, de manière à pouvoir me regarder dans les yeux.

« Oui, Skyler? »

Et alors la voix d'un ange, la voix de mon fils, me dit : « Je t'aime, Maman. »

Cynthia Laughlin

Une musique qui pourrait ne jamais être entendue

Je ne l'aime pas parce qu'il est bon.
Je l'aime parce qu'il est mon enfant.

Rabindrath Tagore

Le printemps s'était glissé doucement dans notre quartier et dans les montagnes. Les fleurs sauvages et l'odeur de la terre fraîche me rappelaient des jours heureux du passé. C'était le jour de la fête des Mères et nous célébrions avec nos trois grands enfants et leur famille, pique-niquant et jouant au volley-ball dans la cour arrière de notre maison. Nous passions de merveilleux moments, pourtant j'avais mal en pensant à la brebis qui s'était égarée.

Notre plus jeune fils, Brian, était parti. Ce fils affectueux, tendre et appréciant la famille s'était transformé en un étranger irritable, avant de laisser l'école et son équipe de tennis pour disparaître dans la rue, il y avait de cela six mois.

Je m'ennuyais des jours où il surgissait dans la maison, en criant : « Maman, veux-tu venir à l'école et me regarder travailler mon service? » Le dimanche après-midi, il organisait des courses de haies « olympiques » pour ses nièces et pour ses neveux et il les encourageait à la victoire, s'assurant qu'ils obtiennent tous un ruban. Quelquefois, il installait des lits sur la terrasse pour nous tous, nous encourageant au « découchage » estival et à l'observation des étoiles.

Il nous manquait.

Même si la sensibilité et la compassion de Brian le faisaient aimer des adultes et des petits enfants, il ne se faisait pas aisément d'amis de son âge et il dut faire face à d'incessants tourments pendant toute sa scolarité.

À l'âge de dix-sept ans, il combattit une dépression. Incapable de s'en sortir, il s'enfuit et vécut dans la rue où il était accepté, mais après une courte période, il revint au foyer familial, promettant d'obéir aux règles de la maison et de se ressaisir. Un après-midi d'hiver, ses pleurs emplirent la maison. « Maman, viens ici, dit-il. J'ai peur. Le monde est tellement laid. »

Je courus vers mon fils de plus de 1,90 m et je le berçai dans mes bras. La sueur se mêlait aux larmes qui coulaient sur ses joues. J'essuyai son front. Je pouvais lisser ses cheveux, mais je ne pouvais faire en sorte que son chemin soit plus facile. « Brian, lui dis-je. Tu vas te sortir de ce moment difficile. Le monde a besoin d'un garçon comme toi. Nous trouverons de l'aide professionnelle et nous y travaillerons tous ensemble. »

Mais quelques jours plus tard, il avait disparu de nouveau.

Lorsque Brian est né, je savais que je devrais le laisser partir un jour — mais pas de cette façon. À trois ans, il jouait à l'extérieur, qu'il pleuve ou qu'il fasse beau. La vue des nuages le faisait éclater de rire, il pelletait des rayons de soleil, il construisait des routes et des tunnels pour ses camions. Un matin, il accourut dans la maison tout essoufflé. « Maman! » cria-t-il, agitant ses bras, puis me murmurant son secret. « Maman, mon cœur est tellement heureux qu'il me chatouille. »

Durant ses années de secondaire, il se lia d'amitié avec des personnes qu'il rencontrait lors de ses livraisons de journaux. Il revenait à la maison, chargé de plantes afin de commencer un jardin. Une veuve lui donna toute sa collection de timbres. Une autre de ses clientes était candidate pour une réélection à la Chambre des représentants. Il lui glissa un mot dans son journal. « Madame North, j'ai regardé le résultat des élections à la télévision hier soir et je suis content que vous ayez gagné. » Plus tard, il fut engagé comme *groom* au Capitole de l'État sur sa recommandation.

Une enseignante à la retraite faisait partie de sa tournée, et il l'aida à soigner son chien malade. Il s'asseyait souvent avec eux le soir et écoutait des histoires sur Chiquita, qui pouvait tenir dans la poche de madame Hall. Le jour où Chiquita mourut, il apporta des lilas à son amie éplorée et refusa de dîner.

Je l'avais bercé quand il faisait des cauchemars ou de la fièvre; avec lui, j'avais lavé le sable aurifère de la rivière, je lui avais fait monter des flancs de montagne et j'avais couru le cinq kilomètres à ses côtés. Je ne l'abandonnerais pas maintenant.

J'ouvris la porte de sa chambre, affectée par l'odeur persistante de sa lotion après-rasage familière; on aurait dit que le silence me réclamait. Je lissai son dessus-de-lit et je m'agenouillai, enfouissant ma tête dans la douceur du tissu, me raccrochant à sa présence, priant comme prient toutes les mères du monde quand leur enfant a besoin d'aide.

J'avais de la peine. Il y avait en lui une musique qui pourrait ne jamais être entendue. Je me rappelais les petits mots de son enfance — messages gribouillés sur du papier — naviguant sous la porte de la salle de bain pendant que je prenais mon bain, ou ses coups frappés sur le mur, quand il était jeune adolescent, pour nous dire bonsoir quand toutes les lumières étaient éteintes.

Tous ces souvenirs m'aidèrent durant les nuits d'insomnie et les jours sombres. Après plusieurs semaines, Brian appela de nouveau. « Maman, crois-tu que je peux revenir? C'est horrible ici. Je crois que je deviens fou. Est-ce qu'on peut se rencontrer pour parler? »

Mes pieds touchèrent à peine le sol comme je me précipitais sur mes clefs et que je courais vers la voiture, priant pendant tout le trajet. Là, dans ce restaurant mal éclairé, était assis mon fils, les yeux creux, regardant de son visage défait. Il ressemblait à un vieil homme et, en même temps, à un enfant égaré. Comme je m'approchais de la table, ses yeux s'illuminèrent brièvement. « Salut, Maman. Merci d'être venue. »

Je m'assis en face de lui, et il me dit : « Tout se mélange dans ma tête. On dirait que ma tête va exploser. »

Je plaçai ma main sur son bras. « Si tu peux vivre avec nos règles, tu peux revenir à la maison. Tu te diriges dans la bonne direction. »

Il mit son menton dans le creux de sa main et regarda par la fenêtre. « La semaine dernière, j'ai marché jusqu'au parc où j'avais l'habitude de jouer des matches de tennis. Si je n'avais pas fait l'imbécile, j'aurais obtenu une bourse de tennis pour aller à l'université. J'ai grimpé sur la colline, à l'endroit où tu t'asseyais toujours pour m'encourager. C'était désert et tranquille. Je me suis assis là sous la pluie jusqu'à la nuit tombante; puis, je suis revenu sur mes pas à l'endroit où je demeure et j'ai dormi dans la voiture de quelqu'un.

La douleur dans les yeux de mon fils secouait mon cœur déjà fatigué.

Il revint à la maison pour disparaître quelques jours après. Nous l'avions encore perdu. Pire, nous devions vivre mois après mois dans la terreur de ne pas savoir.

Tant bien que mal, le temps passa. Le jour de la fête des Mères arriva, le premier que je passerais sans lui. Courageusement, je pique-niquai et jouai. Mais le soir, lorsque nos enfants retournèrent chez eux, je me sentis assaillie par le vide. J'avais pris plaisir à gâter nos petits-enfants, reconnaissante pour ce jour passé en famille, mais la maison était bien trop tranquille en ce doux crépuscule. Lorsqu'on frappa à la porte, je me réjouis de la distraction.

Là se tenait Brian, le visage maigre, les habits froissés et usés, mais dans ses yeux, une faible étincelle brillait derrière la douleur. « Je devais venir, dit-il. Je ne pouvais laisser passer ce jour de la fête des Mères sans te faire savoir que je pense à toi. » Il redressa ses épaules et sourit, tendant deux œillets roses enveloppés dans de la gypsophile. Je lus la carte : « *Maman, je t'aime et je pense à toi bien plus souvent que tu ne pourras jamais l'imaginer.* »

Ses bras m'entourèrent. C'était comme si un rayon de soleil avait traversé un orage sombre. Sa voix murmurait à peine : « Maman, j'ai voulu m'enlever la vie, en finir pour cesser de souffrir, mais je ne pourrais jamais te faire ça. » Je m'appuyai contre son épaule et j'enfouis mon visage dans la douce sueur de sa chemise défraîchie.

Cette fois-ci, Brian est resté. Au début, c'était difficile; mais maintenant, dix ans plus tard, il va bien. Chaque année, le jour de la fête des Mères, je célèbre le retour définitif de mon fils. Et profondément en moi, je revis l'émerveillement de cet anniversaire secret de mon cœur.

Doris Hays Northstrom

« *Vos enfants apprennent beaucoup plus de votre foi durant les mauvais jours qu'ils ne le font durant les jours heureux.*

Beverly LaHaye

Le jour où je devins mère

*Vous ne pourrez découvrir de nouveaux océans si
vous n'avez pas le courage de vous éloigner du rivage.*

Auteur inconnu

Je ne devins pas mère le jour de la naissance de ma fille,
mais bien sept années plus tard. Jusque-là, j'avais été trop
occupée à tenter de survivre à un mari violent. J'avais consacré toute mon énergie à essayer de faire fonctionner un
foyer « parfait » qui serait inspecté chaque soir et je n'avais
pas vu que ma petite fille faisait ses premiers pas. Inlassa-
blement, j'avais cherché à plaire à quelqu'un qui ne serait
jamais satisfait et je me rendis soudainement compte que
les années avaient filé et que je ne pourrais plus les rattraper.

Oh! je m'étais comportée comme une véritable mère,
m'assurant que ma fille suivrait ses leçons de danse classique, de claquettes et de gymnastique. J'assistais — seule —
à tous ses récitals et ses concerts de l'école, aux conférences
destinées aux professeurs et aux parents, ainsi qu'aux portes ouvertes. J'intervenais quand mon mari piquait des crises de colère lorsque quelque chose était renversé pendant
le dîner, lui expliquant : « Ça va, ma chérie. Papa n'est pas
réellement fâché contre toi. » Je faisais tout mon possible
pour empêcher ma fille d'entendre les horribles cris et les
accusations de son père lorsqu'il revenait d'une nuit de beu-
verie. Finalement, je fis la meilleure chose possible pour ma
fille et moi-même : nous sortir de cette maison qui n'avait
rien d'une maison.

Je devins mère le jour où ma fille et moi nous installâ-
mes dans notre nouvelle maison, savourant notre dîner calmement et tranquillement, comme je l'avais toujours voulu

pour elle. Nous étions en train de parler de sa journée d'école quand, soudain, sa petite main a heurté son verre rempli de lait chocolaté à côté de son assiette. Pendant que je regardais la nappe blanche et le mur récemment peint en blanc devenir brun foncé, j'observai son petit visage. Il était paralysé par la peur, imaginant les conséquences d'un tel geste si c'était arrivé en présence de son père, seulement une semaine auparavant. Lorsque je vis cette frayeur sur son visage et que je regardai le lait chocolaté couler sur le mur, je commençai tout simplement à rire. Je suis certaine qu'elle me croyait folle, mais ensuite, elle dut deviner que je pensais, « C'est une bonne chose que ton père ne soit pas ici. » Elle commença à rire avec moi et nous rîmes jusqu'aux larmes. C'étaient des larmes de joie et de paix, et ce ne furent pas les dernières. Ce jour-là, nous avons su que tout irait bien pour nous.

Si jamais l'une d'entre nous renverse quelque chose, même maintenant, dix-sept ans plus tard, elle me dit : « Tu te rappelles le jour où j'ai renversé le lait chocolaté? J'ai su à ce moment-là que tu avais pris la bonne décision pour nous et je ne l'oublierai jamais. »

C'est ce jour-là que je devins réellement une maman. Je découvris qu'être mère, ce n'est pas se rendre aux récitals de danse classique, de claquettes et de gymnastique, ni assister à chaque concert de l'école et à chaque portes ouvertes. Ce n'est pas s'assurer que la maison soit impeccable et les repas parfaitement apprêtés. Ce n'est certainement pas prétendre que les choses sont normales si elles ne le sont pas. Pour moi, j'ai commencé à être mère quand j'ai pu rire en voyant du lait renversé.

Linda Jones

Les nouvelles chaussures
de Jimmy

Mon fils Jimmy a les yeux bleu ciel, les cheveux bouclés et un sourire à vous illuminer toute une pièce. Deux jours avant son cinquième anniversaire, mon mari (surnommé Chooch) et moi emmenâmes Jimmy lui acheter une nouvelle paire de chaussures de tennis montantes. Dans le magasin, après avoir examiné de haut en bas l'étalage de chaussures, Papa en trouva une paire aux couleurs de l'équipe de basketball préférée de Jimmy. Les yeux de Jimmy s'agrandirent et il demanda : « On essaie celles-là, d'accord, Maman? »

Je trouvai un modèle à sa pointure, et il s'assit sur un tabouret tout près. J'avais la gorge serrée en lui enlevant ses vieilles chaussures, puis en ôtant les attelles qu'il portait depuis l'âge de 16 mois, lorsque les médecins nous avaient appris qu'il était atteint de paralysie cérébrale.

Nous avions bien sûr acheté des chaussures auparavant, mais jamais de cette sorte. En temps normal, nous pouvions seulement choisir des chaussures qui pourraient être portées par-dessus ses attelles, mais la thérapie de Jimmy avait si bien réussi que son spécialiste avait dit qu'il pourrait porter des chaussures sans attelles quelques jours par semaine.

Je me penchai, j'ajustai ses chaussettes et je glissai les pieds de Jimmy dans les chaussures. Je les laçai jusqu'en haut, et dès l'instant où j'eus terminé le dernier nœud, Jimmy glissa du tabouret et alla jusqu'au miroir. Il se tint debout pendant un moment en se regardant attentivement, les mains sur les hanches, comme Superman.

Chooch et moi étions aussi excités que lui. « Jimmy, lui dis-je, pourquoi ne te promènes-tu pas pour voir comment tu te sens dans ces baskets? »

Il avança de quelques pas et se retourna pour voir si nous l'observions.

Je lui dis : « Vas-y, mon chéri. Ça va très bien. »

Je tenais la main de Chooch, et nous nous serrâmes bien fort tandis que nous regardions Jimmy qui marchait plus vite, puis qui courait presque dans ses nouvelles chaussures. Jimmy — qui courait presque! Mon cœur était en train d'éclater.

Tout en continuant à regarder mon fils qui marchait dans le rayon des baskets avec un très grand sourire sur le visage, je demandai à Chooch : « Elles coûtent combien? »

Nous rîmes tous les deux. « Qu'est-ce que ça peut faire?, répondit-il. Jimmy aura ces baskets. »

Je plaçai ses vieilles chaussures dans la boîte et nous payâmes la nouvelle paire.

Comme nous marchions jusqu'à la voiture, Jimmy nous remercia. Pendant le trajet vers la maison, il s'assit à l'avant avec son père, faisant claquer ses pieds et admirant sa nouvelle paire de chaussures tout le long du chemin. Je m'assis tranquillement à l'arrière, pensant à tout ce que nous avions traversé, spécialement Jimmy, pour en arriver là.

À la maison, Jimmy fredonna joyeusement alors que nous entrions à l'intérieur. Il était pressé de téléphoner à tout le monde pour parler de ses nouvelles chaussures, mais il accepta ma suggestion de n'en appeler que quelques-uns et de réserver la surprise aux autres pour son goûter d'anniversaire.

Après ces appels, nous répétâmes notre routine de tous les soirs : un bain chaud, un massage avec de la lotion et quelques étirements. J'installai ses attelles de nuit et je l'embrassai en lui souhaitant bonne nuit.

« Merci pour mes nouvelles baskets, me dit-il encore. Je les adore! » Il s'endormit avec les chaussures placées sur son lit, juste à côté de lui.

Le matin suivant, comme je l'aidais à s'habiller pour l'école, je lui rappelai doucement qu'il aurait encore à porter ses attelles la plupart du temps. « Le thérapeute dit que tu peux porter tes nouvelles chaussures seulement quelques jours par semaine. Tu t'en souviens? »

« Je sais, maman. Mes attelles sont super », m'assura-t-il. Je peux les porter aussi. »

Comme nous nous dirigions vers la porte d'entrée pour aller prendre l'autobus, Jimmy me sourit et dit : « Je parie que mademoiselle Cindy me dira : "Oh! ça alors. Je ne peux pas y croire!" »

Quand l'autobus arriva et que la conductrice, mademoiselle Cindy, ouvrit la porte, Jimmy monta les marches en se tenant à la rampe et s'arrêta en haut. « Regarde!, dit-il, regarde mes nouvelles chaussures! Et plus d'attelles! »

« Oh! ça alors. Je ne peux pas y croire! » dit mademoiselle Cindy. Jimmy se tourna vers moi et me sourit. Puis, il se dirigea vers sa place et m'envoya un baiser, me faisant signe que tout allait bien, comme il le faisait toujours.

Je rentrai lentement vers la maison, me demandant comment ses professeurs et ses amis réagiraient. J'aurais aimé être là. Je fis les cent pas souvent pendant la journée et j'écrivis mon journal. Je préparai quelques amuse-gueule pour sa fête d'anniversaire à l'école qui aurait lieu le lendemain. Chooch décorait la maison et la cour pour la fête à laquelle serait invitée toute la famille de Jimmy le soir suivant. Je mourais d'envie de voir les sourires des grands-parents de Jimmy, de ses tantes, de ses oncles et de ses cousins, quand ils le verraient défiler avec ses nouvelles baskets montantes. C'était quelque chose que nous souhaitions tous, mais que nous craignions ne jamais connaître.

C'était une très belle journée, alors je sortis quinze minutes plus tôt pour attendre l'autobus. Je n'en pouvais plus d'attendre que Jimmy revienne à la maison. Je me sens comme ça chaque fois qu'il se rend à l'école, mais ce jour-là, quand l'autobus tourna au coin de la rue, je voulus courir dans la rue pour l'accueillir. Mais je ne le fis pas. Je demeurai immobile jusqu'à ce que l'autobus s'arrête. Mon fils était là, toujours avec son grand sourire sur le visage.

Il envoya des bisous à tous et leur dit au revoir. Nous avons traversé la rue, Jimmy me racontant tout ce qui s'était passé ce jour-là. Un de ses professeurs, mademoiselle Suzanne, a « crié quand elle m'a vu, dit-il. Je crois qu'elle a aussi pleuré un peu. » Il s'arrêta. « Maman, c'est le plus beau jour de ma vie. »

Je ne pouvais parler et des larmes me montèrent aux yeux comme je me penchais pour l'embrasser. Il mit ses bras autour de mon cou et dit : « Je sais. Moi aussi. » Nous pleurâmes tous les deux et nous nous embrassâmes, puis nous rîmes.

Nous tenant par la main, nous marchâmes lentement dans notre allée, nous habituant tous les deux aux nouvelles chaussures de Jimmy.

Marie A. Kennedy

On a voulu voler notre Noël

Quand j'étais enfant, nos rituels de veille de Noël ne variaient jamais. D'abord, nous nous attablions devant un repas entièrement composé de poisson — que je redoutais absolument — suivi d'un spectacle amateur organisé par mon autoritaire cousin aîné. À minuit, nous assistions à la messe et ensuite, au petit matin, nous ouvrions quelques-uns de nos cadeaux chez Grand-mère.

L'année de mes sept ans, ma mère, mes trois frères et moi avions accompli le long périple qui séparait notre demeure de celle de notre grand-mère. Finalement, ma mère gara lentement la voiture dans notre allée. Comme elle descendait de voiture, nous raconta-t-elle plus tard, elle éprouva une étrange impression au creux de l'estomac.

Nous laissant dormir en toute tranquillité dans la voiture, ma mère entra dans la maison. Mais, aussitôt qu'elle ouvrit la porte, elle se rendit compte que nous avions été cambriolés. Elle fit un court inventaire de la maison, pour s'assurer que les cambrioleurs avaient bien quitté les lieux et pour voir exactement ce qui avait été volé.

Comme elle passait en revue notre petite maison, elle découvrit que la nourriture de notre congélateur — pour la plupart, de la viande hachée et des légumes surgelés — et ses maigres économies, les pièces de un, cinq et dix sous qu'elle avait mises de côté dans une boîte cachée dans son tiroir de sous-vêtements, étaient manquants. Ce n'était pas beaucoup d'argent, mais pour une mère célibataire qui disposait de revenus limités, la perte était dévastatrice.

Puis, horrifiée, elle constata que les cambrioleurs avaient aussi volé notre arbre de Noël, les cadeaux, même les bas de Noël — ne laissant que quelques étiquettes et un rouleau de papier d'emballage. Pendant que les autres parents mettaient la touche finale aux bicyclettes et aux maisons de poupées, elle regarda fixement l'endroit où avait été notre arbre de Noël, trop abattue pour pleurer. Il était deux heures du matin. Comment pourrait-elle arranger tout ça? Mais elle le ferait. Ses enfants allaient quand même avoir un Noël. Elle y veillerait.

Nous transportant un à un, ma mère nous mit au lit. Puis, elle resta debout pour ce qui restait de la nuit et, utilisant des boutons, du tissu, des rubans et du fil, fabriqua de ses mains, en guise de jouets, des marionnettes pour les mains et d'autres avec des fils.

Comme elle était assise en train de coudre, elle se rappela le terrain d'arbres de Noël au coin de la rue, certainement abandonné entre-temps pour le reste de la saison. Juste avant l'aube, elle sortit discrètement et revint avec un petit arbre cassé, le plus beau qu'elle put trouver.

Mes frères et moi nous réveillâmes tôt le matin, excités à l'idée de voir ce que le père Noël nous avait apporté pour Noël. Le merveilleux parfum des muffins aux bleuets et du chocolat chaud remplissait notre maison. Nous nous précipitâmes dans la salle de séjour et nous arrêtâmes au seuil de la porte, troublés par l'étrange pouvoir magique qui avait transformé notre superbe sapin de Noël, scintillant de décorations, en un petit arbre dénudé en forme de poire, appuyé contre le mur.

Lorsque mon petit frère demanda à ma mère ce qui était arrivé à notre arbre et à nos bas de Noël, elle le serra très fort dans ses bras et nous raconta que quelqu'un de très pauvre en avait eu besoin. Elle nous dit de ne pas nous inquiéter puisque nous étions très chanceux d'avoir le plus important de tous les cadeaux — l'amour de Dieu et de nos semblables.

Comme elle remplissait nos tasses avec le chocolat chaud fumant, nous ouvrîmes nos cadeaux. Après le petit déjeuner, nous fabriquâmes des décorations de Noël avec les vieilles boîtes d'œufs en carton et des boîtes de céréales.

Ensemble, nous avons ri, fredonné des chants de Noël et décoré notre nouvel arbre.

C'est bizarre, mais je n'ai jamais rien oublié de cet étrange et merveilleux Noël de mes sept ans alors que je ne me souviens même plus maintenant de ce que j'ai reçu lors des Noëls de mes cinq, dix ou même treize ans. C'était l'année où quelqu'un vola notre Noël et nous donna le cadeau imprévu d'une joyeuse solidarité dans l'amour.

Christina Chanes Nystrom

« J'en suis arrivé à trouver un système pour bien m'entendre avec ma mère. Elle me dit quoi faire et je le fais. »

The Family Circus® par Bil Keane. Reproduit avec l'autorisation de Bil Keane.

3

ÊTRE MÈRE

Existe-t-il une sensation plus délicieuse
qu'une main d'enfant nichée dans la vôtre?
Si petite, si douce et si chaude,
comme un chaton se blottissant
dans votre étreinte protectrice.

Marjorie Holmes

Apprendre à écouter

Une année, je quittai la ville pour assister à un congrès d'écrivains. Comme je descendais de l'avion qui me ramenait à Atlanta où je demeurais, ma famille m'attendait. Après les embrassades, je commençai à leur raconter mon voyage. Du moins, j'essayai de le leur raconter. Chacun voulait me dire quelque chose — surtout mon fils de huit ans, Jeremy. Il gesticulait de manière à être entendu, et sa voix dépassait celle des autres enfants, même celle de mon mari, Jerry.

Tout le monde veut me demander quelque chose, pensai-je. *Ils ne veulent pas m'entendre parler de mon voyage. Que veut me dire Jeremy?*

« Du carton pour une affiche, Maman! Je dois me procurer du carton pour une affiche. Il y a un concours à l'école. »

Je m'éloignai de lui, lui promettant d'en reparler plus tard. De retour à la maison, je me réadaptai au téléphone, à la sonnette d'entrée, au tri du linge, au covoiturage, aux réponses aux questions et au nettoyage des dégâts. Je luttais contre le sentiment insidieux que, peu importe mes efforts, je ne pouvais être à la hauteur des besoins de ma famille. Comme je me déplaçais en toute hâte, essayant de décider ce que je ferais ensuite, Jeremy me rappela : « J'ai besoin de carton pour l'affiche, Maman. »

Toutefois, graduellement, il commença à parler plus doucement, comme s'il se parlait à lui-même. Alors, je plaçai la demande de Jeremy à la fin de ma longue liste de choses à faire. *Peut-être qu'il va se calmer à propos du carton pour affiche*, pensai-je avec espoir.

Le troisième jour après mon retour, je réussis à récupérer à peu près quinze minutes pour essayer de taper un article. Assise devant la machine à écrire, j'entendis le sèche-linge qui s'arrêtait. Une autre brassée de linge à faire sécher. Je devais répondre à deux appels importants. Une de mes filles m'avait suppliée plusieurs fois de l'écouter me réciter son rôle dans *les Contes de Canterbury*. Pendant plus d'une heure, l'un des chats avait miaulé à mes côtés pour que je le nourrisse. Quelqu'un avait renversé du Kool-Aid à l'orange sur le plancher de la cuisine et l'avait étalé avec une serviette sèche. Le moment de préparer le dîner était déjà passé et je n'avais même pas déjeuné. Malgré tout, je tapai joyeusement à la machine pendant quelques délicieuses minutes.

Une petite ombre s'installa sur mon papier. Je savais qui c'était avant même de regarder. Je levai quand même les yeux. Jeremy était debout et m'observait calmement. *Oh, mon Dieu, s'il te plaît, ne le laisse pas me le répéter. Je sais qu'il a besoin de carton pour affiche. Mais j'ai besoin de taper à la machine.* Je souris faiblement à Jeremy et continuai de taper. Il me regarda pendant quelques minutes encore, puis se retourna et partit. Je n'entendis presque pas son commentaire. « Le concours se termine demain, de toute façon. »

Je voulais tellement écrire qu'avec un petit effort j'aurais pu ne pas entendre sa remarque. Mais je ne pouvais ignorer la voix silencieuse qui parlait instamment à mon cœur. *Va lui chercher ce carton — maintenant!* J'éteignis ma machine à écrire électrique. « Allons chercher le carton, Jeremy. » Il s'arrêta, se retourna et me regarda sans même sourire ou parler — presque comme s'il n'avait pas entendu.

J'insistai : « Viens! » empoignant mon sac à main et mes clefs de voiture.

Il ne bougeait toujours pas. « Y a-t-il autre chose que tu dois aller chercher, Maman? »

« Non, seulement ton carton pour l'affiche. » Je me dirigeai vers la porte.

Il traîna derrière et demanda : « Tu vas au magasin juste pour moi ? »

Je m'arrêtai et je le regardai. Je le regardai vraiment. Un peu de tout ce qu'il avait mangé au déjeuner à l'école tachait sa chemise. Les chaussures délacées et flottantes, et des traces de Kool-Aid orange apparaissant aux commissures de sa petite bouche grave donnaient à Jeremy l'apparence d'un clown.

Soudain, un éclair d'absolu délice frappa son visage, effaçant son incrédulité. Je crois que je n'oublierai jamais ce moment. Il se retourna avec une vitesse étonnante et courut en bas des escaliers, rejetant sa tête en arrière et criant : « Hé ! Julie, Jen, Jon, Maman m'emmène au magasin ! Est-ce que quelqu'un a besoin de quelque chose ? »

Personne ne lui répondit, mais il ne sembla pas le remarquer. Il fonça vers la voiture avec une expression sur son visage digne des matins de Noël. Au magasin, au lieu de courir en avant de moi, il empoigna ma main et commença rapidement à me parler du concours d'affiches.

« C'est sur la prévention des incendies. Le professeur l'a annoncé il y a très longtemps mais, quand je t'en ai parlé la première fois, tu as dit que nous verrions cela plus tard. Ensuite, tu as quitté la ville. Le concours se termine demain. Je devrai travailler très fort. Qu'arrivera-t-il si je gagne ? » Il continua avec un enthousiasme interminable comme s'il m'avait demandé le carton qu'une seule fois.

Jeremy ne voulait pas que je m'excuse. Cela aurait gâché son plaisir. Alors, je l'écoutai simplement. Je l'écoutai plus attentivement que je ne l'avais fait pour personne pendant ma vie. Après qu'il eut acheté le carton, je lui demandai : « As-tu besoin d'autre chose ? »

« As-tu assez d'argent ? » murmura-t-il.

Je lui souris, me sentant soudainement très riche. « Oui, aujourd'hui, il se trouve que j'ai beaucoup d'argent. De quoi as-tu besoin? »

« Est-ce que je peux avoir ma propre colle et du papier de bricolage? »

Nous achetâmes les autres articles. Et Jeremy, qui d'habitude ne se confiait pas à des étrangers, dit à la caissière : « Je fabrique une affiche. Ma maman m'a emmené au magasin pour acheter le matériel. » Il essayait de garder un ton neutre, mais son visage le trahissait.

Il travailla sur l'affiche silencieusement et avec une grande détermination pendant tout le reste de la journée.

Le gagnant du concours fut annoncé au haut-parleur de l'école deux jours plus tard. *C'était Jeremy!* Son affiche fut alors inscrite pour le concours du comté. Qu'il gagna également. Le directeur de l'école lui écrivit une lettre à laquelle il avait joint un chèque de cinq dollars. Jeremy écrivit une histoire à propos du concours. Il la laissa traîner sur son bureau et je la lus. Une phrase me sauta aux yeux. « Et alors, ma mère arrêta de taper et m'écouta et m'emmena, seulement moi, au magasin. »

Quelques semaines plus tard, une grande enveloppe jaune adressée à Jeremy arriva par la poste. Il la déchira et lut à haute voix le texte écrit sur le certificat de mérite, lentement et presque avec incrédulité. « Ceci certifie que Jeremy West a obtenu le mérite d'atteindre les finales de l'État au concours d'affiches portant sur le thème de la prévention des incendies en Géorgie. » C'était signé par le contrôleur général de Géorgie.

Jeremy se jeta par terre en faisant des galipettes et en riant très fort. Nous encadrâmes son certificat et souvent, lorsque je le regarde, je me rappelle que j'ai presque — presque refusé de lui procurer du carton pour son affiche.

Marion Bond West

Fatiguée?

Les enfants sont d'un grand réconfort pendant nos vieux jours — et ils nous aident à les atteindre plus rapidement.

Lionel Kauffman

Au départ, la manchette attira mon regard : « Apprenez à reconnaître et à combattre les symptômes de la fatigue ». N'ayant pas dormi une seule nuit complète depuis 1990, ces mots me convenaient tout à fait.

« Vous vous sentez trop épuisée pour venir à bout de votre routine quotidienne? Vous avez besoin d'une sieste au milieu de l'après-midi? » demandait l'auteur de l'article. On avait écrit mon autobiographie sans que je le sache! Captivée, je continuai à lire.

« Plusieurs styles de vie peuvent causer la fatigue, incluant le manque de sommeil », déclarait l'auteur.

Vraiment. Bon, qui pouvait avoir deviné que je vaquais à mes occupations seulement à demi-cohérente parce que je ne dormais pas assez? *Qui avait signé ce trait de génie?* me demandai-je. *Albert Einstein?*

La fatigue est générée par une variété de motifs, très bien — la plupart de ces causes commencent au moment de la conception et se perpétuent pendant les années où la mère élève ses enfants. Une fois conçu et venu au monde, le tout petit caneton que nous appelons « enfant » ne fera pas ses nuits, en certains cas, pendant vingt-et-un ans. (On me dit qu'il y aurait très probablement une période de trois ou quatre ans où l'enfant ne se réveillera pas. Mes enfants n'étant pas parvenus à ce stade, je dois encore évaluer si c'est une si mauvaise chose.)

Les coliques, les poussées de dents et les vaccins font durer le problème de la fatigue chez les parents de ces chérubins. Mais plus tard, des questions existentielles comme : « Est-ce que les tornades font caca? » ou cette demande de onze heures du soir : « Oh! Maman, j'ai oublié de te dire que je dois me déguiser en César Auguste demain » ne servent qu'à aggraver davantage la situation.

Certains des symptômes de l'épuisement sont évidents, comme la présence de poches et/ou de cernes sous les yeux. La plupart du temps, cependant, les signes de la maladie seront plus subtils. Voici quelques questions simples à vous poser pour déterminer si, vous aussi, vous souffrez du manque de sommeil.

1. Avez-vous déjà accouché? L'enfant demeure-t-il encore à la maison? Avez-vous accouché une deuxième fois? (Il est important de noter que chaque accouchement subséquent augmente vos risques de développer un trouble lié au manque de sommeil.)

2. Vous êtes-vous déjà fait demander : « Pourquoi les gens regardent-ils en bas quand ils prient puisque Dieu est en haut? »

3. Avez-vous déjà répondu à des questions sans vraiment y répondre, même si vous connaissiez l'explication dans votre for intérieur? Par exemple : « Parce que je suis ta mère. Voilà pourquoi. » et « Parce que je le dis. »

4. Quand votre enfant vous demande si vous avez vérifié son devoir de mathématiques, avez-vous déjà, sans même sourciller, regardé dans le congélateur?

5. Regardez vos pieds. Portez-vous des chaussettes de deux teintes différentes?

6. Avez-vous du vomi sur une épaule ou sur les deux quand vous quittez la maison le matin pour aller travailler?

7. Mangez-vous deux repas ou plus par jour dans un
    véhicule en mouvement?

8. Avez-vous déjà dormi sur une serviette dans la salle
    de séjour, seulement revêtue de votre maillot de
    bain, simplement parce qu'on vous a demandé, en
    janvier : « Peut-on aller à la plage? »

9. Quand vous jouez à Candy Land, êtes-vous déjà
    devenue instable quand, deux cases avant d'être
    désignée championne du monde Candy Land, vous
    pigez la carte « La chance tourne »?

Si vous répondez « oui » à une ou à plusieurs de ces questions, il y a de bonnes chances que vous soyez fatiguée.

Mais comment pouvez-vous y remédier? L'article livre
plusieurs suggestions brillantes pour combattre la fatigue.
Voici ma préférée : « Réduisez le stress dans votre vie où
c'est possible. » Si la ligature des trompes avait constitué
une condition préalable pour réussir ses études, cela aurait
été possible. Malheureusement, on ne peut retourner en
arrière.

« Gardez votre chambre fraîche, sombre et calme »,
recommandait l'article.

« Pas possible », répondis-je à voix basse, parce que malgré mes vaillants efforts, le matin, quatre lilliputiens trouveront leur chemin vers mon lit même dans le noir.

Ils éclaireront leur sentier avec des lampes de poche
« Bug's Life » qu'ils auront commandées au moyen d'un cou-
pon imprimé au dos d'une boîte de céréales. Ils ouvriront
mes deux yeux de force avec leurs petits doigts graisseux
pour me demander : « Est-ce que tu dors? »

Puis ils s'étendront à côté de moi et commenceront à respirer, chacun d'eux à intervalles différents. Mon fils aîné
placera une main sous son aisselle opposée et la fera claquer jusqu'à ce qu'il réussisse à simuler le son d'une flatu-

lence. Les trois autres, subséquemment, riront sottement, glousseront et commenceront à se batailler.

Ils riront si fort qu'ils commenceront à tousser; puis, ils me demanderont de leur donner quelque chose à boire. Cela fait, ils me demanderont quelle heure il est.

« Il est temps de retourner dormir », leur dirai-je.

Ils me demanderont combien de temps il reste avant le matin.

« Pas assez longtemps », leur répondrai-je, d'un ton las.

Mon fils fera un rot. Les fous rires recommenceront. Puis la toux. Puis leur envie de boire. Ma mauvaise humeur émergera et, inévitablement, les conditions de fraîcheur, de noirceur et de tranquillité conduisant à l'obtention d'une bonne nuit de repos seront anéanties.

Je ne suis pas médecin. Je ne détiens pas de doctorat en science du sommeil. Mais après avoir subi quatre césariennes et avoir ensuite faiblement tenté d'en atténuer les séquelles, je me sens qualifiée pour déclarer que, tant qu'on est mère, il n'existe pas de moyen efficace pour combattre la fatigue.

Pire encore, même quand nos enfants auront grandi, ils continueront à nous fatiguer. Nous pouvons nous enfuir, mais nous ne pouvons nous cacher. Ils nous retrouveront près des îles désertes dans les péniches que nous aurons achetées avec l'argent de notre fonds de retraite. Peu importe si nous sommes parties sans laisser d'adresse. Ils seront là et ils se seront probablement reproduits. On nous appellera « Mamie ».

Il est réconfortant de penser que la plupart des mères se rendent compte qu'elles sont capables — même si c'est parfois tout juste — de conserver un emploi, d'entretenir semi-efficacement une maisonnée, de répondre aux besoins fondamentaux de leurs enfants, de créer en vingt-quatre minutes un costume de César Auguste et de continuer à

converser en adulte. (Même si ces conversations auront tendance à parler de « comment mon fils de deux ans a utilisé
son pot pour la première fois ».)

La fatigue, comme le savent et l'acceptent les mères,
n'est rien d'autre que le compromis nécessaire pour pouvoir
jeter un coup d'œil dans la nuit afin de contempler le doux
mouvement de la petite poitrine de votre fils qui respire
pendant qu'il dort dans son berceau; pour le plaisir
d'embrasser son visage barbouillé de confiture; pour être
celle qu'il réclame lorsqu'il est malade; pour entendre son
professeur dire : « C'est un enfant formidable. » La fatigue
est le prix dérisoire que nous devons payer pour incarner ce
refuge rassurant — lorsque notre enfant nous murmure
dans la nuit : « Est-ce que je peux coucher dans ton lit? »

Staci Ann Richmond

« J'ai téléphoné à la personne que vous avez désignée
comme pouvant me donner des recommandations.
Elle a dit que vous avez toujours mangé vos carottes
et rangé vos jouets. »

Mon P.D.G. a quatre ans

Lorsque j'étais enfant, la question la plus intimidante qu'on m'ait jamais posée était : « Que veux-tu faire plus tard? » Même si c'était banal et innocent, cela me terrifiait. Je ne le savais pas.

Puis, mon fils aîné eut six mois. Je me rendis compte alors qu'une chose n'avait jamais changé : j'avais toujours voulu être mère. Depuis mes rêves de jeune fille, jusqu'à mon *baby-sitting* d'adolescente, j'avais toujours su que j'aurais un enfant à moi. J'en ai eu deux.

Dans un moment inspiré, j'ai écrit ce poème sur mon travail à plein temps le plus épanouissant.

Mon P.D.G. a quatre ans, et
Mon vice-président, un an seulement.
D'après ce que mes amies m'ont dit,
Mon « plaisir » ne fait que commencer.

Quand la journée des travailleurs se termine,
La mienne semble tout juste commencer
Avec le dîner, les bains, le cérémonial du coucher,
Et les leçons qui viennent du cœur.

Je ne fais ni photocopies ni télécopies.
Je ne joue pas à ce « jeu de l'entreprise »,
Mais mes heures sont assez longues,
Et la besogne me fatigue tout autant.

Dans mon travail, « les luttes pour la prise de pouvoir »
Impliquent un jouet ou deux,
Et « les fusions les mieux réussies »
Sont faites avec la colle Elmer.

J'ai peu de vacances, et
Pas plus de journées de maladie.
Et tous les *meetings* importants
Se tiennent sur le plancher de la chambre à coucher.

Alors que la plupart ont hâte à leur retraite,
Moi, j'espère que mon travail NE FINIRA JAMAIS,
Car, dans ces frimousses souriantes,
J'ai trouvé mes deux MEILLEURS AMIS.

Je distribue maintenant fièrement mes cartes de visite
à tous ceux qui en veulent. Il y est simplement écrit :

LA MAMAN DE LLOYD ET DE CLAIRE

Carol A. Frink

Carol A. Frink

Membre de l'équipe
des garçons

« Qui est le meilleur? » demandai-je à l'homme qui était mon mari depuis quelques semaines, « Cassius Clay ou Mohammed Ali? »

Mon mari me regarda avec des yeux terrifiés.

« Tu blagues, n'est-ce pas? »

Je fis non de la tête doucement, me demandant ce qui n'allait pas dans ma question.

« C'est la même personne », me dit-il, éclatant de rire pendant que sa tête s'enfonçait de nouveau dans les pages sportives.

En tant que jeune mariée, j'essayais simplement de m'adapter au monde des sports de mon mari. Mon père et mes deux frères aimaient beaucoup le sport, mais leur intérêt n'était rien comparé à l'obsession de mon jeune mari. Il regardait tous les matches, connaissait toutes les statistiques, analysait le rendement de tous les entraîneurs et écoutait à la radio toutes les émissions concernant le sport.

Il fit de son mieux pour m'entraîner dans son univers. « Regarde ce ralenti! » me criait-il depuis le salon.

Laissant tomber ce que j'étais en train de faire, je fonçais à travers la maison pour admirer une autre spectaculaire prise, obstruction, putt, course ou saut. Même si c'était du jeu superbe, l'action n'attirait pas mon attention autant qu'un bon livre, une longue marche, des étoiles par une nuit claire ou un Monet exposé dans un musée.

Comme notre mariage se changea en un match de projet de vie, nous eûmes trois fils. Involontairement, j'eus la chance de fabriquer l'équipe parfaite, avec lanceur, receveur et frappeur. Pendant que mes amies — mères de filles — se pomponnaient pour des déjeuners à l'extérieur ou pour aller faire du magasinage, j'enfilais mon jean pour des heures passées sur le terrain à arbitrer et à crier. « Cours! Tu peux y arriver! »

« N'es-tu pas un peu déçue de ne pas avoir une fille? » me demandaient souvent des amies.

« Pas du tout », répondais-je sincèrement.

« Il y a une place spéciale au paradis pour les mères de trois garçons », continuaient-elles, citant un guide populaire destiné aux parents.

En grandissant, chacun des garçons lisait sa section des pages sportives au petit-déjeuner et je refusais d'être mise de côté. Peu importe si je n'avais pas de longs cheveux à tresser, de jolies robes à repasser ou des chaussons de danse à acheter. Je n'allais pas rester sur le banc de touche. Je ne pris pas beaucoup de temps pour comprendre que je pouvais être celle qui ramasse les balles, ou être promue au bâton.

Rapidement, je fis partie de l'équipe des garçons. Je lançai, je puttai, je pêchai. Et tout un nouveau monde s'ouvrit à moi. Des activités que je n'aurais jamais choisies se transformèrent en merveilleuses aventures.

Comme lanceur pour les matches du quartier, je découvris la joie d'une balle bien frappée, en même temps que l'odeur terreuse du gazon piétiné par un chaud après-midi d'été.

Sur un terrain de golf, je m'émerveillai de la précision d'un « putt » de plus de quatre pieds (1,2 m), aussi bien que du chant d'un oiseau perché sur un chêne tout près, qui nous donnait la sérénade.

Comme accrocheuse de vers, je connus l'excitation du mouvement d'un poisson qui tire sur la ligne, aussi bien que des nuances brillantes et changeantes d'un soleil couchant.

Alors que je commençais à m'habituer à ces activités, les garçons devinrent des adolescents et je me trouvai projetée dans un tout nouveau royaume de défis. Puisque j'avais souvent été impliquée à conduire les gars où ils voulaient aller, je décidai que je ne ferais pas que m'asseoir en attendant qu'ils aient terminé. Malgré moi, je me joignis à l'action.

J'ai passé des heures, par un jour froid et couvert, à grimper sur un pin de 12 m, me balançant, accrochée à une corde, en criant « Tarzan », avant de plonger dans les eaux glacées d'un lac des forêts du nord. Je me suis embarquée en poussant des hurlements dans les plus rapides et plus abruptes montagnes russes d'un parc d'attractions thématique. J'ai assisté pendant des années à des salons du baseball, me ruant en même temps que les supporters pour obtenir des autographes de joueurs dont je ne connaissais même pas le nom. Je me suis retrouvée sur le pic du sommet d'une montagne enneigée, en skieuse débutante affrontant des pentes trop ardues, simplement parce que mes fils savaient que j'aimerais le paysage.

« Vas-y, Maman », disaient-ils. « Tu vas y arriver! »

Et je l'ai fait.

Cependant, le point culminant de ma carrière sportive survint lorsque mes fils entrèrent sur mon propre terrain de jeu.

Je sus que j'avais marqué des points lorsque mon fils de dix-huit ans revint de la ville et me décrivit le circuit personnel qu'il avait fait faire à ses amis dans un musée d'art; quand mon fils de seize ans lança la discussion sur les romans riches en contrastes d'un auteur populaire; et quand mon fils de treize ans découvrit une Orion scintillante dans la noirceur veloutée du firmament et qu'il nous annonça que c'était sa constellation préférée.

Il n'y a pas très longtemps, comme nous revenions à la maison après avoir déposé mon fils aîné à l'université, mes plus jeunes fils et mon mari s'unirent dans un jeu animé de questions sur le sport.

« Cite trois équipes professionnelles de basket qui ne se terminent pas en "s". »

« Quel receveur détient le record de points marqués? »

J'écoutais vaguement tout en observant les rayons argentés des phares des tracteurs qui glissaient sur les sillons des champs de maïs éclairés par la lune. Humant l'odeur douce de la moisson estivale, je remarquai soudainement que leurs questions avaient cessé. Je saisis l'occasion.

« Qui était le meilleur? » demandai-je, « Mohammed Ali ou Cassius Clay? »

Il y eut un silence étonné.

« Mohammed Ali », répondit l'un.

« Cassius Clay? » devina l'autre.

Leur père éclata de rire. « C'est la même personne! » expliqua-t-il.

« Eh, c'est une super question-piège, Maman! » dit l'un des garçons.

« Quand nous serons revenus à la maison, nous allons l'essayer sur Billy et Greg », dit l'autre.

Vingt-cinq années plus tard, je me suis rachetée. Mais ne me demandez pas le pointage.

Marnie O. Mamminga

Confessions d'une belle-mère

Quand j'ai rencontré Larry, mon futur mari, il arrivait tout équipé, les week-ends, avec une fille de dix-huit mois, McKenna, et un fils de quatre ans, Lorin.

Le jour où je connus ses enfants, nous marchions autour d'un étang, Larry tenant dans ses bras une McKenna qui portait encore des couches pendant que Lorin courait pour trouver des grenouilles à me montrer. J'étais stupéfiée. Ces enfants représentaient une grande part de l'homme que j'aimais et ils n'avaient pas encore réellement créé de liens avec moi. Comment ce rôle de belle-mère pouvait-il fonctionner?

Je tombai rapidement amoureuse du sourire espiègle de Lorin et du petit corps grassouillet de McKenna, si chaud contre ma poitrine quand je la tenais dans mes bras. J'étais complètement captivée par ma nouvelle et charmante famille « instantanée », mais en ce qui concernait la mère des enfants, Dia, c'était une tout autre histoire.

Notre relation était teintée de méfiance qui voilait à peine une quasi-hostilité entre nous deux. Je fis de mon mieux pour l'ignorer et me concentrai plutôt sur les deux adorables enfants qu'elle avait mis au monde.

Les enfants et moi, nous nous entendions très bien, même si Lorin était plutôt distant. Peut-être était-ce par loyauté pour sa mère, ou parce qu'il était un garçon, ou simplement que ses quatre ans avaient besoin de plus d'autonomie. McKenna, étant très petite, ne cultivait pas ces sortes de scrupules. Elle m'aimait et me le faisait savoir sans réserves et avec une gentillesse et une innocence dont je ne revenais pas. Je ne pouvais résister à son amour et quand j'éprouve un sentiment, c'est très fort. Presque immédiatement, nous formâmes notre propre *fan-club* réciproque — deux cœurs qui battaient comme un seul.

En fait, c'est McKenna qui me fit la demande en premier. Nous étions assis tous ensemble dans la salle d'attente d'un aéroport, en route pour une visite aux parents de Larry. McKenna avait presque trois ans. Elle s'assit sur mes genoux en me faisant face, jouant avec mon collier et, de temps en temps, me regardait de ses yeux empreints de respect. Je lui souris, ressentant dans mon cœur l'ampleur de mon amour pour elle. Larry s'assit à côté de nous pendant que Lorin s'était transformé en voiture et roulait autour des rangées de sièges en plastique, en faisant des bruits de moteur avec sa bouche. Une jeune famille typique pour l'observateur de passage. Mais nous n'étions pas encore une famille car Larry ne m'avait pas encore demandée en mariage. Et même si je ne voulais pas m'imposer, nous savions tous les deux que ma patience s'épuisait. « Qu'attend-il? » me demandais-je.

Alors, McKenna enleva sa sucette de la bouche et, retournant mon sourire, elle me dit joyeusement : « Veux-tu me marier? » Après un moment de silence consterné, nous rîmes à nous en tenir les côtes. Moi par plaisir, Larry parce qu'il était libéré de sa tension et les enfants, simplement parce que les grands riaient. Heureusement, Larry ne mit pas beaucoup de temps à suivre avec sa propre demande.

À mesure que le temps passait, je me suis habituée à être un parent à temps partiel — et à considérer la mère des enfants comme un élément inévitable de ma vie. J'appréciais réellement Dia, mais nos positions semblaient nous dicter de nous comporter l'une envers l'autre de manière bourrue, un comportement que j'essayais d'éviter. Parfois, j'éprouvais le coupable désir que la mère des enfants disparaisse tout simplement. Une maladie courte et sans souffrance. Sur son lit de mort, elle m'aurait fait promettre d'élever ses enfants à sa place. Les enfants pourraient alors demeurer avec nous — être vraiment mes enfants — et nous pourrions constituer une véritable famille.

Heureusement, cela n'est jamais arrivé. Je ne voulais pas réellement qu'elle meure. J'étais simplement jalouse qu'elle ait eu des enfants avec *mon* mari. D'accord, il avait été son mari dans le temps — mais je le digérais toujours mal.

Je regardais les enfants grandir, les bébés se transformant en écoliers. Leur mère et moi continuâmes nos interactions civilisées et difficiles, organisant les allées et venues des enfants et négociant les horaires de vacances et de jours fériés.

Mes amis me dirent tous que Larry devait s'arranger avec son ex-épouse et, pendant un moment, nous tentâmes d'agir ainsi. Mais l'active et volontaire donneuse de soins que j'étais se devait d'être impliquée dans les décisions. Dia et moi revînmes donc à nos arrangements du début. À mesure que les années passèrent, je remarquai que nos conversations téléphoniques avaient changé. J'aimais vraiment parler des enfants avec elle. Et je crois qu'elle s'était rendu compte que peu de personnes au monde étaient aussi intéressées, charmées ou concernées que moi par ses enfants. Nous commençâmes une lente mais visible métamorphose, qui se paracheva l'année où Dia m'envoya une carte de vœux pour la fête des Mères, me remerciant d'être la « co-mère » de ses enfants.

Pour Dia et pour moi, ce fut le commencement d'une nouvelle époque. Et même si tout ne fut pas toujours parfait, je sais maintenant que ce fut extraordinaire. J'ai quelques mercis à lui dire :

Merci Dia d'avoir eu assez de grandeur d'âme pour partager tes enfants avec moi. Si tu ne l'avais pas fait, je n'aurais jamais connu ce qu'est tenir et étreindre précautionneusement un enfant endormi et ressentir, dans les petits membres mous à la peau de soie, une confiance totale. Je n'aurais jamais eu l'occasion de m'émerveiller des virages accomplis par un petit garçon qui essaie de trouver un sens à cet immense et complexe univers.

Je n'aurais jamais su que les enfants peuvent crier si fort quand leur ventre leur fait mal. Je n'aurais jamais su qu'après avoir vomi, ils étaient capables de vous sourire si radieusement, des larmes encore mouillées sur les joues, leur douleur déjà oubliée.

Je n'aurais jamais pu observer un garçon pendant qu'il luttait pour devenir lui-même, ni avoir été si impliquée dans le douloureux et sérieux processus du développement d'un adolescent. Je n'aurais jamais eu l'impressionnant privilège de voir ce petit morveux de douze ans, capable de vous pousser à bout avec ses questions, se transformer en un superbe jeune homme bourreau des cœurs, au sourire électrisant et au charmant caractère. Comme il s'apprête à entrer à l'université, je sais qu'il rendra dingue toute une génération de femmes libres — pour des raisons complètement différentes.

Je n'aurais pas senti le plaisir de voir notre superbe fille évoluer sur la scène, s'exprimant avec une grâce et une profondeur d'émotion qui semblaient trop matures pour quelqu'un de si jeune. Ou ressentir le plaisir vraiment vaniteux et fier — quoique non mérité et empreint de culpabilité — lorsque quelqu'un qui ne nous connaissait pas remarquait que McKenna me ressemblait.

Merci d'avoir fait du matin de Noël une fête commune, de sorte que les enfants n'ont jamais eu à se sentir divisés pendant ces festivités si importantes pour eux. Je me souviens d'une année où nous étions tous assis autour de l'arbre, pendant que les enfants distribuaient les cadeaux. Nous étions là, toi et ton mari, Larry et moi, et les enfants... et cela peut paraître étonnant mais je me sentais chez moi.

J'ai alors compris que tu n'avais pas à disparaître pour que nous devenions une vraie famille.

Carol Kline

Prière d'une mère
au milieu de l'été

Mon Dieu,

Donne-moi la force de tenir jusqu'au soir de la rentrée scolaire.

Donne-moi l'énergie nécessaire pour le covoiturage de l'équipe de natation, pour dénouer, avec mes dents, les lacets des chaussures mouillées et pour délivrer le chien enroulé dans le tuyau d'arrosage.

Donne-moi la sagesse de me rappeler le nom du petit rouquin du bas de la rue qui n'a pas quitté notre maison depuis le mois de juillet.

Marche avec moi à travers la cour arrière sur des piles de maillots de bain mouillés et de coupes de glace vides, pour sauver mon beau rouge à lèvres qui est au fond de la pataugeoire.

Donne-moi le courage d'accepter que tout, dans le réfrigérateur, ou bien a été entamé, ou bien a été tâté, ou bien encore est en train de se reproduire dans le bac à légumes, sous le fromage qui coûte cher.

Guide-moi le long du couloir qui mène à la buanderie, où je peux connaître cinq minutes de paix et de tranquillité en éteignant la lumière et en grimpant sur le sèche-linge pour que les enfants n'aperçoivent pas mes pieds sous la porte.

Aide-moi à accepter le fait que si j'emmène mes enfants au cirque ou à un safari, installe une piscine dans la cour arrière, taille une pirogue dans un séquoia et descends le fleuve Congo, ils finiront chaque journée en disant : « Je m'ennuie ! »

Donne-moi la sérénité de sourire quand mon mari insiste pour faire sauter le Hamburger Helper sur le barbecue parce que « tout a meilleur goût quand c'est cuit sur le barbecue ».

Dans ton infinie sagesse, montre-moi comment débrancher la console de jeu vidéo qui n'a pas été éteinte depuis le 22 juin.

Réconforte-moi quand je me rends compte que la couleur terre de mon tapis s'est transformée en un mélange d'esquimau bleu fondu avec les restes de la sloche mauve de quelqu'un d'autre.

Et si je t'en demande trop, mon Dieu, donne-moi simplement la capacité de prévoir qu'un jour — dans pas trop d'années — le barbecue et la télévision seront éteints, que le tuyau d'arrosage sera rangé, que le réfrigérateur, la porte d'entrée et le garage seront fermés et que je me demanderai alors où mes enfants — ainsi que le petit rouquin avec des lunettes — peuvent bien être allés.

Debbie Farmer

« *Attends, mon chéri, tu n'as pas à t'enfuir ?*
C'est moi qui le ferai. »

Reproduit avec l'autorisation de Martha Campbell.

Journal d'une varicelle

Jour 1 : Je commence à écrire mon journal car mes enfants vivront bientôt l'aventure de la varicelle. Tout a débuté ce matin quand Vicki m'a téléphoné pour me dire que ses enfants avaient contracté la maladie. Sachant que j'hésitais à faire donner le nouveau vaccin à mes enfants, elle m'a dit que si je voulais en finir avec le problème, nous étions les bienvenus chez elle afin d'être exposés au virus. Elle m'a expliqué que la période d'incubation était d'une semaine ou deux. Lorsque j'ai consulté le calendrier et compté les jours, il s'est avéré que la maladie apparaîtrait juste au milieu des vacances scolaires.

Je me suis dit qu'elle avait raison. Pourquoi ne pas en finir puisque les enfants allaient être à la maison de toute façon? De plus, mon mari veut rattraper du retard dans son travail et compte demeurer à la maison cette semaine-là. Il sera donc disponible pour m'aider si j'en ai besoin.

En chemin vers la maison de Vicki, j'ai expliqué aux enfants que nous avions rendez-vous pour jouer avec des amis malades pour attraper leur virus. Ils m'ont demandé si cela voulait dire qu'il y avait aussi changement de politique à propos du *chewing-gum* ramassé sur le trottoir.

Vicki s'est assurée que tous les enfants partagent les verres de jus de fruits et nous avons bavardé. Le moment était tellement bien choisi que cela semblait miraculeux. Je soumettrai probablement le journal pour qu'il soit publié dans un magazine destiné aux parents.

Jour 2 : Me suis rendue au supermarché pour m'approvisionner en lotion à la calamine et en bain moussant à l'avoine appelé Aveeno. Ai expliqué à la caissière notre plan de faire attraper la varicelle à nos quatre enfants pendant les vacances scolaires alors que mon mari serait à la maison pour m'aider. Elle a dit : « C'est un bon calcul. »

Jour 12 : Je garde la bouteille de calamine dans ma poche puisque la varicelle doit apparaître d'une minute à l'autre.

Jour 18 : Les vacances scolaires sont terminées; les filles sont retournées à l'école. Mon mari est retourné au travail. Mon fils est à la maison avec la varicelle. De nouveaux boutons continuent à apparaître et les anciens disparaissent. Après le déjeuner, j'ai foncé au magasin pour une autre provision de calamine. Ai signalé à la caissière que le plan miraculeux était de la bouillie pour les chats. Puis, me suis rappelé les sages paroles de Vicki : « C'est un rite de passage » et j'ai juré de demeurer positive.

Jour 21 : La varicelle de ma fille apparaît, donc elle reste à la maison avec son frère. La façon pour les enfants de ne pas s'ennuyer, c'est de relier avec un stylo-feutre les points rouges sur leur corps et d'exiger des collations exotiques.

Jour 26 : Mon mari quitte la maison pour un voyage d'affaires hors de la ville. Mon fils termine sa varicelle mais il est maintenant grippé. Ma fille se porte bien mais elle doit demeurer en quarantaine quelques jours de plus. Ma deuxième fille garde aussi la maison souffrant d'un mal de ventre. Je me sens des affinités avec les femmes pionnières qui donnaient naissance à leurs enfants dans un champ de maïs et qui chassaient les serpents à sonnettes de la véranda pendant que leur mari conduisait le troupeau.

Jour 30 : Tous les enfants reviennent de l'école — un avec la varicelle, deux avec la grippe, un autre feignant d'être malade pour profiter des collations. Ce temps passé ensemble à la maison nous a permis d'acquérir une connaissance approfondie des manies particulières de chacun, tout comme peut le faire une infirmière travaillant dans un asile d'aliénés.

Jour 32 : Mon mari a appelé très tôt d'un charmant hôtel pendant qu'il attendait le service d'étage. Très compréhensif, j'ai été incapable de me rappeler son nom. Lui ai décrit mon rêve de la nuit dernière au sujet de l'avoine, alors que les portes du garde-manger se sont ouvertes d'elles-mêmes, laissant apparaître un immense récipient de céréales Quaker Oats. Le portrait du sympathique Quaker imprimé sur la boîte de céréales s'était transformé en l'image d'une Vicki effrayante, cette contaminatrice d'enfants.

Jour... Tellement fatiguée... Ne sais pas quel jour nous sommes et ne veux pas le savoir de toute façon. Très inquiète à propos de la commande de pizza d'hier soir. Ai trouvé dans la baignoire la casquette du livreur boutonneux et soupçonne qu'il s'agit du solide garçon avec lequel j'ai lutté pour lui faire prendre un bain à l'Aveeno. Ai pris en note de lui donner un pourboire plus important lors de la prochaine commande.

Janet Konttinen

« Casque, genouillères, coudières, lunettes de protection.
D'accord! Va t'amuser! »

Reproduit avec l'autorisation de Mike Shapiro.

Les enfants d'une autre

On me dit souvent que j'ai de très beaux enfants. Certains affirment même qu'ils me ressemblent. On me dit que ma fille, Pamela, a hérité de mes yeux bleus, que mon fils, James, a les cheveux roux comme les miens. La vérité, c'est que Pamela a les yeux de son père. Dans le cas de James, il a les cheveux de la même couleur que ceux de sa mère — sa mère biologique. James et Pamela sont les enfants de mon mari et je suis leur belle-mère.

Peu après ma rencontre avec mon mari, Carl, ses enfants me firent une visite qui devait durer deux semaines car ils retourneraient ensuite chez leur mère. Quand les deux semaines se terminèrent, leur mère appela pour nous informer qu'elle avait obtenu un travail dans une station estivale. Elle demeurerait dans une chambre fournie par l'hôtel où elle travaillerait. Les enfants devraient rester avec nous jusqu'à la fin de l'été.

Mais, à la fin de l'été, la mère s'était engagée dans l'armée et, encore une fois, ils ne pouvaient vivre avec elle. L'armée n'accepte pas les parents célibataires qui n'ont personne avec eux pour prendre soin de leurs enfants.

Même si, pour diverses raisons, la carrière militaire de leur mère n'alla pas plus loin que l'entraînement de base, elle ne revint jamais pour ses enfants. Carl et moi nous rendîmes compte qu'ils vivraient avec nous de façon permanente. Je ne peux pas dire que je fus transportée de joie lorsque je pris conscience de la situation. Je n'avais jamais voulu d'enfants à moi et élever ceux de quelqu'un d'autre ne m'attirait pas.

Les enfants n'étaient pas non plus enchantés de l'idée. Des mois plus tôt, lorsqu'ils étaient venus en visite pour la première fois, j'avais vite compris leurs sentiments à mon égard. « Tu n'es pas ma mère! Je veux ma mère! »

m'avaient-ils souvent dit. Après deux semaines de ce manège, je finis par haïr le mot « maman ». Puis, un jour, tout changea.

James, qui avait trois ans à ce moment, était en train de faire l'une de ses « colères à propos de sa mère » quand, soudain, il arrêta de crier et me regarda. Son visage était rempli de terreur et de tristesse. « J'ai plus de maman », me dit-il calmement.

« James, tu as une maman », lui dis-je. Il ne me croyait pas, me regardant comme si j'étais folle.

« Non, j'en ai pas. Elle partie. » C'était difficile de résister à sa logique d'enfant de trois ans.

« James, ta maman veut être avec toi, mais elle ne le peut pas maintenant. Elle doit travailler. » Quand les enfants demandaient leur mère, nous avions décidé que cette explication était la meilleure.

« J'ai pas de maman. » De grosses larmes commencèrent à couler sur ses joues et je commençais à paniquer. Cet enfant avait besoin de savoir qu'il avait une mère et je ne savais pas comment faire pour qu'il me croie. Je m'agenouillai pour essuyer les larmes de son visage.

« Es-tu ma maman? » demanda-t-il. À ce moment, je souhaitai que les enfants naissent avec un manuel d'instructions. J'avais besoin de réponses — et vite.

« Je suis ce que tu veux que je sois », dis-je et je priai que ce soit la bonne réponse. « Peu importe ce que ce sera. Je serai ton amie et je t'aimerai. » À ce moment, je me rendis compte que je pensais chaque mot que je venais tout juste de prononcer. J'*aimais* cet enfant.

James sembla satisfait de mon explication et ses questions se terminèrent aussi rapidement qu'elles avaient commencé. James sortit jouer, pendant que j'étais laissée à moi-même, essayant de comprendre ce qui venait tout juste de se passer.

Avec Pamela, ce fut plus facile, une fois que nous en vînmes à une entente. Un jour, pendant qu'elle regardait la télévision, elle regarda les photographies accrochées au mur. Sur chacune, elle identifia chaque personne et ce qu'elle représentait pour elle. Lorsqu'elle atteignit celle de son père, elle me dit : « Mon papa. »

« Oui, c'est Papa », lui dis-je. Ma réponse ne semblait pas la satisfaire.

« *Mon* papa! » répéta Pamela, se désignant du doigt. Je compris soudain ce qu'elle essayait de me dire.

« Pamela, commençai-je à dire, je ne veux pas t'enlever ton père. Je sais que tu l'aimes, mais je l'aime aussi. Peut-être que si tu le veux bien, nous pouvons l'aimer toutes les deux. Est-ce que c'est possible de le partager si je te promets de ne jamais te l'enlever? »

« D'accord. Nous pouvons le partager. » Pamela me souriait. « Nous aimons toutes les deux mon papa. »

Carl et moi nous mariâmes le jour de Noël. Les enfants se tenaient près de nous lorsque nous échangeâmes les vœux. Puis, rapidement, ils commencèrent à dire à tous ceux qui voulaient l'entendre : « Nous nous sommes mariés. » Je suppose que « nous » le fîmes. Peu après le mariage, James et moi avons réglé la question de la mère une fois pour toutes.

C'était le jour du quatrième anniversaire de James, et j'avais emmené les enfants au supermarché pour acheter ce qui nous manquait pour la fête. James, excité par son anniversaire, parlait à toute vitesse. Je doute de pouvoir me souvenir de quoi il était en train de parler, car James avait prononcé un mot qui avait immédiatement attiré mon attention, et je n'avais rien entendu d'autre. Quand James se rendit compte de ce qu'il avait dit, il leva les yeux vers moi. « Je t'ai appelée Maman », dit-il avec un petit rire nerveux.

« Oui, je sais. » J'essayais de me comporter comme si rien d'extraordinaire ne venait de se passer.

« Je regrette. » James grimaça un peu.

« Tu n'as pas à être désolé, expliquai-je. Ça ne me dérange pas que tu m'appelles Maman. »

« Est-ce que tu es aussi ma maman? » Pourquoi, pour une fois, ne pouvait-il pas poser une question facile?

« Je suis comme une maman, mais tu as une mère et elle est ta *maman*. Comme je te l'ai déjà dit, je suis ce que tu veux que je sois. »

« D'accord, Maman », dit James en me souriant. Il me disait ce qu'il voulait.

Récemment, James est revenu de l'école avec un de ses dessins. « Regarde ce que j'ai dessiné pour toi, Maman. C'est notre famille. Et ça, c'est toi. »

Comme je regardais la feuille qu'il me tendait, j'ai senti des larmes monter. Il avait dessiné en rouge quatre personnages allumettes qui se tenaient par la main et qui souriaient. James me disait de sa merveilleuse façon que je n'élevais pas les enfants de quelqu'un d'autre — j'élevais *mes* enfants.

Trudy Bowler

Les merveilles
du Tupperware

Il y a plusieurs années, dans le lointain passé de l'année 1966, les réunions Tupperware faisaient fureur dans l'univers des mères au foyer. Dans les faits, nous tenions presque toutes maison, et ces réunions nous donnaient une occasion plaisante et bienvenue de sortir, confiant habituellement aux pères le soin de veiller à la routine du bain et du coucher des enfants.

En réalité, nous adorions parler avec des personnes dont l'âge se situait au-dessus de cinq ans, même si nos conversations tournaient principalement autour des seuls sujets que nous connaissions bien — les enfants et le ménage. Habituellement, après trois heures de démonstration, de jeux idiots et de bons de commande complétés, nous retournions à la maison en pensant aux nouvelles merveilles de plastique à ranger dans nos placards de cuisine déjà pleins à craquer. Nous ne nous reverrions probablement pas avant un mois ou à peu près, jusqu'à ce qu'une autre décide d'être l'hôtesse de la prochaine « fête ».

Un jour, après un jeudi soir consacré au Tupperware dans la maison de mon amie Kay, qui habite à deux portes de chez moi, j'étais en train d'étendre le linge dans la cour arrière (une autre de nos coutumes d'autrefois, mais c'est une autre histoire). Kay me cria par-dessus la clôture arrière qu'il lui restait des pâtisseries et que peut-être nous pourrions réunir quelques voisines et terminer l'après-midi ensemble en prenant le café. C'était une idée inhabituelle dans le quartier. Nous vivions toutes là depuis peu, nos enfants nous accaparaient et nous nous fréquentions très peu, sauf pour les démonstrations Tupperware. Je répondis à Kay que la proposition m'intéressait; nous appelâmes alors toutes celles qui avaient assisté à la réunion de la soirée précédente et nous planifiâmes de nous rencontrer chez moi, à deux heures de l'après-midi.

Normalement, à cette heure, nos enfants faisaient la sieste, mais nous décidâmes d'y renoncer pour cette fois-ci et de les laisser jouer pendant que nous mangerions les pâtisseries et que nous bavarderions. Puisqu'il pleuvait, les enfants durent jouer dans la salle à manger de ma petite maison, hors de notre vue mais assez près pour que nous puissions les entendre, tandis que nous, les mères, bavardâmes dans la salle de séjour. Avant de nous en rendre compte, deux heures avaient passé et nous nous dépêchâmes toutes d'aller préparer le souper avant que nos maris ne reviennent du travail. Mais quelque chose d'intéressant s'était passé durant ces deux heures, quelque chose que nous avions toutes envie de recommencer.

Pendant les trois années qui suivirent, nous continuâmes de nous rencontrer chaque vendredi après-midi, à deux heures, emmenant les enfants qui éparpillaient leurs jouets et écrasaient leurs bretzels sur le tapis de la salle à manger de l'hôtesse de la semaine. Le désordre ne nous dérangeait pas — nous apprenions des choses comme le fait que parfois *toutes* les mères perdent leur sang-froid avec leurs enfants; que parfois *tout* mari adoré peut se conduire comme un rustre insensible. Nous n'étions plus seules au monde et nous n'étions plus ces monstres qui perdaient parfois le contrôle, frustrées dans nos tentatives d'être la meilleure épouse et la meilleure mère possible. Nous découvrions avec surprise que d'autres femmes livraient les mêmes combats. Et très souvent, le simple fait d'en parler avec des amies qui *connaissaient* vraiment ce genre de situation nous permettait de mieux réagir la fois suivante, quand nous avions envie de jeter l'éponge ou d'étrangler quelqu'un.

Semaine après semaine, mon équilibre mental fut préservé et mon mariage renforcé parce que j'avais trouvé un endroit où je me sentais en confiance et où je pouvais évacuer mes frustrations, tout en découvrant de nouveaux moyens de m'en sortir. Nous, les mères, apprîmes les unes des autres, en même temps que nous développâmes de merveilleuses amitiés; et nos enfants furent initiés à de précieuses aptitudes sociales (comme ramasser ses propres miettes de bretzels) dans cette halte-garderie improvisée. Et tout ceci grâce à une réunion Tupperware!

Ce Tupperware — qui aurait dit qu'il pouvait préserver autant de choses?

Carol Bryant

« Je vois que, lorsque vous avez reçu la contravention, vous aviez douze louveteaux, un bébé, un enfant en bas âge, et un chien malade dans votre camionnette. D'habitude, nous ne recevons pas les causes d'aliénation mentale au tribunal des contraventions routières, Madame Edwards, mais dans votre cas, je ferai une exception. »

4

DEVENIR MÈRE

Quand, pour la première fois,
une femme met son doigt
dans la minuscule main de son bébé
et qu'elle ressent cette étreinte
d'un être sans défense qui serre son cœur,
alors cette femme naît une seconde fois
avec son nouveau-né.

Kate Douglas Wiggin

Le visage de Dieu

Le spectacle de la naissance est terminé. Le cordon est coupé, on vient d'entendre le premier cri : une nouvelle vie a commencé... La mère — regardant, écoutant, touchant peut-être son bébé — remarque à peine le monde autour d'elle, oublie la douleur de son propre corps. Elle vient tout juste de participer à un miracle.

Carrol Dunham

Au cours de ma vie, j'ai vu l'immensité du Grand Canyon, la splendeur des Alpes, la majesté des sommets pourpres des Smoky Mountains du Tennessee et l'infini apparent de l'océan Pacifique. Pourtant, rien de ce que j'ai vu ou espéré voir n'est comparable à ce dont je fus témoin une fois dans une salle d'accouchement aseptisée aux panneaux sombres. À ce moment et en ce lieu, la puissance et l'amour de Dieu m'ont enveloppé.

J'étais étudiant infirmier. C'était le dernier jour de mon service en rotation à l'étage où se trouvaient les salles de travail et d'accouchement, et je devais assister à une naissance. Au moment de la naissance de mes enfants, les pères étaient relégués à la salle d'attente de la salle de travail. Maintenant, à sept heures du soir, pour mon dernier changement de quart, mon professeur en soins infirmiers me suggéra de me rendre dans la salle de travail pour m'informer si je pouvais observer une naissance. Avec une certaine appréhension, je frappai à la porte, passai la tête et demandai au jeune couple s'il m'était possible d'assister à la naissance de leur bébé. Ils me donnèrent la permission. Je les remerciai et me plaçai à un endroit de la chambre d'où j'aurais une bonne vue de l'événement sans nuire à personne. Puis, je me tins debout, les mains derrière le dos, observant soigneusement les préparatifs des infirmières.

Couverte de draps bleus stériles, la jeune maman reposait dans la position la plus inconfortable et la plus exposée qui soit et elle transpirait abondamment. Chaque minute environ, elle grimaçait, gémissait et poussait autant qu'elle le pouvait. À ses côtés, son mari encourageait ses respirations et lui tenait amoureusement la main. Une infirmière tamponnait son front avec une serviette froide, pendant qu'une autre l'incitait à se reposer dès qu'elle le pouvait. Le médecin était assis sur un tabouret bas pour faciliter la naissance. Je demeurais à l'écart, fier de mon détachement clinique, dépourvu d'émotion.

L'infirmière assistant le médecin dit : « La voilà qui vient ! » Je regardai et fus stupéfié de ce que je vis : le dessus d'une tête couverte de cheveux noirs commençait à apparaître. Instantanément, je devins incapable de nommer ce merveilleux événement avec une expression aussi médicale que « couronnement ». Puis, le médecin commença doucement mais fermement à tourner les épaules du nouveau-né et tira. Figé à mon point d'observation, je suis convaincu d'être resté la bouche grande ouverte. Le médecin continuait à tourner et à tirer; la mère poussait; le mari encourageait; et un événement qui avait demandé neuf longs mois de préparation se terminait en quelques secondes seulement. À la vue du superbe visage de l'enfant, je ressentis un tel émerveillement que je crois vraiment que les anges chantent en de tels moments.

Mon professionnalisme et mon détachement clinique m'avaient quitté, s'y était substituée une chaleur enveloppante. Les mots me manquaient — des félicitations paraissaient tellement plates et banales à dire à ces deux personnes bénies en cet instant — malgré tout, j'offris mes félicitations. Après avoir quitté la pièce, je tournai le coin vers un couloir désert et me permis de pleurer.

Ce soir-là, des camarades, toutes des femmes et beaucoup d'entre elles mères, me demandèrent des nouvelles de la naissance. Chaque fois, je me remis à pleurer et j'exprimai mon émotion, affirmant que c'était la plus belle expérience de toute ma vie. Elles me serrèrent dans leurs bras ou me donnèrent une petite tape sur l'épaule, et me dirent, avec une lueur dans les yeux : « Je sais. » Des jours passèrent avant que je puisse parler de la naissance sous un jour médical. Même maintenant, lorsque je me rappelle cette soirée, je continue à être impressionné.

Dans ma vie, j'ai vu beaucoup de spectacles et, jusqu'à la fin de cette vie, j'en verrai bien d'autres. Mais rien ne pourra jamais être comparé à cette nuit où je vis l'amour, l'espoir et la beauté de Dieu sur le visage d'un enfant nouveau-né.

Tony Collins

« *Steven, ils n'arrivent pas équipés d'un bouton d'arrêt momentané.* »

Reproduit avec l'autorisation de Scott Masear.

Pas le temps d'écouter les nouvelles

Aujourd'hui, j'aimerais partager avec vous mon opinion sur la campagne présidentielle. Malheureusement, je n'en ai pas car ma femme et moi venons tout juste d'avoir un bébé.

La naissance s'est très bien déroulée selon mon point de vue, c'est-à-dire selon le point de vue d'une personne qui surveille les contractions par le biais d'un ordinateur moniteur à côté du lit d'hôpital. Ma femme, qui vivait personnellement ces contractions, trouvait la chose plus éprouvante, même si je sais qu'elle a aimé mes précieux comptes rendus :

Moi (regardant le moniteur) : Ça va, tu es en train d'avoir une contraction maintenant.

Michelle : ARRRRRRGGGGHHHHHH

Moi : Il semble que c'en est une bonne.

Michelle : AAAAAAAARRRRRRGGGGGGGGGHHHHH HHHOOOOOOOOOOOOOOOO

Les contractions ont continué sur une période qui m'a semblé durer deux années, même si ce n'était réellement que quatorze heures. En théorie, à ce stade, le bébé était censé naviguer vers la sortie, mais ce bébé particulier semblait aimer demeurer à cet endroit et se tenait toujours en haut, dans le voisinage des cavités sinusoïdales de Michelle. Donc, lorsque la quinzième heure de travail s'est approchée, les médecins ont décidé de retirer le bébé par césarienne, une procédure médicale nommée ainsi en l'honneur de l'empereur romain Jules César. Ils ont étendu un rideau, avec la tête de Michelle d'un côté et le reste de son corps de l'autre. Michelle et moi sommes restés tous les deux du côté de la tête, donc nous n'avons rien vu ; les médecins auraient pu lui greffer là-bas des jambes supplémentaires ou remplacer sa rate par un harmonica, et nous n'aurions jamais pu le savoir. Finalement, les médecins ont crié : « Debout, Papa ! » C'était le signal qu'on me donnait pour me lever, regarder par-dessus ce qui faisait écran et perdre connaissance.

Non, sérieusement, je me suis arrangé pour demeurer conscient, parce que je mourais d'envie de connaître le sexe du bébé. Il y a un test qui peut être fait pour connaître le sexe à l'avance ; je crois qu'ils insèrent une minuscule photo de Leonardo DiCaprio dans l'utérus et, si le bébé lui donne un coup de poing, c'est un garçon. Nous n'avons pas fait faire ce test. Cependant, nous avons entendu plusieurs opinions fermes provenant de parfaits étrangers. Pour certaines raisons, les étrangers se croient obligés de faire deux choses dès qu'ils voient une femme enceinte :

1. Toucher son ventre, comme si son nombril était un bouton d'ascenseur ; et

2. Examiner la future mère, comme on le ferait pour une vache à une foire, puis annoncer bruyamment le sexe du bébé.

Il n'y avait absolument aucun doute dans l'esprit de quiconque que ce bébé était un garçon. Pendant la grossesse, au moins 600 parfaits étrangers nous ont assurés de ce fait. PERSONNE n'a cru que c'était une fille. Vous ne serez donc pas surpris d'apprendre que, le moment venu, les médecins ont atteint et retiré les 3 kilos 426 grammes de Sophie Kaufman Barry.

En tant que journaliste professionnel, je peux affirmer, en toute objectivité, qu'elle est la plus jolie petite fille de toute l'histoire de l'humanité. Les médecins l'ont examinée et ils ont immédiatement décidé qu'ils fermeraient le service des naissances de l'hôpital, car ce bébé était tellement parfait qu'il n'y avait certes plus de raison d'en faire d'autres.

D'accord, ils n'ont pas parlé ainsi, mais ils ont convenu, après un questionnement intensif de la part du père, que le bébé était sacrément mignon. Elle est aussi, naturellement, très douée. Je le sais parce que le matin suivant, j'ai porté Sophie vers la fenêtre de la chambre d'hôpital, et nous avons regardé dehors, et je lui ai dit que c'était le monde et qu'elle devait en demeurer à l'écart. Je lui ai aussi dit que notre politique concernant les garçons consistait à ne jamais lui permettre de rendez-vous ou de regarder ces mêmes garçons droit dans les yeux. Par son expression faciale, je peux affirmer qu'elle m'a entièrement compris. Même si cela aurait pu aussi être un gaz.

Alors maintenant, nous sommes dans ce mode — vous, parents, savez de quel mode je veux parler — celui où vous ne dormez pas beaucoup et où vous vous trouvez à célébrer un caca de bébé de la façon que les Français fêtent la libération de Paris, et où vous marchez à travers la maison à quatre heures et demie du matin, avec le bébé sur votre épaule, essayant de vous souvenir de paroles de berceuses (« Et si ce bouc ne perd pas ses poils, Papa t'achètera … un écureuil nommé Passepoil »).

Ce que je voulais dire, c'est que je n'ai pas eu assez de temps récemment pour suivre la campagne présidentielle et pour évaluer l'actuelle cuvée de candidats. Je suis certain que ce sont tous d'excellentes recrues. Mais jamais ils ne pourront s'approcher de ma fille.

Dave Barry

La mère d'Alliana

Mon mari et moi étions couchés lorsque nous entendîmes notre fille, Alliana, appeler : « Maman, Maman! » Je me levai droite comme un « i » et retins mon souffle une seconde avant de courir la réconforter. Était-ce moi qu'elle appelait ou bien Lisa? C'était la première fois qu'Alliana m'appelait Maman.

Lorsque des amis me convièrent à un rendez-vous arrangé, l'un des principaux arguments pour me convaincre de rencontrer Martin, c'était qu'il était veuf avec une petite fille de trois ans et demi. En cas de réussite, l'offre globale comprendrait un merveilleux mari et une fille dont j'avais toujours rêvé. (Lors de mon mariage précédent, je n'avais pas pu concevoir d'enfant.)

Martin et moi sortions ensemble depuis environ un mois quand nous passâmes notre première journée à trois. À un moment donné, Alliana fit rouler ses yeux et grogna contre moi. « On joue à Black Beauty! » dit-elle, riant et grimpant sur son père. Elle rua comme un cheval sauvage et me frappa au visage avec ses jambes. « Oh! excuse-moi », dit-elle, faisant allusion au coup de pied non involontaire, contenant à peine un ricanement.

Plus tard, par une chaude journée d'août, nous allâmes faire du canot sur la rivière Delaware. Au milieu de l'après-midi, Martin prit une photo qu'il garde maintenant dans son portefeuille. Nous sommes en train de pique-niquer sur un rocher que nous avons surnommé Lunch Rock. Alliana, dans son maillot de bain Pocahontas, fait un grand sourire, assise dans le creux de mon bras. Je suis radieuse.

Nous nous sommes mariés — tous les trois — cinq mois plus tard.

Les gens veulent toujours savoir si c'est difficile d'être une mère par procuration et d'aimer l'enfant d'une autre.

Laissez-moi vous expliquer ce qui fut difficile. Ce fut difficile de quitter mon loft de célibataire de Manhattan et ce que je croyais ma vie décontractée de femme célibataire. Ce fut difficile de vivre dans la maison de Martin et de Lisa, remplie des choses qui leur appartenaient, jusqu'à ce que nous trouvions une maison à nous. Et ce fut difficile de s'habituer à devenir une « famille instantanée ».

Il y eut une lune de miel, mais pas de période de lune de miel. Et pas de grossesse de neuf mois pendant laquelle j'aurais pu choisir des vêtements de bébé, décorer la chambre d'enfant et ménager une transition avec Martin : être un couple, puis être parents. Une journée, Martin et moi, nous nous poursuivions à travers mon loft, insouciants et grisés de nous être trouvés l'un l'autre. Pratiquement le lendemain, nous nous battions pour arriver à faire manger sa purée de pommes de terre et de carottes à un jeune enfant, qui voulait plutôt en faire une sculpture.

Mais était-ce difficile d'aimer Alliana ? Je l'avais voulue depuis si longtemps que je suis convaincue qu'il n'aurait pas été difficile de l'aimer même si elle n'avait pas été dotée de ces yeux espiègles en forme de demi-lune qui s'agrandissaient lorsqu'elle riait. Même si elle n'avait pas été drôle, capable de s'adapter et compatissante. Même si elle n'avait pas décidé de me faire confiance et de sauter à pieds joints, avec un cœur confiant, dans cette relation mère-fille.

À part ce coup de pied au visage, Alliana a contesté une seule fois mon rôle de mère. La première fois que je l'ai réprimandée — parce qu'elle ne rangeait pas ses jouets, je crois — elle riposta instinctivement : « Tu n'es pas ma *vraie* maman ! » hurla-t-elle.

« Si, je le suis, lui expliquai-je calmement. Je ne suis pas ta première maman, mais je suis une vraie maman. Et je suis la tienne. » Comme je la rassurais, elle s'effondra en pleurant dans mes bras.

Alliana n'avait pas oublié sa mère. Nous parlons de Lisa, et il y a des photographies d'elle dans la chambre d'Alliana. Il m'est difficile de les regarder sans ressentir de la tristesse pour tout ce que Lisa a perdu — et sans me considérer comme une intruse.

Ce n'est pas comme si j'avais chassé Lisa et comme si j'avais voulu prendre sa place. Un terrible malheur était arrivé : Lisa était morte, soudainement terrassée par une crise cardiaque. Et, comme Martin me l'assure, « je t'ai cherchée pour qu'Alliana et moi puissions reprendre notre vie ensemble ».

Alliana *avait besoin* d'une maman. Malgré des liens intimes et affectueux avec ses grands-parents, et malgré un père qui la soignait lorsqu'elle avait mal aux oreilles la nuit, lui lisait ses deux histoires et lui jouait de la guitare chaque soir, malgré tous ceux autour d'elle qui l'idolâtraient, Alliana rêvait d'avoir une mère. Une mère en vie qui pouvait l'accompagner dans les excursions de l'école, donner un baiser sur les bleus qu'elle s'était faits au terrain de jeu, lui expliquer les mystères du mascara et de la crème hydratante. « Je ne pensais jamais que j'aurais une autre mère », me dit-elle, à la dernière fête des Mères, m'offrant deux cartes faites à la main, un souci qu'elle avait elle-même planté et une toile peinte à la main et encadrée.

« Je ne pensais jamais que j'aurais eu une fille, dis-je pendant que nous nous couvrions d'un million de baisers.

Je dis à Martin — lorsqu'il le demande — que ça ne me dérange pas d'avoir manqué les premières années d'Alliana. C'est déjà beaucoup de la connaître maintenant. Mais je regarde ses photographies d'enfant avec envie. Je n'étais pas là pour accueillir ses premiers pas et je ne peux parler avec d'autres mères de ses premières dents. Je peux simplement imaginer à quoi elle ressemblait au moment de sa naissance, toute rose et toute douce, avec une touffe de cheveux noirs collée sur le dessus de sa petite tête parfaitement ronde.

Maintenant, cependant, je sais presque tout ce qu'il faut connaître sur Alliana. Elle aime les sandwiches au fromage grillés, les hamburgers au fromage, ainsi que le macaroni au fromage. Elle peut s'asseoir pendant des heures à inventer des histoires pour ses poupées Beanie Babies. Elle a récemment abandonné son vernis à ongles d'un vert vif scintillant pour une teinte plus sobre bleu pastel.

Et, si tout va bien, je serai là pour l'entendre me parler de son premier baiser, pour la voir recevoir son diplôme universitaire et pour être à côté de Martin quand Alliana donnera naissance à notre premier petit-enfant.

Lorsque je songe à l'avenir et au moment inévitable où les hormones d'Alliana nous catapulteront dans la terrible adolescence, je crains qu'elle ne m'attaque sur un point sensible : « Ma *vraie* mère ne ferait pas cela! » J'espère que j'aurai la grâce et la sagesse de savoir qu'elle ne voulait pas me blesser. J'espère qu'elle saura combien je l'ai toujours aimée.

Quand Alliana avait quatre ans, elle et Martin ont célébré leur première Hanoukka avec moi. Un soir, alors que les chandelles de la menora brûlaient, Alliana était assise à la table en train de dessiner. Elle étendit le bras pour prendre un crayon et sa tête frôla la flamme. Par chance, j'étais assise à côté d'elle, et quelques mèches de ses cheveux ne furent que légèrement brûlées puisque je les pressai rapidement entre mes doigts. Mais Alliana parle de cet événement comme du Grand feu d'Hanoukka et raconte encore comment je lui ai sauvé la vie.

D'une certaine manière, Alliana comprend qu'elle a aussi sauvé la mienne. « Avant moi, tu étais seulement une banale et vieillissante Lynn qui vivait toute seule », me dit-elle un jour à brûle-pourpoint, « attendant que Papa et moi arrivions. »

Et, bien plus qu'elle ne le saura jamais, Alliana a raison.

Lynn Schnurnberger

Lettre à mon bébé

Tout à coup elle était là. Je n'étais plus une femme enceinte; j'étais une mère. Je n'avais jamais cru aux miracles avant.

Ellen Greene

J'attendais, fixant d'un air absent les murs blancs et stériles de la salle d'examen. L'infirmière avait dit qu'elle reviendrait tout de suite avec les résultats du test, mais ces minutes étaient interminables. Je m'assis, simplement couverte d'un drap blanc, attendant de connaître la tournure que pourrait prendre ma vie. La table froide et matelassée de plastique commençait à être inconfortable, mais ce n'était pas suffisant pour détourner mon attention ailleurs. Toutes mes pensées étaient concentrées sur une question. « *Qu'arrivera-t-il si…?* »

Qu'arrivera-t-il si … je suis enceinte? Que vais-je faire? Comment vais-je nous faire vivre, moi et un bébé? Ces pensées furent interrompues par ce qui semblait être des papillons qui volaient dans mon estomac alors que la porte s'ouvrit. L'infirmière entra; je cherchai à lire sur son visage, mais il était sans expression. Lorsqu'elle commença à parler, sa voix était éteinte et d'un ton monotone. Même si je ne saisissais pas ses paroles, je savais exactement ce qu'elle était en train de me dire : j'étais enceinte.

Je restai là, sans dire un mot, contemplant d'un air morne son teint terreux. On ne m'offrait ni mots encourageants, ni un serrement de main. Des larmes mouillaient mes yeux, et je ne vis ni n'entendis plus rien. Je m'entourai avec mes bras et pleurai.

Des pensées et des larmes jaillissaient en même temps : je ne pouvais pas bien prendre soin de moi. Je m'en faisais toujours pour les questions financières. Maintenant, je devrais soigner et nourrir un tout petit être humain? Cela me faisait tellement peur de penser que j'avais été assez stupide pour tomber enceinte. Les larmes coulaient encore plus rapidement maintenant. Je me recroquevillai dans ma nouvelle réalité. J'allais avoir un enfant.

Les mois passèrent et, en même temps que mon corps prenait du volume, mes peurs s'amplifiaient. Je me sentais tellement mal équipée pour cette entreprise de la maternité. Surtout pour une mère célibataire.

Durant cette période, je parlai à des amis qui firent de leur mieux pour m'encourager. Je voyais un conseiller une fois par semaine. Je me rendais à la piscine chaque jeudi avec une autre femme enceinte que je connaissais. Mais le plus souvent, quand je ne travaillais pas, je m'asseyais devant la télévision, essayant de ne pas penser à ce qui arriverait après la naissance du bébé.

Un jour, peu avant la date de mon accouchement, je m'assis à mon endroit habituel sur le canapé-futon, regardant des feuilletons télévisés les uns après les autres, attendant l'arrivée de ma fille Loreena. (J'avais choisi son prénom aussitôt que j'avais su que ce serait une fille). Alors ce fut l'heure de mon talk-show préféré. Ce jour-là, l'émission était consacrée au rôle des parents. Une femme lut une lettre que sa fille lui avait écrite avant de mourir. Malgré les larmes qui coulaient sur le visage de la mère pendant la lecture, il était évident que les mots tendres que sa fille avait couchés sur le papier pour sa mère lui apportaient énormément de joie et de réconfort.

Cela me donna immédiatement l'idée d'écrire à ma fille pas encore née. Lui faire savoir — sur papier — que je l'aimerais toujours et que je la chérirais et que je ferais de mon mieux pour compenser l'absence d'un père dans sa vie. Cette lettre devenait tout à coup la chose la plus importante au monde. Quand Loreena bougea pour la première fois dans mon ventre, je me rendis compte qu'elle était « réelle ». Mais, en regardant le spectacle télévisé, je pensai pour la première fois à Loreena comme à une personne, avec ses propres besoins et ses propres désirs, plutôt qu'au « bébé dont j'aurais à prendre soin *d'une manière ou d'une autre* ».

J'étais excitée à l'idée de lui écrire. Je me dandinai jusqu'à mon secrétaire et sortis du papier à lettres. Je m'assis pour écrire, la plume posée sur le papier. Je fermai les yeux pendant un moment, me reliant à Loreena, me demandant comment lui parler de ce qu'il y avait dans mon cœur. Ouvrant les yeux, je commençai à écrire.

4-8-99

Chère Loreena,

Nous voilà attendant ton arrivée. J'examine tous tes petits vêtements et je rêve du jour où nous nous rencontrerons dans le monde extérieur. Je te connais déjà, mon bébé. Je sais que tu es forte et têtue. Chaque coup de pied et chaque palpitation m'annoncent : « Hé! Maman. Je suis là. » Notre lien est fort maintenant, mais il sera encore plus fort quand je pourrai te montrer mon amour et que nous pourrons construire notre relation, jour après jour.

J'ai été très effrayée de t'avoir toute seule, mais au cours de ces mois, j'ai grandi au point de chérir chacun de tes mouvements et j'ai savouré par avance le jour où nous pourrions nous toucher, ta peau contre la mienne.

Tu es et tu seras toujours mon ange. Je remercie Dieu d'avoir permis que tu fasses partie de ma vie.

Avec amour,

Maman

Je souris en pliant la lettre que je plaçai dans une enveloppe, que je scellai. Je m'agenouillai à côté de mon lit et pris la boîte de souvenirs que j'avais préparée pour ma future petite fille. Je mis l'enveloppe dans la boîte et la fermai. Quand je fermai le couvercle, c'était comme si j'avais aussi enfermé toutes mes peurs. Ne demeuraient que des pensées à propos de Loreena qui se joindrait bientôt à moi.

Vingt jours plus tard, Loreena fit son entrée dans le monde. Pendant les vingt-quatre heures que je passai à l'hôpital, je ne dormis pas. Je ne pouvais détacher mes yeux de la petite créature qui avait transformé mon existence. Ma fille, mon petit ange, était parfaite. Je ne voulais rien manquer.

Aujourd'hui, il est difficile de me rappeler ces peurs d'alors. Elles ont disparu, faisant place au sentiment qu'être la mère de Loreena est la chose la plus naturelle du monde.

Ma fille est maintenant déjà âgée d'un an. Elle est trop grande pour les petits habits et les petits souliers que je lui avais fait porter au début et je les ai placés dans sa boîte aux souvenirs, en même temps que des cadeaux qu'on lui avait offerts pour « quand elle sera plus grande ».

Chaque fois que je glisse un autre trésor dans la boîte, j'aperçois l'enveloppe adressée à Loreena, écrite de ma main. J'imagine le jour où, dans plusieurs années, ma fille sera capable de lire, ouvrira l'enveloppe et verra les mots d'amour que j'écrivis — le jour où je fus finalement prête à devenir mère.

Karie L. Hansen

« *Tu ne vois rien de différent ?* »

Reproduit avec l'autorisation de Benita Epstein.

Ce n'est pas juste

Je voulais un enfant depuis tellement longtemps. J'avais supporté les tests de diabète et les examens pelviens. J'avais pleuré pendant l'échographie quand j'avais vu mon fils pour la première fois, et j'avais ri pendant la fête pour le futur bébé organisée par mes sœurs. J'étais transportée de joie à l'idée de ma grossesse, mais maintenant, pendant que je préparais la chambre au bout du couloir pour mon futur fils, j'avais beau essayer, je ne pouvais chasser cette pensée : *ce n'est pas juste.*

À mesure que je me rapprochais de la maternité, je pensais de plus en plus fréquemment à ma propre mère, morte d'un cancer lorsque j'avais treize ans. Dans mes souvenirs, elle avait été la meilleure mère du monde — patiente, gentille et tendre. Elle avait aimé ses enfants, en avait pris soin et avait pu satisfaire chacun de nos besoins quotidiens comme seule une mère sait le faire.

Son décès à l'âge de quarante et un ans fut loin d'être une mort belle et poignante comme dans *Love Story*. Ma mère avait combattu pour sa vie de toutes ses forces, et ce combat avait dévoré la dernière année de son temps en notre compagnie. Après sa mort, elle m'a manqué et j'ai ressenti dans mon âme un profond chagrin qui n'a jamais disparu. Quand j'obtins mon diplôme d'études secondaires, j'éloignai ces pensées sur ma mère et tentai d'oublier combien je trouvais injuste qu'elle ne soit pas là pour la remise de mon diplôme. À mon mariage, je me fermai délibérément à l'émotion ressentie en souvenir de Maman. Mais maintenant, pendant que j'attendais notre fils, je m'apercevais que je ne pouvais cesser de penser à elle.

En grandissant, j'avais trouvé des remplaçantes autant que j'avais pu. Mon père avait gardé sa famille soudée, essayant de toutes ses forces de compenser la mort de

Maman. Mes cinq sœurs et moi formions un groupe uni et affectueux et nous nous maternâmes les unes les autres.

Puis, Dieu me donna une seconde mère en la personne de ma merveilleuse belle-mère, Ethel. Pendant les premières années de mon mariage, Ethel ne s'imposa jamais mais ne manqua jamais non plus de me donner de bons conseils lorsqu'elle sentait qu'ils étaient justifiés. Elle mourut trois ans avant que je ne devienne enceinte et, même si sa mort fut plus paisible et moins douloureuse que celle de ma mère, Ethel m'a toujours terriblement manqué. En même temps que mon bébé se développait en moi, je ressentais vivement l'absence d'une mère à mes côtés pour m'aider.

Je suis honteuse d'admettre que je me suis sentie jalouse des autres femmes enceintes qui avaient une mère. Je les voyais faire des courses ensemble pour des vêtements de maternité alors que j'allais, seule, acheter les miens. Elles s'extasiaient sur des berceaux et des lits d'enfants pendant que mon mari et moi recherchions le lit parfait pour notre bébé. Même dans notre classe consacrée à la méthode Lamaze, il y avait une équipe mère-fille, haletant à côté de maris qui marquaient la cadence et de femmes enceintes qui participaient avec enthousiasme.

J'eus ce petit fantasme auquel je laissai aller mon esprit : ma mère et moi déjeunions ensemble au restaurant, pendant qu'elle me racontait de judicieuses histoires sur les manèges et les comportements des bébés. Je pouvais m'imaginer, l'écoutant intensivement et riant aux récits de sa propre expérience de mère. Mais, bien sûr, ce n'était qu'un rêve. *Ce n'était pas juste.*

Je savais que je ne pourrais jamais oublier mes mères; leurs visages sont gravés dans ma mémoire. Mais je voulais que, d'une certaine manière, mon fils « connaisse » ses grands-mères. Donc, quelques mois avant l'arrivée du bébé, Tom et moi décidâmes d'accrocher une photographie de chacune de nos mères sur le mur. Sur la photo de ma belle-mère, prise lorsqu'elle était une jeune femme remplie de vie et d'entrain, Ethel ressemblait beaucoup à son fils — sans oublier la légère esquisse de lignes à peine visibles sous ses yeux, une particularité de la peau héréditaire qui se retrouve chez mon mari. Je remarquai ce signe distinctif sur le visage d'Ethel la première fois que je la rencontrai.

Sur son portrait, ma mère me regarde avec les superbes grands yeux marron souriants dont je me souviens de façon très nette depuis mon enfance. Ce regard m'avait réconfortée quand j'avais mal. J'adorais sa manière de sourire et aussi la façon dont ses yeux s'illuminaient lorsqu'elle avait du plaisir. Elle dut élever six enfants pendant que son mari se trouvait au Vietnam et, malgré le stress et la fatigue, son regard avait toujours reflété une profonde paix.

En ce qui me concerne, le travail dura trente-trois heures et se termina par une césarienne en salle d'urgence. Au téléphone, le médecin murmura les mots « dommages au cerveau » pendant qu'elle requérait le pédiatre spécialisé dans les cas à hauts risques. Par les sourcils froncés de l'infirmière qui regardait le moniteur et par ses réponses honnêtes à nos questions, je savais que mon bébé avait des problèmes.

C'était bien loin d'être la délivrance que j'avais prévue, celle où mon mari et moi participerions dans la joie au miracle de la naissance. Je suis certaine que j'aurais pleuré la première fois où j'aurais entendu le bébé crier et je savais que mon mari aurait pleuré, lui aussi. Mais je n'étais pas éveillée pour voir naître mon bébé. Juste avant le sommeil provoqué par l'anesthésie générale, mes dernières pensées conscientes furent des prières pour qu'il soit hors de danger.

Quand je revins à moi après l'accouchement, mon mari et ma sœur étaient à mes côtés. Même avant que je n'ouvre les yeux, ma première pensée alla vers le bébé. Je n'oublierai jamais la voix de ma sœur qui dit : « Il est magnifique — et il est énorme! » Malgré les craintes des médecins, Ben était en bonne santé, vigoureux et il pesait presque 4,5 kg. Finalement, ils m'apportèrent mon fils. J'étais faible et j'avais mal à cause des agrafes de mon incision, mais je ne pouvais attendre pour le voir.

Je pris le lourd paquet qu'ils me tendirent — ils ne m'avaient pas dit qu'il était si lourd! Quelqu'un plaça un oreiller sur mon ventre pour que je puisse le tenir plus facilement et je fis ce que font tous les nouveaux parents, j'en suis certaine — je tins sa main et comptai ses doigts, fascinée par les minuscules et parfaits petits ongles. Les yeux encore fermés par le sommeil, il grimaça à ce geste. Je le regardai respirer, j'observai la façon dont son torse se soulevait et s'abaissait, se soulevait et s'abaissait. Je savourai les petites jambes grassouillettes et arquées et la rondeur parfaite de sa tête. Je le tins pendant qu'il dormait, humant ce parfum inoubliable des nouveau-nés. Une heure plus tard, il remua et se réveilla. Je le regardai pendant qu'il ouvrait ses yeux, retenant ma respiration pendant qu'il me regardait pour la première fois.

Étant donné que ses grands-mères étaient absentes, je suis fière de dire que, jusqu'à ce moment-là, je m'en étais plutôt bien sortie. Je me sentais trop remplie de joie et de reconnaissance à l'arrivée sans problèmes de Ben pour ressentir le sentiment « ce n'est pas juste ». Et lorsque mon fils ouvrit les yeux, *ce n'est pas juste* s'envola pour toujours.

Voyez-vous, mon fils a les yeux de ma mère — grands, d'un marron profond, pleins d'éclat et de vitalité. Et il y a un drôle de petit pli cutané sous ses yeux — tout comme son père, tout comme Ethel.

Quand je regarde mes deux mères qui me sourient à travers le visage de mon fils, ces pensées sur la « justice » n'ont plus de prise sur moi. Je sais seulement que j'ai été bénie de mettre au monde un fils superbe dont le sourire me rend mes deux mères, chaque jour de sa vie.

Nancy L. Rusk

5

L'ADOPTION

De tous les droits de la femme,
le plus grand est celui d'être mère.

Lin Yutano

La question

Le processus d'adoption que nous avions entamé approchait de la fin et nous en étions très heureux! Au début, j'avais répondu à toutes les questions posées sur chaque formulaire; je les avais vérifiées et simplifiées. Mais même là, au milieu des faits et des chiffres, une incertitude, unique et très spécifique, me serrait le cœur. J'y pensais au moment où nous avons assisté à notre premier séminaire de bienvenue. J'essayais d'être discrète en cherchant sur les visages des autres futurs parents — ressentaient-ils la même incertitude?

Finalement, nous reçûmes l'« appel » tant attendu et le jour suivant, un minuscule bébé fut placé dans mes bras. Ma petite peur persistante fut éclipsée par l'immense joie de tenir mon fils nouveau-né, que nous prénommâmes Eric. Mon angoisse réapparut dans la salle d'audience, le jour où toute cette paperasse fut finalisée. Eric avait six mois, il était capable de gazouiller et de rire, inconscient des mesures légales ou des titres. Pourtant, je me demandais toujours : où, quand et comment me posera-t-il l'inévitable question : « Es-tu ma vraie mère? »

Je savais qu'il existait des livres et des dépliants qui expliquaient toutes les « bonnes » réponses à donner selon les niveaux d'âge « appropriés ». Je me dis que je lirais la savante documentation et que j'attendrais mon tour pour réciter la réponse convenable.

Donc je lus et relus, mais les connaissances ne me rendaient pas plus confiante. Maintenant je savais *quoi* dire, mais est-ce que je le dirais bien, est-ce que je le dirais de manière à ce qu'il puisse comprendre? Que ferais-je si la question était posée sur l'autoroute, pendant que nous manœuvrions dans la circulation? Devrais-je arrêter la voiture sur l'accotement? Est-ce que je lui demanderais d'attendre que nous soyons rendus à la maison pour en reparler? Après tout, une question si importante ne pouvait être abordée entre la 32e et la 34e Rue.

Peut-être me la posera-t-il dans la salle de jeu d'un McDonald's ou lorsque nous sortirons de son film préféré. *Je serais préparée*, me dis-je. J'aborderais brièvement, très brièvement, le sujet de la conception et encore plus brièvement celui de la grossesse, puis je m'occuperais du qui et du pourquoi de ce qui arrivera par la suite.

Des mots seraient-ils en mesure d'expliquer tout cela? Comment pourrais-je lui faire comprendre qu'il avait grandi dans le ventre d'une femme et dans le cœur d'une autre? Comment pourrait-il saisir l'angoisse vécue par sa mère biologique le jour de l'adoption au moment où elle l'avait tenu dans ses bras pour la dernière fois, ou la joie extrême que je ressentis à la seconde où il fut placé dans la chaleur de mes bras?

Un soir, alors que je préparais le dîner, fatiguée par tout ce que je n'avais pu faire ce jour-là et contrariée par l'heure tardive, un petit garçon de trois ans vint se placer près de moi pendant que je remuais la purée de pommes de terre.

« Maman, dit-il. J'ai une question pour toi. »

« Uh-hum », marmonnai-je par habitude.

« Maman », reprit-il en tirant sur mon chemisier. « Maman, j'ai dit que j'avais une question. »

« D'accord, d'accord. » J'arrêtai et me tournai pour voir deux yeux clairs qui me fixaient. Je savais que quelque chose n'allait pas. Il cligna des yeux, essayant de retenir ses larmes mais elles coulèrent quand même. Je me penchai sur lui, oubliant les pommes de terre et la journée. Le plus important, c'était le petit garçon en face de moi. Je pris son menton dans le creux de ma main et je lui demandai doucement : « Qu'est-ce qui ne va pas? Qu'est-ce qui est si important à me demander pour que ça te fasse pleurer? »

Aussitôt que mes lèvres eurent prononcé le dernier mot, je sus. Nous y étions. Le moment était arrivé, et j'étais aussi peu préparée que le premier instant où cette pensée avait traversé mon esprit.

« Maman, Sarah dit que tu n'es pas ma vraie mère. Je lui ai dit qu'elle avait tort. N'est-ce pas qu'elle a tort, Maman? »

Tous ces jours à deviner, à prévoir et à mémoriser, et j'étais sans voix. Je l'attirai plus près de moi et enveloppai très fort mes bras autour de son petit corps. Mon fils. Mon précieux fils. J'essuyai les larmes qui continuaient de couler sur ses joues. Puis, avec un calme que je ne me reconnaissais pas, je tendis la main :

« Chéri, vois-tu la main de Maman? »

« Uh huh », répondit-il en remuant la tête de haut en bas.

« Bien, dis-je lentement. Viens et touche-la. Touche ma main. » Ses doigts minuscules prirent la paume de ma main.

« Est-ce que je te semble réelle? » lui demandai-je.

« Oui! » dit-il, alors qu'un sourire éclairait son visage. Il fit courir ses doigts le long de mes bras puis sur mon visage et dans mes cheveux.

« Donc, je suis ta vraie mère, et mon amour pour toi est réel. Mais il y a une autre dame qui t'aime et qui est bien réelle aussi. Elle t'a tellement aimé qu'elle t'a donné la vie et t'a laissé grandir en elle jusqu'à ce que tu naisses et que tu rejoignes Maman et Papa. On l'appelle ta mère biologique, et un jour nous la rencontrerons.

« Qu'est-ce que tu en penses? » lui demandai-je. Je n'étais pas certaine si la question s'adressait à lui ou à moi.

Il empoigna mon cou et commença à couvrir ma joue de baisers. Je l'attirai encore plus près, des larmes roulant sur mes joues. Et avant même que je ne sois prête à le laisser partir, il se détacha de moi et il courut vers la salle de séjour, prêt à recommencer à jouer.

C'était arrivé. J'avais vu des larmes qui devaient être séchées, et elles avaient disparu avec un effleurement de ma main. J'avais vu un petit garçon qui avait besoin d'être serré dans des bras, et je lui avais donné l'étreinte la plus douce et la plus chaleureuse que je pouvais. La question avait été posée. Et j'y avais répondu.

Je savais qu'à un autre moment et dans un autre lieu, il y aurait d'autres questions, plus difficiles, mais pour l'instant, je savais… que j'avais bien répondu.

Mary Chavoustie

Course contre la montre

Les pattes arrière de la chaise se détachèrent presque du plancher pendant que Clarin se penchait plus près de l'écran de télévision — se rapprochant de l'image qui faisait battre son cœur.

« Anna », disait la voix avec un accent russe. La voix articula d'autres mots et la fillette obéit : elle dansa et chanta un peu. Puis l'enregistrement s'arrêta. « Elle n'a que quelques mois », disait la femme à côté de Clarin. « Quelques mois avant qu'elle soit perdue pour de bon… »

On ne peut pas laisser faire ça, pensa Clarin. *Mais est-ce qu'on a le temps de l'empêcher?*

Quelques semaines auparavant, Clarin et son mari, Paul, n'avaient même pas entendu parler de la fillette russe. Leur vie était bien remplie avec l'éducation de six enfants. Le plus vieux, Josh, quittait la maison pour aller à l'université. Le plus jeune, Stephen, avait encore besoin de se faire donner des baisers lorsqu'il était maladroit. Au milieu, il y avait les demandes d'emprunt de la voiture de la part d'Allyson et de Brian, âgés de dix-sept et seize ans, et les requêtes pour un peu plus d'intimité de la part de Kristal et d'Alex, qui avaient treize et dix ans.

Puis un jour, Michelle, l'amie de Clarin, qui avait adopté un garçon russe, lui parla d'Anna.

« C'est une fillette adorable — et aveugle », dit Michelle pendant que les deux couples d'amis étaient assis à ne rien faire par un soleil de mai.

Aveugle? Le cœur de Clarin se serra. Anna était à l'orphelinat depuis sa naissance. Et même si on l'avait bien soignée, pour elle c'était loin d'être un véritable foyer. Et, si ils ne trouvaient pas une famille avant qu'elle atteigne ses sept ans en novembre, « ils la transféreront dans un institut pour handicapés. Et tous ces endroits sont horribles — le manque de soins, les abus… » soupira Michelle.

Plus tard ce soir-là, Clarin ne put s'empêcher de penser à Anna. Des années auparavant, en entendant des histoires à vous briser le cœur à propos d'orphelins d'autres pays, le couple avait pensé à une adoption à l'étranger. Mais, à mesure que leurs propres enfants arrivaient, ces plans s'étaient estompés — jusqu'à maintenant.

« Que penses-tu d'adopter Anna? » dit-elle en prenant la main de Paul.

Il était du même avis. Mais comment pourraient-ils en avoir les moyens? Paul ne disposait que de son salaire de professeur et Clarin était une mère au foyer. Clarin sentit son cœur se serrer, mais il lui vint une pensée : *qu'arrive-rait-il si l'un de mes enfants devait vivre dans cet univers sombre et éloigné?* Et, dans seulement quelques mois, ce monde deviendrait encore plus effrayant — et cruel.

Mais Paul et Clarin ne pouvaient prendre seuls cette décision. « Cela affectera aussi vos vies, expliqua Clarin aux enfants. Cherchez la réponse dans vos cœurs. »

Cela signifierait tout partager avec une personne de plus. Mais cette petite fille n'avait rien. Peu de temps après, les enfants trouvèrent leur réponse : « Amenez-la à la maison. »

Et maintenant qu'ils étaient assis dans l'agence d'adoption, regardant la bande vidéo d'une petite fille audition-nant pour qu'une famille veuille bien d'elle, Clarin sut combien sa mission était importante.

Dans ces centres pour infirmes, plusieurs enfants tombent malades et meurent, apprit Clarin. Et si Anna survit à cet endroit, dit-on à Clarin, elle souhaitera ne pas avoir sur-vécu.

Clarin essuya ses larmes. *Mon Dieu*, pria-t-elle, *nous devons la sauver. Aide-nous à trouver un moyen.*

La décision d'adopter Anna fut facile à prendre. La ramener à la maison représenta toutefois un tout autre défi. Le coût de l'adoption pouvait représenter plus de vingt mille dollars! Mais Michelle et son mari (les amis qui avaient déjà adopté un petit garçon russe) répandirent la nouvelle que Clarin et Paul avaient besoin d'aide.

Donc, Paul et les enfants effectuèrent de petits travaux pour ramasser de l'argent et les dons affluèrent à l'agence d'adoption. Des amis arrêtèrent à la maison aussi. « Pour Anna », disaient-ils en tendant à Clarin une enveloppe.

La famille était reconnaissante. Mais, à la fin de l'été, ils n'avaient amassé que le quart de la somme requise. *Que pouvons-nous faire de plus?* se demanda Clarin. La vie d'Anna dépendait d'eux.

Clarin et Paul se pressèrent de remplir la montagne de paperasserie exigée, pendant que Paul étudiait aussi le russe et l'apprenait aux enfants.

Et un soir, Clarin, Paul et tous les enfants s'assirent autour d'un magnétophone. « Anna, c'est Maman », dit Clarin, au début en anglais, puis en russe. « C'est Papa » commença Paul. « *Syestra* Kristal », dit Kristal, rayonnante. « Sœur. » L'un après l'autre, chacun d'entre eux se présenta. Puis, ils entonnèrent une chanson qu'ils avaient composée. « Bonjour, bonjour, nous sommes heureux de voir que tu te joindras à notre famille. »

Ils firent parvenir l'enregistrement à l'Orphelinat n°40, où Clarin imagina une petite fille écoutant et réécoutant l'enregistrement, répétant les nouveaux mots et les noms appartenant aux nouvelles voix.

Pour en revenir aux États-Unis, de nouveaux dons affluèrent. Mais, en octobre, il manquait encore quelques milliers de dollars.

« Tu peux avoir tous mes points Air miles », suggérèrent les voisins. « Dites-nous si vous avez besoin d'un prêt », insistèrent les amis.

Devant une telle générosité, Clarin pleura de reconnaissance. Même le gouvernement de Russie renonça à certains frais.

Finalement, ils atteignirent la somme requise. « Nous avons réussi! crièrent-ils. Anna, nous arrivons! »

Excités et nerveux, ils s'envolèrent vers Saint-Pétersbourg, où Clarin et Paul s'assirent dans la salle d'attente de l'orphelinat, leur cœur battant très fort. La porte s'ouvrit.

Les larmes de Clarin se déclenchèrent lorsqu'une superbe petite fille entra, les bras tendus, pour chercher. « Maman! Papa! » appela-t-elle.

En un instant, Clarin et Paul l'avaient prise dans leurs bras. Anna toucha leurs cheveux et leur visage avec ses doigts. « Bonjour, bonjour », fit-elle en fredonnant l'air qu'elle avait entendu sur la cassette.

« Maman et Papa sont enfin là, Anna, murmura Clarin. Nous sommes ta famille maintenant et pour toujours. »

Au retour à la maison, les nouveaux frères et sœurs d'Anna se présentèrent. Allyson souleva Anna et l'étreignit chaleureusement. La fillette enroula ses bras et ses jambes autour de sa grande sœur. « *Sistonka*, ma sœur », cria-t-elle joyeusement. Tous les autres enfants embrassèrent Anna à leur tour. Brian, qui s'était entraîné avec des cartes d'apprentissage, réussit à dire en russe : « Bonjour, je m'appelle Brian. » Quelques instants plus tard, Anna sautillait joyeusement dans le hall en leur compagnie.

Aujourd'hui, Anna est en pleine santé. Les mots russes sont lentement remplacés par leurs équivalents français. Et les trois mots que Clarin entend le plus ces jours-ci sont : « moi toute seule ».

Kristal, qui partage sa chambre avec Anna, lui a montré à jouer avec des poupées et à recevoir pour le thé. Si le petit Stephen de cinq ans pleure, Anna se précipitera sur lui pour « l'aimer plus fort ». Souvent, elle chantera des chansons folkloriques russes et elle recevra de nombreuses étreintes lorsqu'elle saluera à la fin.

En fait, la petite fille russe s'est adaptée si rapidement à sa nouvelle famille que, pour Clarin, il n'y a qu'une explication : même si elle est née à l'autre bout du monde, la place d'Anna était avec eux.

Marilyn Neibergall
Extrait de Woman's World

Les bébés
de George et de Gracie

Dans le monde du spectacle, l'adoption de bébés était très à la mode dans les années trente. J'étais d'accord; Gracie voulait avoir des enfants et je voulais la rendre heureuse. Mais nous finîmes par remettre le projet à plus tard : nous étions trop souvent en voyage, l'appartement n'était pas assez grand, nous devions bientôt tourner un film. Il y avait toujours quelque chose. Puis un après-midi, nous déjeunâmes avec un autre acteur qui amena sa fille adoptive avec lui. L'enfant agit comme il le fallait — elle sourit à Gracie et rit à la vue de mon cigare. Dès que nous rentrâmes à la maison, nous appelâmes Le Berceau, un refuge catholique pour enfants abandonnés, situé à Evanston dans l'Illinois.

Des mois passèrent avant de recevoir des nouvelles du Berceau. Finalement, ils nous téléphonèrent pour nous dire que, si nous nous rendions à Evanston immédiatement, nous pourrions adopter un bébé. Trois heures plus tard, Gracie et son amie Mary prirent le train pour Chicago pendant que je demeurais à New York.

On montra trois bébés à Gracie afin qu'elle choisisse. Comment est-ce possible de choisir un enfant? Comment pouvez-vous savoir lequel sera grand, beau et intelligent? Comment pouvez-vous savoir lequel aura bon caractère? Comment pouvez-vous reconnaître lequel rira des blagues de son père? La réponse est que vous ne savez pas, que vous ne pouvez pas savoir. Vous prenez exactement le même risque quand vous donnez naissance à un enfant de manière naturelle.

Gracie choisit le plus petit bébé, un minuscule petit être de cinq semaines avec de grands yeux bleus, et la nomma Sandra Jean. Sandra Jean Burns.

Le Berceau offrit les services d'une infirmière pour accompagner Gracie et Mary à New York, mais Gracie se dit que deux femmes matures devaient être capables de prendre soin d'un petit bébé. Et toutes deux se sentirent vraiment confiantes — jusqu'à ce que le bébé éternue. À ce moment, Gracie se rendit compte qu'elles n'étaient pas assez de deux. Aucune d'elles ne savait comment réagir. Gracie couvrit donc le corps du bébé avec son manteau de fourrure. À un moment donné pendant la nuit, le manteau glissa et recouvrit la tête de l'enfant. Lorsque Gracie se réveilla et constata l'incident, elle pensa qu'elle avait étouffé sa fille. Cuire un gâteau de manière inégale est une chose, mais étouffer sa fille au bout de quelques heures après l'avoir adoptée? Elle saisit le manteau et vérifia désespérément si le bébé respirait. Le bébé allait bien — mais Gracie avait de la difficulté à respirer. Elle s'assit donc dans le compartiment pendant tout le reste du voyage simplement pour contrôler la respiration de sa fille.

Je n'avais pas eu à faire les cent pas dans une salle d'attente; je le fis à la Gare Centrale. Croyez-moi, j'étais aussi nerveux que n'importe quel futur père, et je connaissais le moment exact de l'arrivée de mon bébé. Le train s'arrêta à l'heure prévue. C'était l'une des rares occasions où un conducteur de train faisait la livraison d'un bébé.

Le premier soir de l'arrivée de Sandy à la maison, Gracie me demanda si je voulais changer le bébé. « Non, dis-je. Laisse-moi jeter mon cigare d'abord. » Jamais je ne m'étais rendu aussi près d'avaler un cigare. Je suppose que Gracie était un peu sensible. Mais qu'est-ce que j'y connaissais au changement de couche d'un bébé?

La chose qui m'a le plus surpris à propos du bébé, c'est l'espace qu'une si toute petite chose peut occuper. Jadis mon bureau, notre seconde chambre à coucher devint sa chambre. Le centre des opérations était la cuisine — où nous conservions les biberons, le lait, la bouillie pour bébé, les pots de nourriture pour bébé, les piles de couches propres et quelques-uns des jouets qui débordaient de mon ancien bureau. Je ne sais pas, peut-être qu'il existe des bébés qui possèdent plus de jouets que Sandy. Les enfants du père Noël, par exemple.

Étant donné la tournure que prenaient les événements, Sandy était une telle joie que nous décidâmes de lui donner un frère.

Gracie choisit notre fils Ronnie parce que c'était celui qui avait le plus besoin d'elle. Maintenant, cela semble avoir été écrit par un agent de presse d'Hollywood, mais c'est vrai. Les autres bébés qu'on lui montra étaient tous potelés et en bonne santé, et elle savait qu'il y avait une longue liste de personnes qui attendaient pour adopter des bébés potelés et en bonne santé. Le lit d'enfant de Ronnie était placé dans un coin, seul; sans doute était-ce ce qui avait d'abord attiré l'attention de Gracie sur lui. Elle s'approcha et le regarda. « Il était tellement petit », me dit-elle, lorsqu'elle le ramena finalement à la maison. « Et il me suivait des yeux quand je bougeais, et j'ai su que je devais le prendre. »

Il était prématuré, dit une infirmière à Gracie et, pendant plusieurs semaines, les médecins ignoraient s'il survivrait.

Et puisque je suis franc, je dois admettre que Ronnie n'était pas très beau à voir. Les gens disent que tous les bébés ressemblent à Winston Churchill; mais Ronnie faisait paraître Winston Churchill beau. Ronnie avait l'air d'un petit homme ridé avec une tête drôlement faite. « Qu'en penses-tu, Nattie? »

Je pensai que si j'avais été intelligent, je me serais tu. « Écoute, tu sais que je n'ai pas peur des responsabilités, dis-je. Mais, Googie, pourquoi as-tu choisi un enfant malade? »

« Je suis tombée amoureuse de ses yeux. Je sais qu'il ne va pas bien, mais nous pouvons l'aider à aller bien. Si nous l'avions eu naturellement, nous aurions pris le même risque, n'est-ce pas? »

La première année de Ronnie fut difficile. Pendant longtemps, il ne prit aucun poids et sa peau était si sensible que nous ne pouvions lui faire prendre que des bains d'huile et nous devions l'envelopper dans du coton. Gracie et notre nurse passèrent beaucoup de temps dans les cabinets de médecins. Gracie était aux petits soins pour lui, comme je l'étais pour nos scénarios. Mais Ronnie était un garçon intelligent et, le jour où il comprit comment il pouvait grandir, il n'arrêta pas avant d'atteindre 1,88 m. Et il paraît beaucoup mieux que Winston Churchill.

Gracie avait eu raison.

George Burns

Après les larmes

« Je suis désolé, Madame Coe. Le test est négatif. »

Ce n'est pas que j'étais surprise, je m'en doutais même. Je savais depuis une semaine et demie que je n'étais pas enceinte.

Qu'est-ce que j'ai fait pour mériter cela?

Mon mari pleura le premier. J'étais hébétée. Nous nous serrions l'un contre l'autre, mais sans vraiment nous consoler. Ce fut notre dernier essai de fécondation *in vitro*, le dernier que nous tenterions jamais. Pendant les sept dernières années, nous avions espéré un enfant et nous avions subi toutes les méthodes connues en gynécologie de la reproduction — espérant, espérant.

Je revins à la maison et mis un disque — c'était une chanson où l'on gémissait sur le fait que parfois Dieu ne se manifeste pas. Je pleurai à quelques reprises. Mais j'étais surtout en colère et j'avais peur. En termes de confiance et d'espoir, j'avais atteint le bout du rouleau. *Mon Dieu, parfois tu ne te manifestes pas.*

L'adoption, soupirai-je, résignée. Tom voulait assister à une réunion destinée à des parents adoptifs potentiels. Il s'était remis du problème de l'infertilité; il voulait aller plus loin. D'accord, j'irais. Je ne voulais pas y aller, mais j'écouterais ce qu'ils ont à dire, en essayant de garder un esprit ouvert.

Six couples se dévisageaient autour d'une table de conférence. Cinq minutes après le début de la réunion, la femme assise en face de moi se mit à sangloter. Finalement, je craquai moi aussi. Cette agence m'avait évaluée; il n'y avait aucun espoir que je puisse donner la vie, seulement d'être mère en prenant l'enfant d'une autre. J'étais officiel lement non réparable. Je commençais tout juste à affronter cette douleur.

Le dimanche suivant était celui de la fête des Mères, et tous les enfants furent invités en avant de l'église pour une homélie qui leur était destinée. Le prêtre leur expliqua combien ils étaient une bénédiction pour leurs parents. *Mais, et nous? Pourquoi ne recevions-nous pas cette bénédiction? Qu'a-t-on bien pu faire pour mériter cela?*

Nous allâmes voir une conseillère. Cette femme avait fait plusieurs fausses couches, mais maintenant elle pouvait dire : « Si ces enfants avaient vécu, je n'aurais jamais eu ces autres enfants. » Nous étions en face d'une personne qui avait survécu à cette expérience, quelqu'un pour qui tout cela avait maintenant un sens.

Donc, nous choisirions l'adoption. Mais l'année précédente, l'agence n'avait pas placé un seul bébé. Il nous fallait passer une annonce et trouver un bébé par nous-mêmes. Nous aurions à nous rendre au front et nous ouvrir à peut-être même plus de souffrance, plus de déception. Pire encore, si une mère acceptait de nous donner son bébé, elle pourrait changer d'idée, et nous n'y pourrions rien — sauf vivre un autre deuil et nous demander, pourquoi nous?

Je respirai à fond, et demandai à un groupe de femmes, certaines que je connaissais à peine, de prier pour moi. Je n'avais jamais agi ainsi auparavant. Et j'attendis.

Puis, un jour, alors que je traînassais dans la maison, pensant que pour une fois j'étais vraiment heureuse, que j'étais sortie du découragement où je me trouvais depuis des années, le téléphone sonna. Une jeune femme voulait nous donner un bébé.

Pendant les jours qui suivirent, nous fûmes abasourdis. Nous allions devenir parents. Une échographie fut pratiquée. « C'est une parfaite petite fille », dit le médecin.

Même si je savais que c'était déraisonnable, il y avait une partie de moi qui était encore un peu peinée. J'avais toujours voulu des jumeaux, un garçon et une fille du même âge. Je pensais que peut-être j'y arriverais avec l'aide de tous les médicaments pour la fécondation que j'avais absorbés. Et, en fait, j'avais toujours cru que mon premier enfant serait un garçon. Mais je me convainquis que ce serait merveilleux d'avoir une fille. C'était vraiment miraculeux — même si ce n'était pas ce à quoi je m'étais attendue ni ce que j'avais secrètement espéré.

Puis survint la plus invraisemblable des invraisemblances. Nous reçûmes un autre appel. Une autre femme voulait nous donner son bébé — un garçon, né le matin même. Nous nous dirigeâmes vers un hôpital, et on le plaça dans mes bras. « Voici ta maman et ton papa. »

Les papiers furent signés en quelques heures. Nous passâmes devant un juge et tout fut terminé. Nous étions parents.

Mais qu'en serait-il de l'autre bébé? La fille? Nous avons décidé de l'adopter elle aussi. Sa mère biologique était aussi enchantée et aussi heureuse que nous. Un frère du même âge pour notre petite fille! Et ainsi, exactement un mois plus tard, à un autre hôpital, on nous remit un autre bébé. Une nouvelle fois parents.

Comme nous étions les parents inexpérimentés de deux minuscules bébés, les quelques mois qui suivirent furent plus difficiles que nous ne l'avions imaginé. Nous étions préoccupés de savoir si nous avions pris la bonne décision, ou si tout cela dépassait nos capacités. Mais un jour, comme je tenais mon superbe fils sur mon genou, il se pencha pour sourire à sa petite sœur. Elle avait commencé à sourire quelques jours seulement auparavant. Mais il continua à sourire, l'encourageant à le faire jusqu'à ce qu'un grand sourire se dessine sur son visage. Installés chacun dans un de mes bras, ils se souriaient, heureux de se trouver exactement où ils étaient. Je sentis des larmes de joie pure monter dans mes yeux. Moi aussi, je me trouvais exactement où je voulais être.

Aujourd'hui, la porte d'une classe de maternelle s'ouvre. Deux têtes blondes lèvent les yeux et éclatent de rire. « Maman ! Maman ! » Deux paires de jambes courent vers moi. Je m'agenouille, les bras grands ouverts.

Qu'est-ce que j'ai fait pour mériter cela ?

Cynthia Coe

6

LES MÈRES
ET LES FILLES

Les mères sont les véritables maîtres spirituels.

Oprah Winfrey

*J'ai toujours eu l'impression que
Dieu nous prête nos enfants
jusqu'à ce qu'ils aient environ dix-huit ans.
Si vous n'avez pas fait votre marque
sur eux à ce moment, il est trop tard.*

Betty Ford

Mère et fille

« Tu n'oublieras pas d'apporter le presse-purée, n'est-ce pas ? » dis-je à ma mère au téléphone, après lui avoir révélé que je devais subir une mastectomie. Même à quatre-vingt-deux ans et à près de cinq mille kilomètres, elle savait ce que je voulais dire : une épaisse purée de pommes de terre.

Elle en avait préparé pour chaque maladie ou mésaventure de mon enfance — servie dans un bol à soupe avec une jolie cuillère ronde. Mais, lorsque j'étais enfant, j'avais été chanceuse puisque rarement malade. Le médicament aux pommes de terre apaisait le plus souvent une déception ou guérissait un léger rhume. Cette fois-ci, j'étais sérieusement malade.

Arrivée de Virginie par l'avion de nuit, Maman semblait fraîche comme une rose en franchissant la porte de ma maison de Californie, le jour suivant mon retour de l'hôpital. Je pouvais à peine garder les yeux ouverts, mais la dernière chose que je vis avant de m'endormir fut Maman qui ouvrait la fermeture éclair de sa valise soigneusement remplie et qui en sortait son presse-purée vieux de soixante ans. Celui qu'elle avait reçu lors de la fête organisée avant son mariage, celui dont le manche en bois était usé et auquel étaient rattachées des années de souvenirs.

Le jour où je lui dis, les larmes aux yeux, que je devais suivre des traitements de chimiothérapie, elle se trouvait dans la cuisine, en train de faire de la purée de pommes de terre. Elle déposa le presse-purée et me regarda bien en face. « Je resterai avec toi, quel que soit le temps nécessaire, me dit-elle. Je n'ai rien de plus important dans ma vie que de t'aider à aller mieux. » J'ai toujours pensé que j'étais la rebelle de la famille, mais pendant les cinq mois qui suivirent, honnêtement, je vis que j'avais abandonné ce trait de caractère.

Maman avait décidé que je ne mourrais pas avant elle. Elle ne l'acceptait tout simplement pas. Elle m'emmena avec elle dans des promenades quotidiennes, même si je ne pouvais me rendre plus loin que l'allée de notre maison. Elle écrasait les pilules que je devais prendre et les mélangeait à de la confiture, car même parvenue à l'âge adulte, et moi-même mère d'une grande fille, je ne pouvais pas plus avaler mes pilules que lorsque j'étais enfant.

Quand mes cheveux commencèrent à tomber, elle m'acheta de jolis chapeaux. Elle me donna de la boisson gazeuse au gingembre dans des verres à vin en cristal pour calmer mes douleurs au ventre et veilla avec moi pendant mes nuits d'insomnie. Elle me servit du thé dans des tasses en porcelaine.

Quand j'étais déprimée, elle était en forme; quand elle était déprimée, je devais être endormie. Elle ne me l'a jamais fait voir. Et, à la fin, j'allai mieux. Je retournai à mon écriture.

J'ai découvert que la fête des Mères n'arrive pas seulement un certain dimanche du mois de mai, mais chaque jour où vous êtes assez chanceuse d'avoir une mère pas trop loin de vous pour vous aimer.

Patricia Bunin

« *Vous devrez être forte, Madame Whatney.*
J'ai bien peur que ce soit la puberté. »

Coincée sur une île

Quand elle était petite, elle se cramponnait à moi, en me disant : « Tu es ma meilleure amie de tout l'univers. »

Elle avait l'habitude de pleurer quand je partais, pour une nuit, pour un week-end. « Pourquoi ne peux-tu pas m'emmener? » me demandait-elle.

Et je lui expliquais : « Parce que cette soirée est réservée aux adultes. Parce que c'est un voyage d'affaires. Parce que tu t'ennuierais. »

« Non, je ne m'ennuierai pas, Maman. Je ne me suis jamais ennuyée quand tu étais là. »

Quel amour absolu, inconditionnel.

« Un jour, tu partiras et tu me quitteras, lui disais-je. Tu passeras la nuit chez un ami, et puis peut-être un week-end et très bientôt, tu t'en iras pour plusieurs semaines à la fois et, avant même de t'en rendre compte, tu voyageras à travers le monde, puis tu déménageras au Japon et je ne te manquerai pas du tout. »

« Je ne m'installerai jamais au Japon sans toi », me disait-elle en riant. L'idée de grandir et de vivre au Japon avait toujours chassé ses larmes. Ce fut exprimé de manière désinvolte pour détourner sa peine, mais cela devint une tradition. Chaque fois qu'elle ronchonnait à propos de mon départ, je la taquinais en lui disant qu'elle me quitterait pour aller au Japon.

Maintenant, elle n'a que quatorze ans et n'est pas encore partie. Pas physiquement en tout cas. Mais, dans son for intérieur, elle est prête à partir, bien qu'elle ne le sache pas et que je ne l'ai pas su moi non plus, jusqu'à l'autre jour.

Elle revint de l'école avec un devoir : choisis six personnes, mortes ou vivantes, réelles ou fictives, avec lesquelles tu choisirais d'être coincée sur une île déserte. Dans son cours d'anglais, elle venait juste de terminer la lecture de *Lord of the Flies*, une histoire portant sur un groupe d'enfants bloqués sur une telle île.

Je n'ai jamais cru une minute que je ne ferais pas partie de la liste. Cela n'effleura pas mon esprit. Ne disait-elle pas que j'étais sa meilleure amie au monde? Ne savait-elle pas que je l'aimerais et que je prendrais soin d'elle mieux que quiconque pourrait le faire?

Et pourtant, ce soir-là, quand elle énuméra le nom des personnes qu'elle choisirait, aucune mention de moi. Il y avait le personnage fictif Mafatu, un garçon de l'émission *Call It Courage,* qui avait survécu sur une île déserte. « Il saurait quoi faire, dit-elle. Je l'emmènerais parce qu'il a vécu l'expérience auparavant. » Puis, il y avait Mary Poppins, « parce qu'elle est jolie et que c'est une magicienne et qu'elle pourrait nous transporter à des endroits hors de l'île, si nous nous ennuyions », dit-elle.

Puis, elle choisit son frère, Robbie, « parce que je l'aime et parce qu'il saurait comment construire un bateau », et John McLean, son parrain, « parce qu'il sait comment réparer n'importe quoi ». Puis le personnage de télévision Doogie Howser, « parce qu'il est médecin et qu'il est jeune et qu'il ne mourra pas bientôt », et Anne of Green Gables, « parce qu'elle est intelligente, qu'elle a de l'imagination et qu'elle est drôle. »

« Mais, et moi? Je peux être intelligente et imaginative et drôle, aussi », lui dis-je.

« Anne of Green Gables est jeune et elle peut avoir des bébés, Maman. Elle est plus utile. »

Je suis vieille et je suis inutile. C'est ce qu'elle essayait de me dire. Je commençai immédiatement à bouder.

« Maman, tu n'es pas sérieuse, hein, Maman? C'est un jeu. Je n'irai pas vivre sur une île. Je n'irai nulle part. »

« Oh! oui, tu iras », ai-je voulu lui dire. « Tu ne le sais pas encore, c'est tout. »

Je broyai du noir pendant un moment, un peu pour plaisanter mais un peu sans plaisanter aussi. Je comprenais pourquoi elle ne m'avait pas choisie. Cela n'aurait pas été un choix judicieux. Qu'est-ce que je connais de la survie? J'ai l'impression de vivre une situation de crise quand l'électricité est coupée pendant un orage. Ses choix étaient tous sages.

Le fait est que moi, je l'aurais choisie. Je n'aurais pas été sage. Je n'aurais pas pensé à la contribution que chacun pouvait apporter. J'aurais seulement pensé à ceux avec lesquels j'aurais aimé le plus être.

« Si j'avais eu à choisir une seule personne, Maman, ça aurait été toi », me rassura-t-elle le jour suivant. Mais elle parla ainsi seulement parce qu'au moment où elle me demandait de lui faire un sandwich au fromage grillé, je suggérai qu'Anne of Green Gables le confectionne. Et lorsqu'elle me dit qu'elle avait besoin que je la dépose au centre commercial, je laissai entendre que Mary Poppins pourrait l'y conduire.

« Tu sais, Maman, tu manques pas mal de maturité », me dit-elle.

Je sais que je le suis. Très immature. Mais c'est parce que nos rôles se sont soudainement inversés. La petite fille qui s'accrochait à moi et qui m'appelait sa meilleure amie ne s'accroche plus. C'est plutôt moi qui la regarde agir et qui lui demande :

« Pourquoi ne peux-tu pas m'emmener? »

Beverly Beckham

Maman et la Volkswagen

Maman avait survécu à la Grande dépression et son adage favori était : « Économise chaque centime que tu peux, tu ne sais jamais quand tu en auras besoin. » Je ne savais donc pas comment lui dire que j'étais en train d'acheter une vieille Volkswagen décapotable. J'étais certaine que l'acquisition d'une décapotable dans le nord du pays et à plus forte raison en deuxième voiture lui semblerait vraiment excessive par rapport à ses critères.

Quand la santé de ma mère s'était dégradée de façon dramatique, j'avais décidé de déménager afin de m'occuper d'elle durant les dernières années de sa vie. Je devins encore une fois l'enfant catholique bornée. Je ne voulais rien faire pour blesser ma mère ni quoi que ce soit qui pourrait provoquer sa désapprobation. Dépenser « frivolement » de l'argent pour une décapotable Volkswagen dont je n'avais pas besoin mais que je désirais simplement — provoquerait certainement de sa part une moue désapprobatrice, du moins mentalement.

Mais cette fois-ci, ça m'était égal. Un ami avait trouvé une aubaine et je voulais cette voiture. Je n'avais pas trouvé la façon dont je le lui dirais, mais d'une manière ou d'une autre, je devrais en assumer les conséquences. J'avais quarante et un ans et j'avais le droit de dépenser mon argent comme je le voulais. Pourquoi avais-je toujours besoin de l'approbation de la femme que j'appelais « Maman »? Pourquoi, à mon âge, ne pouvais-je la défier ou lui causer une déception? Je ne connaissais aucune réponse mais j'achèterais la voiture, c'est tout. Et je le fis.

Je revins à la maison dans ma petite Volkswagen avec le toit ouvert et je me stationnai résolument dans l'allée. J'entrai dans la maison avec précaution en disant : « Suis-moi, Maman, j'ai fait quelque chose d'extravagant et tu vas l'adorer! » À l'intérieur de moi, j'avais comme des nœuds. Je l'aidai à se lever de sa chaise, plaçai mon bras autour de son frêle petit corps, la soutenant pour qu'elle soit en équilibre, alors que nous marchions vers la porte.

« Oh! mon Dieu… » et elle s'arrêta.

Ça s'en vient, pensai-je, m'armant de courage.

« Quelle jolie petite vieille voiture! Est-ce qu'on peut aller faire un tour? » Elle parlait d'une voix haletante, son cœur défaillant pouvant difficilement supporter le fardeau de son excitation évidente.

J'étais calme. Je me comportais comme si j'avais toujours su qu'elle serait transportée de joie par la voiture. Intérieurement, je ne pouvais en croire mes oreilles. *Est-ce qu'on peut faire un tour?* À qui appartenait cette toute petite voix? Ce n'était pas celle de ma mère — ce n'était pas possible. Mais, extérieurement, je dis calmement : « Laisse-moi t'emmitoufler. Il fera frais à cause de l'air qui soufflera sur toi. » Et nous prîmes place à l'intérieur.

Elle était accrochée après le premier kilomètre. « Oh! est-ce que ça ne te fait pas te sentir jeune? »

Dans mon imagination, je la voyais : une vraiment belle jeune femme, et non une de soixante-seize ans fragile. Il fut facile pour moi de lui répondre. « Nous sommes jeunes, Maman, nous sommes jeunes. »

Cette première semaine-là, j'achetai une couverture chauffante pour les genoux qui pouvait se brancher dans l'allume-cigarettes. J'emmitouflais maman et plaçais la couverture sur elle, et nous partions. Cela devint vraiment un rituel. Comme nous reculions dans l'allée, ses paroles étaient toujours les mêmes, non parce que son esprit déclinait mais par pur plaisir.

« Quel merveilleux engin que voilà », disait-elle avec un sourire dans la voix.

Ma réponse était toujours la même : « Tu veux dire la couverture? »

« Non, idiote, cette petite voiture. Elle me fait me sentir tellement vivante. »

Souvent, lorsque le temps était maussade ou la température trop froide, je me dirigeais vers la voiture toutes saisons et elle disait : « Ne pouvons-nous pas prendre la petite voiture? »

Ma réponse était toujours : « Bien sûr, pourquoi pas? »

Grimper dans cette petite voiture enrichit les deux dernières années de notre vie commune. Nous échangions nos paroles rituelles et nous partions, sans toujours aller très loin et sans toujours parler beaucoup, mais toujours ensemble avec la certitude commune d'un plaisir partagé. Nous mettions à fond la radio et nous riions comme deux ados. Quand l'automne arriva, Maman était aussi triste que moi, puisque la température de la Nouvelle-Angleterre devenait trop froide et qu'il était temps de ranger la Volks.

Maintenant, je fais toujours seule mon premier et mon dernier trajet de la saison en décapotable. Je descends le toit et je sors la tête, entendant ses mots dans le souffle du vent à côté de moi : « Quelle formidable machine cette... »

Les mois d'été commencent et se terminent avec sa présence qui m'accompagne pendant le trajet, partageant ma joie et la liberté de respirer l'air. Je me dirige vers la même destination, printemps et automne, année après année. Une rose rose est placée sur le siège du passager où se tenait jadis Maman. Quand j'arrive et que j'ouvre la porte, je ressens un étrange sentiment de solitude combiné avec un immense amour que le temps n'a pas atténué. Nous bavardons un moment et, quand je quitte, la rose rose repose doucement sur sa tombe.

En démarrant, mes paroles sont murmurées dans le vent, et elles sont toujours les mêmes : « Tu me manques, Maman. »

Dorothy Raymond Gilchrest

Le cœur se souvient

Jamais on avait vu un enfant aussi adorable, mais sa mère était contente de le voir endormi.

Ralph Waldo Emerson

« La mère dont elle se souvient est la mère qu'elle deviendra. »

Ces paroles envahirent mon esprit le matin où je devins mère pour la première fois. Et, lorsqu'on plaça Kaley dans mes bras — un paquet chaud et remuant avec de grands yeux — je me promis que je serais la meilleure mère du monde, une mère comme celle dont je me souvenais : tendre, patiente, toujours calme et paisible. Toute ma vie s'était déroulée au rythme de l'amour et, comme je caressais la petite tête de mon bébé, que je sentais qu'elle tournait son visage pour frotter son nez contre mes doigts, je lui jurai : « Tu ne connaîtras que l'amour, seulement l'amour, petite enfant. Seulement ça. »

Je me souvenais encore de cette promesse deux semaines plus tard, à trois heures du matin, alors que j'arpentais la chambre en tournant en rond, tenant dans mes bras mon nouveau-né hurlant et souffrant de coliques. Cependant, à ce moment précis, ces paroles étaient loin d'être un réconfort. Après tout, quel enfant voudrait se rappeler la Tina que j'étais à ce moment-là — en manque de sommeil, inquiète, au bout d'une patience aussi mince et effilée qu'une lame de rasoir.

Et, malgré le vœu du jour de la naissance, je ne ressentais évidemment pas d'amour. Je ne ressentais pas grand-chose en fait. J'étais abrutie, affaiblie par la fatigue, tentant de tout faire par moi-même, même si mon mari et ma mère étaient endormis au bout du couloir. Je tentai de faire taire Kaley et la tins doucement dans mes bras en la serrant plus fort, mais elle donnait des coups de pied, s'agitait et hurlait encore plus fort. Tout à coup, je ne pus contenir mes larmes. Je m'effondrai sur le sol de la sombre salle de séjour, la déposant sur mes genoux et sanglotant dans mes mains.

Je ne sais pas combien de temps je demeurai ainsi, mais même si cela me sembla être des heures, ce ne devait pas avoir duré plus que quelques minutes. À travers un nuage de larmes, je vis la lumière s'allumer dans le couloir, dessinant la silhouette de ma mère qui enfilait son peignoir. Bientôt, je sentis sa main sur mon épaule.

« Donne-moi ce bébé », dit-elle.

Je ne discutai pas. Vaincue, je lui tendis le paquet hurlant et rampai vers le sofa, où je me roulai en boule.

Ma mère murmura dans l'oreille de Kaley et, avec une facilité acquise par des décennies de pratique, la déplaça vers son épaule. Finalement, les pleurs se transformèrent en reniflements, les reniflements en hoquets et, au bout d'une demi-heure, je n'entendis que les ronflements étouffés d'un bébé.

Je ressentis du soulagement mais pas de véritable paix. Quelle sorte de mère étais-je pour ne pas être capable de calmer mon propre enfant? Quelle sorte de mère étais-je pour ne même pas essayer? Je regardai Maman se glisser délicatement dans la berceuse, je la vis amorcer le même rythme lent qui m'avait bercée jusqu'à ce que je m'endorme pendant d'innombrables nuits et, tout ce que je ressentis, ce fut un sentiment de désespoir, d'échec et d'épuisement.

« Je suis une mère épouvantable », marmonnai-je.

« Ce n'est pas vrai. »

« Tu ne comprends pas. » De nouvelles larmes plus grosses s'installèrent au coin de mes yeux. « En ce moment, je ne l'aime même pas. Mon propre bébé! »

Ma mère rit doucement. « Bien, elle n'a pas été très agréable aujourd'hui, n'est-ce pas? Mais tu es demeurée malgré tout avec elle. Tu l'as fait sauter sur tes genoux, tu l'as bercée, tu l'as promenée. Et, quand tout ceci n'a pas fonctionné, tu l'as tenue et serrée très fort dans tes bras. »

Je m'assis et entourai fermement mes bras autour de mes genoux. « Mais tout ce que je ressens à l'intérieur de moi, c'est de la frustration et de la colère et de l'impatience. Quelle sorte de mère suis-je? »

Ma mère ne répondit pas immédiatement. Elle regarda simplement le bébé qui dormait dans ses bras. Mais son visage était pensif et, lorsqu'elle parla, sa voix semblait lointaine et nostalgique. « Je me rappelle de tout cela, dit-elle doucement. Particulièrement pour la dernière chose. Après ta naissance, j'avais l'habitude de prier pour acquérir de la patience. Je pleurais et j'implorais pour l'obtenir. » Elle me regarda, me souriant à demi : « Et je ne l'ai toujours pas obtenue. »

Je ne pouvais croire ce que j'entendais. « Mais, Maman, c'est ce que je me rappelle le plus de toi. Peu importe ce qui arrivait, tu ne perdais jamais ton sang-froid. D'une manière ou d'une autre, tu t'arrangeais pour que tout fonctionne. »

Elle l'avait fait. Peu importait le nombre de brownies qu'il fallait cuire à la dernière minute, peu importait combien de projets d'affiches il fallait colorier pour le travail de science, ma mère en venait toujours à bout. Toujours calme. Toujours sereine. En tant qu'infirmière, elle travaillait à des heures irrégulières, mais chaque fois que je jouais dans une pièce de théâtre ou que je donnais un récital, je pouvais toujours être certaine, même si elle n'arrivait pas pour la levée du rideau, d'apercevoir un visage familier habillé de blanc se glisser dans la pénombre de la salle.

Je me souvenais de cette mère-là, cette mère qui rendait chaque moment important. La mère qui ne se serait jamais comportée comme j'avais l'impression de le faire maintenant.

« Je pouvais toujours compter sur toi, dis-je. Toujours. »

Mais, à ma surprise, elle roula des yeux. « C'est peut-être la façon dont tu t'en rappelles, mais tout ce dont je me souviens, c'est d'avoir été tirée dans sept directions en même temps. Toi et ton frère, ton père, les gens à l'hôpital. Tout le monde avait besoin de moi, mais je n'avais jamais assez de temps pour être là pour tout le monde. »

« Mais tu *étais* toujours là ! »

Elle fit non de la tête. « Pas comme j'aurais voulu, pas aussi souvent ou pas aussi longtemps. Alors, j'ai prié pour acquérir de la patience, de manière à utiliser le mieux pos-sible le temps dont nous disposions. Mais tu sais ce qu'on dit. Dieu ne nous transmet pas la patience. Il nous envoie simplement des moments pour que nous nous entraînions à être patients, encore et encore. »

Elle baissa les yeux vers Kaley. « Des moments comme celui-ci. »

Je les regardai toutes les deux, et puis tout à coup, je compris : les souvenirs ne sont pas dans notre cerveau — qui peut de toute façon mal enregistrer les détails — mais plutôt dans notre cœur. Ma mère et moi ne nous souvenions pas de mon enfance exactement de la même façon, mais nous avions en commun la seule chose qui était importante.

Toutes les deux, nous nous souvenions de l'amour.

Je me levai du sofa et m'assis au pied de la berceuse. Nous restâmes ainsi pendant un moment — ma mère, ma fille et moi. Et même si les pleurs recommencèrent au lever du soleil, je murmurai un silencieux « merci » pour ce moment idyllique, cet instant paisible où j'étais assise aux pieds de ma mère, caressant de ma main les doux cheveux de ma fille.

Si, d'une manière ou d'une autre, Kaley se souvient de cette nuit, j'espère qu'elle se rappellera seulement de l'amour instinctif qui m'a gardée à côté d'elle malgré tout.

Tina Whittle

Marche sur une fissure, et tu retrouveras ta mère

« Marche sur une fissure du trottoir, et tu briseras le dos de ta mère », dit en riant ma meilleure amie Franny. En ricanant, elle marchait d'un pas lourd sur chaque fissure de ciment, avec ses nouvelles chaussures blanches qu'elle détestait. Cette nouvelle préoccupation rendit dangereuse notre marche vers l'école. Je m'étonnais de son attitude rebelle et risquée alors que moi, chaussée de mes Mary Janes, je marchais sur la pointe des pieds sur le ciment fissuré des trottoirs new-yorkais. J'étais superstitieuse tout comme l'étaient mes ancêtres. Une mère brisée, c'était bien risqué. Jamais je ne pourrais — jamais je ne voudrais — souhaiter cela à ma mère.

Ces temps-ci, Maman vit sur la côte du Pacifique, dans un petit centre communautaire. Comme elle, plusieurs des autres résidants souffrent de la maladie d'Alzheimer.

Cela ne me surprit pas quand on diagnostiqua cette maladie chez ma mère. En quelques années, ses yeux remplis d'optimisme avaient commencé à s'éteindre en même temps que diminuait la vivacité d'esprit de cette éternelle étudiante. Le processus était lent et subtil; au début, elle plaisantait à propos de ses pertes de mémoire, mais progressivement, son humour affable disparut pour être remplacé par une plus grave incapacité. À la clinique d'un hôpital universitaire du quartier, spécialisée dans les troubles de la mémoire, ils décrivirent le pronostic et me recommandèrent la lecture de livres susceptibles de m'aider à comprendre. Ces gens étaient aimables et chaleureux. Toutefois, ce qui restait de la vie de Maman ressemblait à un chemin effrayant, crevassé et déformé par l'imprévisible évolution d'une maladie débilitante.

« Te reconnaît-elle encore ? » C'était la première question qu'on me posait quand je parlais de l'invalidité de ma mère. Ne saisissant pas le lent déroulement de la maladie, les gens imaginaient toujours le pire et ils étaient surpris et rassurés quand je leur apprenais qu'effectivement ma mère me reconnaissait encore. En fait, je leur racontais que son humour réapparaissait souvent, comme lorsqu'elle me présentait, évasivement, comme étant *sa* mère. Souvent, son vocabulaire était étonnamment original et, au prix de grands efforts, elle disposait encore de quelques couches de mémoire utilisables.

Une question plus importante émerga : est-ce que je la reconnaissais encore ? Qui était cette femme qui ressemblait à ma mère mais dont les yeux ne pouvaient masquer la confusion ? Ma mère était une personne indépendante qui, après le décès de mon père, avait vécu seule pendant plus de vingt ans. Peu préparée pour son soudain veuvage, elle apprit au cours des années à bien se débrouiller seule, physiquement, financièrement et socialement. Faisant partie d'une première génération d'immigrants, elle était déterminée à surmonter la pauvreté découlant de son éducation et, finalement, plus tard dans sa vie, elle arriva à apprécier une liberté pour laquelle elle n'avait pas été préparée.

La maladie d'Alzheimer, cette voleuse qui prend bien son temps, lui enleva cette liberté. Elle était devenue cette femme qui ne pouvait plus se souvenir de son histoire personnelle ou du nombre d'années qui s'étaient écoulées depuis le décès de son mari. Elle n'était pas capable de se rappeler l'endroit où se trouvait son argent ni même de quel montant il s'agissait. Ses prétendues années dorées se passaient à vivre dans un endroit qu'elle n'appela jamais une maison et à supporter un sentiment de désorientation qu'elle ne pouvait comprendre.

Un matin, son bras bien accroché au mien, nous nous baladâmes à l'extérieur du centre communautaire pour notre promenade dans la ville. Le trottoir devant le centre cédait la place à un immense cèdre qui écrasait la structure victorienne.

Tout à coup, ma botte s'enfonça dans une profonde fissure de l'allée et je fus projetée vers l'avant. Ma mère réagit instantanément, raidissant son bras et me tirant pour que je me redresse. Je retrouvai mon calme et lui souris avec reconnaissance.

« Est-ce que ça va? » me demanda-t-elle avec inquiétude. Je la regardai et l'émotion ressentie en voyant qu'elle me reconnaissait me donna la chair de poule. Ma vieille Maman, la Maman que j'avais toujours connue, me souriait; ses yeux étaient clairs, illuminés par la détermination, sans aucune trace de confusion.

Pendant un court instant, mon esprit retourna dans le passé, il y a de cela beaucoup, beaucoup d'années, lorsque j'avais vu ma mère me sourire de la même façon. Nous étions dans le Queens à New York, par une pluvieuse journée d'hiver. Il y avait eu des orages toute la semaine et notre Plymouth 54, qui n'aimait pas plus la pluie que nous, s'arrêta brusquement juste après un saut chez le teinturier pour récupérer les chemises de mon père. Comme nous étions assises toutes les deux dans la voiture, attendant patiemment la dépanneuse, ma mère m'enleva mes bottes de pluie et me chatouilla les pieds sous son manteau. Nous rîmes et parlâmes pendant qu'une voiture s'arrêta et stationna derrière nous sur la pente inclinée d'une petite colline. Une femme avec un foulard rouge et un manteau foncé coura jusqu'à un magasin de l'autre côté de la rue. Quelque chose dans le rétroviseur attira l'attention de ma mère. En un éclair, elle plongea pour ouvrir la portière de la voiture et me jeta dans la rue. Pendant ce temps, la voiture derrière nous se mit en mouvement depuis l'endroit où elle était stationnée et écrasa notre Plymouth sur la voiture garée devant. Mais nous étions hors de danger. Je me blottis con tre elle sous la pluie, levant les yeux avec étonnement. Elle me serra plus fort et sourit avec soulagement.

« Est-ce que ça va? »

Elle n'avait pas à le demander. Bien sûr que j'allais bien. J'étais dans les bras de ma mère.

Ces mêmes bras m'enveloppaient maintenant après mon faux-pas sur le trottoir et le même sourire me rassurait.

« Je t'aime tellement », dit-elle comme elle m'embrassait. « Je veux qu'il ne t'arrive rien. » Au cours de ma vie, je l'avais entendue très souvent dire cela mais pas récemment. Je me sentis folle de joie de retrouver ma mère d'avant.

Nous continuâmes à descendre la rue comme nous le faisions plusieurs fois par semaine depuis que je l'avais déménagée plus près de moi. « Je ne suis pas venue dans cette rue depuis des années », m'annonça-t-elle. Comme elle se tournait vers moi pour que je l'approuve, ce qu'elle faisait souvent étant donné l'univers imprévisible où se logeait son esprit, je vis que ma véritable mère était encore repartie.

Rien dans ma vie ne m'avait préparée pour la tâche difficile de prendre soin d'un parent atteint de la maladie d'Alzheimer. Notre tendre relation est devenue une sorte d'équilibre entre l'étrangeté et la familiarité. C'est une chose d'être peinée lorsqu'un parent nous quitte; c'en est une autre de devoir apprendre à aimer quelqu'un qui est encore présent mais que vous ne connaissez plus.

Même si je vois souvent ma mère, elle me manque beaucoup. Je continue à attendre avec impatience la prochaine fois où je pourrai tomber par hasard sur son ancien moi attachant, où je pourrai ressentir son amour m'envelopper et, ne serait-ce qu'un moment, continuer à me protéger contre la douleur de la perdre.

Sandra Rockman

Le visage de ma mère dans le miroir

« Tu ressembles vraiment à ta mère. »

La première fois que j'entendis quelqu'un prononcer cette phrase, je ne devais pas avoir plus de trois ou quatre ans. Je n'oublierai jamais le sentiment de fierté qui faisait gonfler ma minuscule poitrine à la simple pensée que l'on croyait que je ressemblais à ma maman.

Après ces paroles, pendant un moment, je me sentais un peu plus grande.

Gentille. Douce. Aimable. Affectueuse. Belle. Ce sont les premiers souvenirs que j'ai de ma mère. Pourtant, à mesure que je grandissais, j'étais moins transportée de joie à l'idée de lui ressembler.

J'ai dû entendre cette phrase un million de fois : « Tu ressembles vraiment à ta mère. » Lorsque j'eus huit ans, je comparai ma mère à une barrière étouffante séparant le « moi » que j'étais obligée d'être et le « moi » que je voulais être. Je commençai à haïr ces six mots, cette phrase.

Au moment où j'étais prête à franchir le seuil de la puberté, lorsque quelqu'un signalait la ressemblance, j'avais envie de crier. « Nooooooon! Je ne lui ressemble pas! Je ressemble à MOI! »

Quand je quittai la maison, notre relation pouvait se qualifier de plutôt turbulente. Pendant les trente années qui suivirent, notre seul point commun était la certitude de nos différences; le point essentiel de ces différences consistant en l'évidence du fossé entre les générations, ainsi qu'à certains des problèmes les plus « importants » du monde.

Par exemple, dans les années soixante, pendant que j'étais complètement folle de Tom Jones, ma mère était absolument convaincue que Bing Crosby était le plus grand chanteur que le monde a jamais connu. Dans les années soixante-dix, alors que le rôle des femmes évoluait de la traditionnelle femme au foyer à une entité indépendante et responsable de son propre gagne-pain et de son propre bonheur, Maman et moi étions à mille lieues d'être d'accord sur ce qu'elle croyait être mon désinvolte intérêt à trouver un homme pour « prendre soin de moi ». Et, dans les années quatre-vingt, quand je payai pour trois voyages en Europe, elle me reprocha de gaspiller « une petite fortune » dans des dépenses de voyage plutôt que de l'investir dans un plan de retraite. Et finalement, au début des années quatre-vingt-dix, nous nous chamaillions continuellement au sujet de la meilleure façon d'élever mon jeune fils.

« Cet enfant a besoin de suivre un horaire! » insistait-elle.

« C'est maintenant qu'il a faim », répondais-je sur la défensive.

Au cours de ces années, si elle disait « Noir », je disais « Blanc ».

Si je disais « Noir », elle disait « Blanc ».

Et cela continua ainsi.

Notre relation tournait autour de questions superficielles. Malheureusement, nous les traitions comme si nous étions des enfants. Nous chamaillant, cherchant la petite bête noire et rivalisant.

Jamais, pendant ces années, il m'arriva de penser — et je suis certaine que ce fut également le cas pour Maman — que le temps viendrait où nous serions obligées de mettre de côté nos différences, de nous comporter l'une envers l'autre dans un respect mutuel et de manifester l'amour incontestablement et profondément enraciné dans nos cœurs.

Ce moment arriva quand on lui diagnostiqua un cancer mortel, à un stade avancé. Alors, tout changea. Il n'y aurait plus de chamailleries. Plus de petite bête noire. Nous n'étions plus en compétition. Il ne restait plus beaucoup de temps. Et je pris conscience qu'il n'y avait jamais eu de temps.

Postée à son chevet à l'hôpital durant les cinq derniers mois de sa vie, je la vis s'affaiblir et devenir plus malade, à mesure que chacune des couches protectrices qui l'avaient protégée de ses fragilités les plus intimes disparaissaient petit à petit. J'en vins à comprendre quel supplice incroyablement compliqué est la mort — chimiothérapie, dialyse, bistouris et aiguilles, saignements, enflures, détérioration et même la souffrance de la démence provoquée par une médication inappropriée. Pourtant, malgré tout cela, ma mère maintint sa fierté et sa dignité — deux très importantes qualités que mon arrogance avait ignorées pendant toutes ces années de disputes.

Alors que l'horloge qui réglait sa vie s'approchait de minuit, nous fîmes la paix et je redécouvris la beauté, la douceur et la gentillesse de la femme à laquelle j'étais si fière de ressembler, il y avait si longtemps.

« Maman, je suis là », lui dis-je, lorsque j'arrivai autour de midi, la veille de sa mort. Même si ses médicaments contre la douleur voilaient ses sens, je suis certaine qu'elle savait que j'étais là. Elle bougea même légèrement la tête.

Mais ensuite, elle cessa de réagir.

Je restai à son chevet toute cette nuit-là. Hormis sa respiration pénible, le gazouillis monotone de son tube à oxygène et le bip sporadique des machines auxquelles elle était reliée, la chambre d'hôpital était calme. La faible lumière de l'équipement mural fluorescent au-dessus du lit créait une luminosité surréaliste très relaxante malgré l'extrême gravité du moment. J'étais installée sur une chaise à côté du lit. En alternance, je somnolais et me réveillais toutes les deux ou trois minutes. Quand je regardai l'horloge, elle indiquait cinq heures. La respiration de Maman était difficile et faible, mais semblable à celle des heures précédentes. J'essayai de demeurer éveillée, mais je ne pus m'empêcher de m'assoupir encore.

Vers cinq heures quarante, un peu avant le lever du soleil sur le jour de la Saint-Valentin, je me réveillai. Les machines étaient encore bruyantes, la pompe à oxygène gargouillait, mais de Maman, il ne venait que du silence. Et c'est de cette manière qu'elle s'éclipsa. Silencieusement, pendant que je dormais.

J'aime penser qu'en se débarrassant de la coquille fatiguée, complètement usée qui reposait dans le lit, Maman s'est sentie de nouveau entière. Et libérée de la souffrance. Et qu'avant de traverser de l'autre côté, elle jeta un dernier regard sur moi et vit qu'elle laissait derrière elle des traces d'elle-même.

J'aime croire qu'elle savait que mes sentiments pour elle étaient revenus comme ils étaient dans les tout premiers temps.

Quatre années ont passé et elle me manque encore tellement. Parfois, elle me rend visite dans mes rêves et elle m'assure qu'elle est encore tout près. C'est extrêmement réconfortant. Mais j'ai découvert que, lorsque je veux la voir, je n'ai pas à attendre le sommeil. Je peux simplement me tourner vers le miroir le plus proche. Le reflet qu'il me renvoie est peut-être le mien… mais le visage est celui de ma mère.

Devant ce que je vois, je me sens un peu plus grande.

Janis Thornton

La boîte aux lettres

« Tu es une mère formidable », écrivis-je sur la carte de fête des Mères où étaient dessinés des tournesols, des gants de jardin et un arrosoir. « Lorsque je revenais de l'école, tu m'accueillais avec des biscuits chauds et du lait. Tu as dirigé notre club 4-H et tu as travaillé dans notre association de parents d'élèves. Plus que tout, tu es mon amie, partageant avec moi l'amour de la beauté, la perplexité devant les mystères des hommes et le respect pour les enfants. »

Je marchai dans l'allée de gravier vers la boîte aux lettres, j'ouvris la porte métallique et j'y glissai la carte. Comme je fermais la porte et que je remontais le drapeau rouge, je me souvins d'une autre boîte aux lettres, il y a de cela très longtemps…

Lorsque j'étais enfant, je passais des heures dans une maisonnette d'enfant, située dans la cour arrière. Je l'avais décorée avec des rideaux accrochés à une ficelle, une jardinière remplie de soucis et une boîte aux lettres confectionnée avec une boîte à café.

La boîte était clouée au mur extérieur de la maisonnette, près de la fenêtre. Elle était recouverte de la peinture verte de la maison et, à l'intérieur, y était installée une petite tablette qui créait une surface horizontale plate.

Par une journée d'été ennuyeuse, je courus à la maison et trouvai ma mère en train de laver le plancher de la cuisine. « Maman, demandai-je. Peux-tu m'apporter du courrier? »

Elle se redressa et tint le balai-éponge d'une main, pendant qu'elle massait le creux de son dos avec l'autre. Elle sourit et ses yeux s'adoucirent en me regardant, moi son lutin bronzé avec des nattes. « Eh bien, oui, je crois que je peux, après avoir terminé le plancher, dit-elle. Tu retournes dans la maisonnette et tu attends un peu. Je serai là. »

Je courus donc dehors, faisant claquer derrière moi la porte moustiquaire. Je sautai dans l'allée de petites briques, passai sous la corde à linge jusqu'à la maisonnette, à côté du pommier nain. Je m'employai à la tenue de ma maison de petite fille, lavant la vaisselle de ma poupée, faisant le lit, balayant le sol avec mon balai jouet en paille de maïs.

Puis, j'entendis des pas sur le chemin de briques. « C'est l'heure du courrier », appela Maman d'une voix aiguë. Puis, j'entendis le toc des enveloppes frappant fermement l'intérieur de la boîte à café.

J'attendis pour lui laisser le temps de rentrer à la maison, puis je me précipitai à l'extérieur de la maisonnette et atteignis la boîte pour m'emparer de mon trésor. En fouillant bien, je trouvai trois enveloppes, un catalogue et un petit paquet. Quelle belle prise! Je m'assis sur la pelouse en pente qui conduisait au jardin pour ouvrir le tout.

Naturellement, je pris d'abord le paquet. Déchirant l'emballage fait avec un sac de papier brun d'épicerie, je soulevai le couvercle d'une minuscule boîte. Houah! Deux bâtons de gomme à mâcher Juicy Fruit; une poignée de pépites de chocolat, des raisins secs et des guimauves miniatures, le tout enveloppé dans du papier ciré, et une nouvelle gomme à effacer rose. Je dévorai la collation pendant que j'explorais le reste de mon courrier.

Feuilletant le catalogue de semences, je pris plaisir à regarder les images de fleurs brillantes et colorées. Puis, j'étalai les enveloppes dans ma main. Chacune d'elles était adressée à « Patty, Maisonnette, Cour arrière, Oregon » et oblitérée avec des timbres primes. Je glissai mon doigt sous le rabat de l'une d'entre elles et je la déchirai pour l'ouvrir. C'était le prospectus d'une compagnie d'assurances pour automobiles. Dans la suivante, je découvris une annonce pour un abonnement à un magazine, avec une centaine de minuscules timbres à coller sur le bon de commande. De la dernière enveloppe, je sortis une feuille de papier à lettres.

« Comment vas-tu ? » Je lisais la parfaite écriture en lettres d'imprimerie de ma mère. « Ici le temps est très beau, je trouve même qu'il fait un peu chaud. J'ai fait des conserves de fèves. Nous avons un charmant jardin, comme à l'accoutumée. Viens nous rendre visite. Tu sais que tu es toujours la bienvenue. Affectueusement. Maman. »

Elle avait signé en « lettres attachées » avec des fioritures au début du M et à la fin de la lettre « n ». Cela se passait probablement il y a quarante ans.

Je pensais que Maman et moi n'étions devenues de grandes amies que tout récemment. Mais, en me souvenant de la boîte aux lettres, je me rendis compte que j'avais tort. La mère, qui avait pris du temps sur son ménage pour ramasser du vieux courrier et des babioles à insérer dans un colis, écrire un message personnel et livrer le tout dans un vrai style théâtral, était déjà ma compagne spéciale, même en ce temps-là. Maman avait toujours été mon amie.

Pally Duncan

« Susie, tu n'es pas supposée commencer à me ressembler avant d'être beaucoup plus grande. »

Reproduit avec l'autorisation de Scott Masear.

Partir de la maison

« Je ne pleurerai pas », dis-je à mon mari, Chuck, alors que nous quittions la séance d'orientation offerte aux parents, plusieurs mois avant que notre fille commence l'université à l'automne.

Peut-être ces *autres* mères pleureraient-elles après avoir déposé *leurs* enfants à la résidence universitaire, mais pas moi. Je regardai autour de moi dans l'amphithéâtre, me demandant quelles seraient les mères pleurnichardes. Je pensais : *Je ne m'accrocherai pas à une boîte de mouchoirs lorsque le temps viendra de dire au revoir à Sarah. Je suis plus forte que ça. Pourquoi pleurnicher et sangloter simplement parce que ma petite fille grandit ?*

Nous avons passé l'après-midi à écouter les parents de ses camarades de classe plus âgés qui nous expliquaient que nos vies allaient changer lorsque nos enfants nous quitteraient pour l'université. Une mère expérimentée nous avertit que nous pleurerions pendant tout le voyage de retour.

Je donnai un coup de coude à Chuck. « C'est ridicule, dis-je. Pourquoi font-ils tout un plat de ce départ ? » Être une mère a toujours été important pour moi, mais — pour l'amour de Dieu — ce n'est pas tout ! J'ai un travail, j'ai des amis, j'ai une vie !

Sarah et moi passâmes l'été à nous agacer l'une l'autre. Je détestais la manière dont elle disait qu'elle ne pouvait plus attendre pour partir — comme si sa vie à la maison avec nous avait été une sorte de prise d'otage. Elle détestait ma façon de la harceler pour qu'elle nettoie sa chambre et place sa vaisselle dans l'évier, la façon dont je maugréais quand j'avais besoin de me servir du téléphone et qu'elle s'accaparait la ligne ; la façon dont je la questionnais sur ses allées et venues quand elle sortait avec ses amis. Après tout, elle avait dix-huit ans. Elle n'avait pas à pointer auprès de sa mère toutes les cinq minutes.

En août, à la bibliothèque, je rencontrai mon amie Pat qui se souvenait de l'an dernier et des semaines précédant le départ de sa fille pour l'université.

« Nous nous sommes disputées tout l'été, dit-elle. Je crois que c'était notre façon de nous habituer à ne plus vivre ensemble. Quand tu te disputes tout le temps et que tu es en colère, alors tu ne te sens pas aussi mal à propos de son départ. »

« Et, répondis-je d'un air pensif, elle ne doit pas se sentir si mal de partir lorsqu'elle est furieuse contre sa mère. »

Le jour du déménagement, nous l'aidâmes à déballer et à ranger ses affaires dans sa chambre à la résidence universitaire. Je disposai le drap extra-long pour lits jumeaux autour du matelas de Sarah pendant que Chuck montait une étagère de rangement pour son placard. Après le déjeuner, nous nous dîmes au revoir, nous nous embrassâmes sur le bord du trottoir, puis Chuck et moi démarrâmes.

La femme qui parlait lors de la séance destinée aux parents avait tort, pensai-je. *Ce n'est pas si mal.*

Deux jours après, je marchai vers sa chambre. La porte était ouverte, son lit était fait et tout le désordre de son enfance et de son adolescence avait disparu. Tout à coup, je me rendis compte : elle était partie.

Plus tard, alors que j'étais en train de passer l'aspirateur dans la salle de séjour, j'eus l'impression d'entendre quelqu'un dire « Maman », et j'arrêtai l'engin pour écouter à travers la porte des pas qui marchaient pour répondre à un appel d'enfant. Alors, je me rendis compte que j'étais toute seule dans la maison. Sarah était partie et rien ne serait jamais plus pareil.

J'avais très envie d'entendre sa voix. Je voulais savoir ce qu'elle faisait. Je voulais qu'elle s'assoie au bord de mon lit le soir, comme elle en avait l'habitude, et qu'elle me raconte sa journée, me parle de ses cours, de ses professeurs, de ses amis, des garçons qu'elle aimait bien, des garçons qui l'aimaient bien…

« Qu'est-ce qui ne va pas? » me demanda Chuck lorsqu'il revint à la maison. J'étais en train de couper des légumes à sauter. Il examina mon visage. « Est-ce que tu pleures? »

« Ce sont juste les oignons », reniflai-je pendant qu'une larme serpentait sur ma joue. Après le dîner, je dis : « Appelons-la. Peut-être qu'elle s'attend à ce qu'on appelle. »

« Ça fait seulement deux jours, dit Chuck. Donnons-lui au moins une semaine pour s'installer. »

Il avait raison, évidemment. Je ne voulais pas me transformer en une sorte de mère contrôleuse. Je me rappelais de ce que c'était que d'avoir dix-huit ans et d'être à l'extérieur de la maison pour la première fois. Elle rencontrait de nouveaux amis, apprenait de nouvelles choses, créait de nouveaux liens. Je devais lui laisser l'espace — la distance — dont elle avait besoin.

Puis le téléphone sonna. « Salut, Maman, me dit Sarah. Peux-tu m'envoyer des photographies pour les mettre sur mon tableau d'affichage? Et quelques toutous en peluche? »

Elle voulait son ourson. Elle voulait une photo de son père et moi — et une de son frère cadet. Elle aimait bien être à l'école, mais nous lui manquions aussi. Et puis elle commença à me raconter sa journée, à me parler de ses cours, de ses professeurs, de ses amis, des garçons qu'elle aimait bien, des garçons qui l'aimaient bien…

Beth Copeland Vargo

7

LA SAGESSE
D'UNE MÈRE

Nos promenades et nos conversations
avec nos enfants de deux ans
chaussés de bottes rouges ont beaucoup à voir
avec les valeurs qu'ils chériront en tant qu'adultes.

Edith F. Hunter

« Comment veux-tu que je t'entende
alors que je ne t'écoutais même pas ? »

Cesse de parler
et ouvre tes bras

Les enfants ont bien plus besoin de conseils et de sym-
pathie que de leçons.

Anne Sullivan

Mon amie me téléphona pour m'annoncer une nouvelle troublante. Sa fille célibataire était enceinte.

Mon amie raconta la terrible scène survenue lorsque sa fille leur parla finalement, à elle et à son mari. Il y eut des accusations et des récriminations, une sorte de variation sur le thème de : « Comment as-tu pu nous faire ça? » Mon cœur me fit mal pour eux tous : les parents qui se sentaient trahis et la fille qui en avait par-dessus la tête. Pourrais-je être d'une aide quelconque pour combler le fossé entre eux?

J'étais tellement bouleversée par la situation que je fis ce que je faisais habituellement quand je n'étais pas capable de penser clairement : j'appelai ma mère. Elle me rappela quelques-unes de ses paroles que j'avais souvent entendu prononcer au cours des années. J'écrivis immédiatement un mot à mon amie, pour partager le conseil de Maman : quand un enfant a des problèmes, cesse de parler et ouvre tes bras.

J'essayai de suivre ce conseil quand mes propres enfants grandirent. Avec cinq enfants en six ans, je ne réussis pas toujours, bien sûr. Je parle beaucoup et j'ai peu de patience.

Je me souviens du jour où Kim, mon aînée, âgée de quatre ans, avait renversé une lampe dans sa chambre. Après avoir vérifié qu'elle ne s'était pas coupée, je lui servis une longue suite de paroles pour lui faire savoir que cette lampe était une antiquité qui faisait partie de notre héritage familial depuis trois générations, qu'elle aurait dû faire plus attention et que je me demandais comment cela avait bien pu se produire — je vis alors de la peur sur son visage. Ses yeux étaient grands ouverts, ses lèvres tremblaient. Elle s'éloignait de moi. Je me rappelai les mots de Maman. Je m'arrêtai au milieu de ma phrase et lui ouvris mes bras.

Kim vola vers moi, disant à travers ses sanglots : « Je suis désolée… je suis désolée. » Nous nous assîmes sur son lit, nous embrassant et nous berçant pendant un long moment. Je ne me sentais pas bien du tout de lui avoir fait peur et de lui avoir fait croire, ne serait-ce qu'une fraction de seconde, que, pour moi, cette lampe avait plus de valeur qu'elle.

« Moi aussi, je suis désolée, Kim », lui dis-je quand elle fut assez calmée pour m'entendre. « Les personnes sont plus importantes que les lampes. Je suis heureuse que tu ne te sois pas coupée. »

Par bonheur, elle me pardonna. Il n'y eut pas de cicatrices permanentes suite à l'incident de la lampe. Mais cela m'enseigna qu'il vaut mieux tenir ma langue que d'essayer de retirer des paroles exprimées dans la colère, la peur, la déception ou la frustration.

Quand mes enfants étaient adolescents — les cinq en même temps — ils me donnèrent beaucoup d'autres occasions d'exercer la sagesse que m'avait enseignée Maman : les problèmes avec les amis, être « à la mode », n'avoir personne pour les accompagner à la remise des diplômes, des contraventions pour la voiture, les expériences scientifiques qui sont un fiasco et croire qu'on est soi-même un fiasco. Je confesse volontairement que le conseil de ma mère n'était pas la première chose qui me venait à l'esprit lorsqu'un enseignant ou un directeur d'école me téléphonait. Après être allée chercher le délinquant à l'école, dans la voiture, la conversation était parfois vive et unilatérale.

Pourtant, dans les occasions où je me souvenais des techniques de Maman, je n'avais pas à me rétracter d'avoir exprimé de cinglants sarcasmes ou m'excuser pour de fausses suppositions ou encore annuler des punitions irréalistes. Il est étonnant de voir à quel point on obtient beaucoup plus d'informations, et de motivation, quand on étreint un enfant, même si l'enfant a un corps d'adulte. Quand je tenais ma langue, j'étais aussi à même d'entendre leurs peurs, leur colère, leur culpabilité et leur repentir. Ils ne restaient pas sur la défensive puisque je ne les accusais pas. Ils pouvaient admettre leurs torts, sachant qu'ils étaient aimés, de toute façon. Nous pouvions travailler sur le « que penses-tu que nous devrions faire maintenant? » plutôt que d'être collés sur le « comment en sommes-nous arrivés là ».

Maintenant, mes enfants ont grandi et la plupart d'entre eux ont leur propre famille. L'un d'eux vint me voir il y a quelques mois. « Maman, j'ai fait une chose stupide... »

Après une étreinte, nous nous assîmes à la table de la cuisine. J'écoutai et approuvai de la tête pendant près d'une heure, pendant que ce merveilleux enfant explorait son dilemme. Quand nous nous levâmes, je reçus une étreinte d'ours qui faillit me causer un collapsus pulmonaire.

« Merci, Maman. Je savais que tu m'aiderais à résoudre ce problème. »

Il est étonnant de voir combien je parais intelligente quand je cesse de parler et que j'ouvre mes bras.

Diane C. Perrone

Le petit chien
pomme de terre

Shane, mon fils de quatre ans, me demandait un petit chien depuis plus d'un mois, mais son père continuait à dire : « Pas de chien! Un chien va creuser la terre du jardin et chasser les canards et tuer nos lapins. Pas de chien et c'est définitif! »

Chaque soir, Shane priait pour obtenir son petit chien et, chaque matin, il était déçu quand il s'apercevait qu'aucun chien n'attendait dehors.

J'épluchais des pommes de terre pour le dîner et il était assis sur le sol à mes pieds, quand il me demanda pour la millième fois : « Pourquoi Papa ne veut-il pas que j'aie un chien? »

« Parce que les chiens causent beaucoup de problèmes. Ne pleure pas. Peut-être Papa changera-t-il d'idée, un jour », l'encourageai-je.

« Non, il ne voudra pas et je n'aurai pas de petit chien dans un million d'années », gémit Shane.

Je regardai son visage sali, strié de larmes. Comment pouvons-nous lui refuser son seul souhait? Alors, je dis les mots qui furent d'abord prononcés par Ève : « Je connais un moyen pour faire changer Papa d'idée. »

« C'est vrai? » Shane essuya ses larmes et renifla.

Je lui tendis une pomme de terre.

« Prends-la et emporte-la avec toi jusqu'à ce qu'elle se transforme en petit chien, lui murmurai-je. Ne la laisse jamais hors de ta vue une minute. Garde-la avec toi tout le temps et, le troisième jour, attache une ficelle autour, tire-la dans le jardin et vois ce qui arrive. »

Shane saisit la pomme de terre avec ses deux mains. « Maman, comment peux-tu transformer une pomme de terre en petit chien? » Il la tourna et la retourna dans ses petites mains.

« Chhhut! C'est un secret! » lui murmurai-je, en le renvoyant à ses jeux.

« Seigneur, tu sais ce qu'une femme doit faire pour garder la paix dans son foyer! » priai-je.

Shane transporta fidèlement sa pomme de terre avec lui pendant deux jours; il dormait avec elle, prenait son bain avec elle et lui parlait.

Le troisième jour, je dis à mon mari : « Nous devrions vraiment acheter un animal de compagnie pour Shane. »

« Qu'est-ce qui te fait dire qu'il a besoin d'un animal de compagnie? » dit mon mari, en s'adossant dans l'embrasure de la porte.

« Bien, il transporte une pomme de terre avec lui depuis quelques jours. Il l'appelle Wally et il dit que c'est son animal de compagnie. Il dort avec elle sur son oreiller et, maintenant, il a attaché une ficelle autour et il la tire dans le jardin », dis-je.

« Une pomme de terre? » demanda mon mari et il regarda par la fenêtre et vit Shane qui emportait sa pomme de terre pour une promenade.

« Cela brisera son cœur quand la pomme de terre deviendra ramollie et pourrie », dis-je en commençant à sortir des aliments pour le déjeuner. « En plus, chaque fois que j'essaie d'éplucher des pommes de terre pour le dîner, Shane pleure parce qu'il dit que je suis en train d'assassiner la famille de Wally. »

« Une *pomme de terre*? demanda mon mari. L'animal de compagnie de mon fils est une *pomme de terre*? »

« Bien, dis-je en haussant les épaules. Tu as dit qu'il ne pouvait avoir un petit chien. Il était tellement déçu que, dans son esprit, il a décidé qu'il devait avoir un animal de compagnie... »

« C'est insensé! » dit mon mari.

« Peut-être as-tu raison, mais explique-moi pourquoi il tire cette pomme de terre par une corde dans le jardin », dis-je.

Mon mari regarda son fils pendant quelques minutes encore.

« Ce soir, je rapporterai un petit chien à la maison. Après le travail, j'arrêterai au refuge pour animaux. Je suppose qu'un petit chien ne peut pas causer tant de problèmes, soupira-t-il. C'est mieux qu'une pomme de terre. »

Ce soir-là, le père de Shane rapporta à la maison un petit chien frétillant et une chatte blanche enceinte dont il avait eu pitié alors qu'il était au refuge.

Tout le monde était heureux. Mon mari pensait qu'il avait sauvé son fils d'une dépression nerveuse. Shane avait un petit chien, une chatte et cinq chatons et croyait que sa mère détenait des pouvoirs magiques qui pouvaient transformer une pomme de terre en petit chien. Et j'étais heureuse parce que j'avais retrouvé ma pomme de terre que j'avais pu cuire pour le dîner.

Tout était parfait jusqu'à ce qu'un soir, pendant que je préparais le dîner, Shane me tira par la robe et demanda : « Maman, penses-tu que je peux avoir un poney pour mon anniversaire? »

Je regardai son charmant petit visage et dis : « Bien, d'abord, il faut prendre un melon d'eau... »

Linda Stafford

Un cœur qui pardonne

Ce matin-là, j'étais pressé de revenir à la maison après être allé faire des courses. Comme je tournais à droite pour atteindre mon quartier, légèrement assombri par les arbustes, un petit garçon portant un T-shirt jaune clair passa comme un éclair devant ma voiture. Il se tenait debout sur les pédales de son vélo rouge, pédalant à toute vitesse, inconscient de ma présence — ou de tout autre danger — sécurisé par son invincible immortalité de petit garçon.

Il passa à quelques centimètres — littéralement — de mon pare-chocs avant. J'écrasai la pédale de frein, un réflexe physique inutile, puisqu'il était déjà passé depuis longtemps. Je tremblais et mis une minute à reprendre mon souffle. En un terrible instant, la vie de ce garçon aurait certainement pu se terminer. Ses parents auraient eu de la peine à tout jamais et ma propre vie aurait été un cauchemar.

Je continuai à descendre la rue, me rappelant l'image du visage de l'enfant. Surexcité par ma peur, je pouvais clairement imaginer ses yeux ouverts dans un éblouissant mélange de bravade et de frayeur, le sourire éclatant et hautain éclairé par une nouvelle victoire sur le monde ennuyant des préoccupations adultes. Il était si singulièrement débordant d'énergie, si intrépide que mon choc d'avoir failli le tuer fut presque immédiatement remplacé par de la colère, à la limite de la rage.

Bouillonnant de rage — devant son insouciance, non la mienne — je revins à la maison. L'agitation apportée par ce quasi-accident me troubla la plus grande partie de la journée.

Puis, au crépuscule, je me souvins de Mikey.

Lorsque j'étais plus jeune, Mike Roberts était mon meilleur copain. Mon père était médecin dans une petite ville située près de la rivière Ohio et mes parents étaient des amis intimes des parents de Mike. En fait, un terrain vague séparait sa maison de la clinique de mon père.

Mikey, comme nous l'appelions, était aventureux et audacieux. Sa mère, Judy, était très à l'aise avec nous, les enfants, et confectionnait les meilleurs biscuits au beurre de cacahuète de l'univers. Ils ne fermaient jamais à clef leur porte, et leur maison était à mon entière disposition.

Un vendredi, ma mère projeta d'aller à Cincinnati pour magasiner et elle me dit que je devrais passer la journée chez les Roberts. Judy m'attendait. Je ne devrais pas manger trop de biscuits ou me promener à vélo sur la route.

Quand ma mère quitta la maison ce matin-là, je partis à vélo jusque chez les Roberts. Je me trouvais à peu près à cinquante mètres du virage qui conduisait à la rue de Mikey quand j'entendis un bruit que je peux encore quelquefois entendre dans mes rêves. C'était le violent crissement des pneus quand on appuie vraiment très fort sur le frein. Cela sembla durer un très long moment, même si je suis certain, après coup, que le bruit cessa rapidement. Et alors, il y eut le son strident du métal froissé. En un éclair, je filai sur mon vélo et tournai au coin de la rue à toute vitesse.

Il y avait un camion sur la route, tourné presque de travers. De l'autre côté de l'aile avant, il y avait le vélo rouge de Mike, plié comme s'il avait été réduit de moitié, avec les deux pneus écrasés l'un contre l'autre.

Mikey était couché sur la pelouse et un homme costaud était penché sur lui. Je descendis de mon vélo, le lâchai et courus à l'endroit où était étendu mon ami, silencieux et immobile sur un tapis de feuilles. À ce moment-là, la porte d'entrée de sa maison s'ouvrit et sa mère sortit. Je ne me souviens pas d'avoir vu quelqu'un courir si vite. En même temps, une civière apparut provenant de la clinique de mon père, suivie par mon père et un aide-soignant.

Instantanément, il y eut toute une foule. Judy était agenouillée à la tête de Mikey et sa main caressait doucement son front. Mon père dit à Judy de ne pas bouger son fils et il se pencha pour l'examiner. Le conducteur du camion s'assit lourdement quelques mètres plus loin. Il devait peser plus de quatre-vingt-dix kilos. Il avait de grandes épaules rondes et un cou épais, avec de profondes rides en cercle qui luisaient de sueur. Il portait une combinaison de travail bleue et une chemise écossaise rouge.

Maintenant, il était assis sur le gazon comme un taureau assommé. Sa tête reposait sur ses genoux relevés et ses épaules tremblaient mais je ne crois pas qu'il pleurait.

Je regardai fixement l'homme, essayant de lui faire sentir combien j'étais furieux. *Il n'avait probablement pas fait attention,* pensai-je. Un défaut assez familier chez les adultes que je connaissais. Ils me semblaient souvent négligents, et celui-ci avait frappé mon ami. Je voulais le blesser à mon tour de manière effroyable.

En quelques minutes, Mikey était éveillé et pleurait. Mon père l'avait immobilisé sur une planche et installé sur la civière. Judy tenait la main de Mikey et ils s'éloignèrent tous jusqu'à l'entrée des urgences de la clinique. J'étais resté seul avec le camionneur qui était maintenant assis, la tête baissée et appuyée sur ses bras croisés. Son corps tremblait encore comme s'il avait pris un coup de froid.

Nous étions assis en silence pendant ce qui sembla un long moment. Puis, Judy revint de l'entrée principale de la clinique et marcha vers nous. Elle dit que Mike s'en sortirait. Seul son bras avait été touché. Cela aurait pu être bien pire.

Je pensai qu'assurément elle giflerait le chauffeur ou au moins qu'elle lui servirait une sévère remontrance. Mais ce qu'elle fit, en fait, me stupéfia. Elle lui dit de venir avec elle dans sa maison. « Et toi aussi », me dit-elle.

Elle demanda son nom au chauffeur et lui dit de s'asseoir près de la cheminée et elle ajouta qu'elle lui offrirait du café. Il leva la main en signe de refus mais elle apporta du café quand même, en même temps que du lait et des biscuits pour moi. Stan, le chauffeur, ne pouvait ni manger, ni boire. Il s'assit dans le fauteuil bleu, le remplissant complètement. De temps en temps, il tremblait et Judy plaçait son bras autour de ses épaules et lui parlait avec sa merveilleuse douce voix : « Ce n'est pas votre faute. Vous n'alliez pas vite. Mikey prend des risques stupides et j'en suis tellement désolée. Je suis simplement heureuse qu'il n'ait pas été grièvement blessé. Et je ne vous reproche rien. Vous ne devriez pas le faire non plus. »

Je l'écoutais, incrédule. *Comment pouvait-elle dire de pareilles choses à l'homme qui avait failli tuer son fils, mon ami? Qu'est-ce qui lui prenait?* En peu de temps, elle avait réconforté le chauffeur — du moins c'est ce qui me semblait — et il se leva pour partir.

Comme il atteignait la porte, il se tourna vers elle et dit : « J'ai un fils, moi aussi. Je sais ce qu'il a dû vous en coûter de m'aider. »

Puis, pour ajouter une autre surprise à la journée, elle se leva sur la pointe des pieds et l'embrassa sur la joue.

Je n'ai jamais été capable de comprendre comment Judy pouvait rassurer et réconforter un homme qui avait failli tuer son fils... jusqu'à aujourd'hui, quand je tournai le coin d'une rue vers mon quartier familier et que je passai à quelques centimètres de ce qui aurait certainement été un acte irréversible et terrible.

Essayant encore de me débarrasser de la terreur qui avait occupé mon esprit toute la journée, je pensai à la mère de Mikey et à cette journée d'automne, il y a très longtemps.

Et même si personne n'était là pour me réconforter, pour me dire que ce n'était pas ma faute, que des choses regrettables surviennent même si nous sommes prudents, le souvenir de ce jour traversa le temps pour m'aider.

L'empathie de cette mère comme d'ailleurs tous les autres cadeaux de bonté ne disparaissent jamais de ce monde, et on peut faire appel à eux pour consoler et pour apaiser. Et cela continuera … peut-être pour toujours.

W. W. Meade

J'aime les gens. J'aime ma famille, mes enfants… mais à l'intérieur de moi, il y a un endroit où je vis toute seule et c'est là que je reconstitue la source qui ne tarit jamais.

Pearl S. Buck

Une leçon sucrée

Le cœur d'une mère est la salle de classe d'un enfant.

Henry Ward Beecher

Mon père adorait les abeilles. Quand une abeille sauvage bourdonnait aux alentours, Papa arrêtait son travail du moment, quel qu'il fût, et attendait que l'abeille se remplisse de nectar. Aussitôt qu'elle avait fait le plein, elle filait droit comme une flèche vers sa ruche dans les bois. Notre père se mettait alors à courir après elle. Même s'il la perdait de vue, il pouvait dire d'une manière approximative où elle finirait par aboutir, car les abeilles se dirigent tout droit lorsqu'elles retournent à leur ruche.

Chaque fois que mon père trouvait un arbre creux avec un essaim d'abeilles niché à l'intérieur, il rendait visite au propriétaire du terrain et obtenait la permission de couper l'arbre. Papa donnait toujours tout le miel au propriétaire en échange des abeilles. C'est ainsi qu'il se construisit un énorme rucher, qui finit par devenir une part importante de notre revenu familial.

Un essaim d'abeilles pouvait mourir de faim durant l'hiver si ses réserves de miel s'épuisaient avant que les fleurs éclosent. Systématiquement, les apiculteurs aidaient leurs abeilles à survivre pendant les mois de froidure en les nourrissant avec du sirop fait de sucre et d'eau.

Durant la Première Guerre mondiale, il y eut une grave pénurie de sucre dans notre pays. Le gouvernement rationnait le sucre, en même temps que plusieurs autres aliments. Cela créa une énorme demande de miel comme produit de substitution. À cause de ce besoin en miel, les apiculteurs se voyaient attribuer une ration supplémentaire de sucre pour garder leurs abeilles en vie tout au long de l'hiver. Nous gardions notre attribution du gouvernement dans un baril à l'intérieur de notre cuisine d'été. Nous, les enfants, savions que ce sucre ne devait être utilisé que pour nourrir les abeilles.

À cause de ces pénuries, notre pays souffrit durant la Première Guerre mondiale; c'était souvent difficile pour les mères de cuisiner de bons repas à leur famille. C'était particulièrement une lutte quand des gens venaient nous rendre visite.

Un jour, nous reçûmes un mot annonçant que certains de nos parents préférés, qui demeuraient à plusieurs kilomètres, viendraient nous rendre visite le lendemain. Nous étions tellement excités. Maman commença à planifier le dîner qu'elle préparerait pour leur visite. Avec nostalgie, elle dit : « Oh! comme j'aimerais faire un gâteau! » Elle était très fière de ses superbes gâteaux. Cependant, notre mince ration de sucre destinée à la famille avait déjà été utilisée, donc il était impossible de confectionner un gâteau.

Bien sûr, nous, les enfants, avions autant envie de ce gâteau qu'elle! Nous la suppliâmes de prendre le sucre nécessaire pour le préparer dans la ration des abeilles de Papa. Nous soutînmes qu'il n'était pas possible au gouvernement de le savoir. Finalement, elle céda. Elle sortit, se dirigea vers le baril de sucre de la cuisine d'été et l'utilisa pour cuisiner sa délicieuse recette de gâteau aux œufs. Il fallait être habile pour cuire un gâteau parfait dans un four chauffé au bois, mais notre mère en était capable. Lorsqu'elle finit de le décorer avec son glaçage spécial à la meringue, nous étions tellement fiers de le servir à nos invités.

Quelques jours plus tard, ce fut le temps pour notre famille de sept de recevoir notre ration mensuelle de sucre. Papa se rendit à l'épicerie pour l'acheter. L'épicier plaça le sucre dans un tout petit sac de papier brun et l'attacha solidement. Lorsque Papa revint à la maison, il plaça le sac sur notre table.

Maman regarda un moment le paquet. Puis, elle sortit l'ustensile qu'elle avait utilisé pour mesurer le sucre du gâteau. Comme nous, les enfants, regardions avec respect et incrédulité, elle mesura exactement la même quantité qu'elle avait utilisée. Puis, nous la suivîmes solennellement alors qu'elle se rendait jusqu'au baril de sucre et l'y versai.

La maigre quantité prise dans le haut du petit sac de papier était minuscule pour une famille de sept, mais cela devait nous suffire pour notre ration mensuelle. De quoi donner à réfléchir à un petit enfant qui aimait les sucreries. Maman ne fit pas d'histoires à ce propos. Pas d'éclat. Elle ne nous servit pas de sermon sur l'honnêteté. C'était simplement un geste naturel de sa part, conformément à l'intégrité avec laquelle mon père et elle menaient leur vie.

J'ai maintenant quatre-vingt-douze ans. Il est bien loin le temps où j'étais une petite fille qui se dressait sur la pointe des pieds pour s'efforcer de voir le dessus de la table de cuisine de ma mère. Beaucoup de choses ont changé durant ma vie. Je fais encore des gâteaux lorsque l'on vient me visiter, mais j'utilise maintenant une préparation commerciale parce que je ne peux demeurer debout aussi longtemps qu'avant. Je n'utilise plus de four à bois. Et évidemment, il n'y a pas de rationnement de sucre dans notre pays.

Mais certaines choses ne doivent jamais changer. Ainsi ai-je raconté plusieurs fois à mes enfants et à mes petits-enfants et même à mes arrière-petits-enfants cette histoire sur l'honnêteté inconditionnelle de ma mère. Elle ressemblait à ces abeilles que mon père aimait suivre. Vous pouviez toujours compter qu'elle choisirait le chemin de l'honnêteté toute sa vie, et elle le suivrait aussi droit qu'une flèche. Grâce à cela, elle a modelé paisiblement quatre générations de notre conscience familiale.

Mildred Bonzo

Les lunettes de soleil

Nous avons une photographie de lui quelque part. Celle d'un enfant de cinq ans, le cœur brisé, effondré sur un banc de Disney World, luttant contre les larmes qui lui montaient aux yeux, les lèvres si tendues qu'on pouvait presque les voir trembler, les oreilles de feutre de son Mickey Mouse repliées sur un côté.

Ou peut-être n'avons-nous pas de photographie, sauf dans notre esprit. Et pourtant, mon mari et moi partageons la même image. Un jour ensoleillé, une lumière blanche se reflétant sur les fenêtres de la rue Principale, réfléchissant des douzaines de voitures aux roues chromées, la lumière et la chaleur scintillant partout et nos deux enfants réclamant des lunettes de soleil. « S'il te plaît, Maman? S'il te plaît, Papa? S'il vous plllllaît! »

Après nous être engouffrés dans un magasin, Rob choisit des lunettes Donald Duck, un truc bleu et blanc en plastique qui glissait sur son nez et le faisait ressembler beaucoup plus à Scrooge McDuck qu'à Donald Duck. Mais nous ne le lui dîmes pas. Il adorait ces lunettes. Lauren qui, à trois ans, s'intéressait déjà à la mode, choisit des lunettes roses Minnie Mouse parce qu'elle était vêtue de rose ce jour-là.

Ils les portèrent en sortant du sombre magasin dans la lumière du jour, remontant la rue Principale, à travers le château et à l'intérieur de Fantasyland. Durant « Le vol de Peter Pan », ils les enlevèrent et les tinrent fermement dans leurs mains, et ils firent de même dans « Pirates des Caraïbes ». Dans « La folle balade de M. Toad », ils les portaient aussi, je le sais, parce que nous avons une photographie d'eux souriant et saluant de la main.

Puis, je ne sais comment, je ne sais où, peut-être lorsqu'il descendit de la balade, peut-être lorsqu'il s'arrêta pour attacher sa chaussure ou arranger ses oreilles Mickey, ou peut-être pendant notre repas, les lunettes Donald Duck disparurent. Et Robbie, qui avait cinq ans et qui adorait ces lunettes, pleura.

« Si tu les avais aimées, tu leur aurais fait plus attention », lui dîmes-nous. Ou quelque chose de semblable. Imaginez. Mais nous étions jeunes et nouveaux dans ces choses parentales et ne devions-nous pas lui enseigner à faire attention à ses choses? N'était-ce pas notre devoir de nous assurer qu'il savait que l'argent ne poussait pas dans les arbres?

Combien coûtaient ces lunettes? Un dollar? Deux dollars? Quel mal y aurait-il eu à essuyer ses larmes et à lui dire : « Allez viens, nous allons t'en acheter une autre paire. Je sais que tu n'avais pas l'intention de les perdre. » Serait-il devenu une mauvaise personne en grandissant? Aurait-il été imprévisiblement corrompu?

Lauren dit : « Tu peux prendre les miennes, Robbie. » Mais il n'en voulait pas. Elles étaient roses et c'était bon pour les filles. Et les siennes étaient bleues et c'était pour les garçons. Elles avaient disparu et il les avait adorées, et il était malheureux.

Si j'avais à le refaire, j'aurais descendu d'un pas vif la rue Principale et j'aurais acheté une paire de lunettes Donald Duck toutes neuves et j'aurais prétendu que je les avais trouvées sur le sol. J'aurais crié : « Hé! Regarde ce que j'ai trouvé! » Et il se serait levé d'un bond et serait arrivé en courant et il aurait ri et il aurait lancé ses bras autour de moi et il aurait mis ces lunettes, et ce serait devenu le souvenir de cette journée.

On vit et on apprend.

Il y a quelques mois, nous étions à Orlando, pas exactement sur la scène du crime, mais assez près. Notre fils, un adulte depuis longtemps, y était par affaires et nous prîmes l'avion pour le rencontrer et, dans l'agitation de la location d'automobile et des restaurants et des allées et venues, devinez quoi ? Il perdit ses lunettes de soleil.

Nous ne le grondâmes pas, nous ne pensâmes même pas à lui dire que, s'il les avait vraiment aimées, il en aurait mieux pris soin parce que les gens perdent toujours des choses. À la place, nous agîmes comme la plupart des adultes le font pour d'autres adultes : nous l'aidâmes à se souvenir où il pouvait les avoir perdues et — que pensez-vous — il les retrouva dans une salle de conférence où il était allé le jour précédent.

Il souriait lorsqu'il marcha vers la voiture, ses pas étaient rapides et légers, ses lunettes cachaient ses yeux, rien pour se rappeler l'enfant de cinq ans encore en lui.

Sauf que je réalisai.

Il était mon premier enfant et c'est plus difficile pour le premier parce que nous sommes nouveaux et que nous voulons suivre les règles et nous ne voulons pas faire de gaffes et être trop mous, mais nous faisons des gaffes de toute façon, savez-vous pourquoi ?

Je sais qu'en tant que parents, nous avons l'obligation d'éduquer nos enfants. Mais je sais aussi que tout n'a pas à devenir une leçon. Que quelquefois, des lunettes de soleil perdues sont simplement ce qu'elles sont : des lunettes de soleil perdues et rien de plus.

Beverly Beckham

Silence

*Le rire d'un enfant rendra le jour le plus saint encore
plus sacré.*

Robert G. Ingersoll

Le bruit est presque assourdissant. Gambadant dans la salle de séjour, mon fils assemble ses cubes. Ils claquent les uns contre les autres pendant qu'il construit méticuleusement un gratte-ciel. « Vrooooom! Vrooooom! » J'entends son imitation de bruit de voiture et je peux imaginer la suite. Boum! Brandon pousse des cris de joie. Sa voiture vient tout juste d'entrer en collision frontale avec un gratte-ciel.

« Tout cassé, Maman! hurle-t-il. Maman, viens! Tout cassé! »

« Juste une seconde! » lui criai-je.

« Juste une seconde! Juste une seconde! » me répète-t-il en criant comme un perroquet.

« Maman! Viens, Maman! » Ses cris sont incessants. Et très, très forts.

« Assis-toi et tais-toi! » lui dis-je impatiemment.

Puis je restai figée sur place. Je viens juste de prononcer les mots que j'avais juré ne jamais laisser traverser mes lèvres.

Nullement ébranlé, Brandon continue de hurler, mais je l'entends difficilement maintenant. Je me rappelle maintenant ce que je m'étais promis et le pourquoi de cette promesse.

Notre premier fils, Matthew, était né avec une malformation au cœur. Parce que nous ne savions pas combien de temps nous resterions ensemble, nous vécûmes chaque jour comme si c'était le dernier. Rien ne pouvait m'empêcher de jouer avec Matthew. L'époussetage, la lessive, les tâches ménagères — tout restait en plan car je chérissais mes moments avec lui.

J'étais une mère au foyer et fière de l'être; je ne pouvais imaginer aucun emploi comparable à celui-ci. Ce travail ne comportait pas de titre prestigieux et notre budget était serré, mais rien ne pouvait remplacer mon salaire sous la forme de premiers pas, de premiers mots, de sourires, d'étreintes et de baisers. J'avais l'habitude de recevoir ma paye dans une terne enveloppe blanche. Comment était-il possible de comparer ce salaire avec le sentiment que j'éprouvais lorsque je tenais mon fils, une sensation chaude et entière qui prenait naissance au plus profond de moi et qui grandissait comme un lever de soleil éclatant? C'était ma vocation. Je savourai mes moments avec Matthew et je me réjouissais du nouveau bébé qui remuait déjà dans mon ventre.

Quand je fus enceinte de six mois du bébé numéro deux — l'actuel Brandon turbulent qui joue dans la pièce d'à côté — nous partîmes de notre maison située en Allemagne afin de nous rendre en Suisse pour une intervention chirurgicale destinée à Matthew. Nous avions effectué des recherches minutieuses afin de trouver le meilleur chirurgien au monde pour cette intervention. Son travail avec Matthew fut exceptionnel.

Mais des complications survinrent. Matthew mourut. Un silence assourdissant remplit les trois mois suivants.

Dans la maison vide, je tendais l'oreille pour entendre Matthew crier « Maman! » Je me réveillais au milieu de la nuit attendant qu'il pleure, qu'il crie à pleins poumons, n'importe quoi! Mais tout ce qui me parvenait n'était qu'un silence oppressant.

Jamais je ne dirai à un de mes enfants de s'asseoir et de se taire, jurai-je. *Jamais*.

Brandon brisa ce silence deux jours avant Noël, sortant de mon ventre en donnant des coups de pied et en hurlant. Il apportait avec lui un cœur parfaitement robuste ainsi que l'énergie et l'agitation de dix enfants.

Et il n'a jamais cessé. Il est maintenant debout devant notre barrière de sécurité pour enfant, appelant encore : « Maman! » Je vais vers lui et il tend les bras en souriant. « Serrer fort, Maman. » Je l'enveloppe dans mes bras et je le tiens très serré. Un autre chèque de paye.

Comme je le remets sur ses pieds, il tire sur mon pantalon et dit : « Viens! Viens, Maman! Assis, Maman », m'attirant dans son jeu. La salle de séjour est parsemée de petites voitures et de cubes. Je me tourne vers la cuisine et vois de la vaisselle empilée très haut, trois paniers de vêtements propres prêts à repasser. « Assis, maintenant! » Brandon ordonne, ses yeux étincelants d'excitation.

« Quel est le mot magique? » dis-je.

« S'il te plaît! » crie-t-il. Je m'assois sur le sol. Jouer avec des petites voitures peut être terriblement amusant et j'aurai bien assez de temps pour nettoyer la maison quand Brandon aura dix-huit ans.

Nous vrroooomons et poussons des cris. Nous sommes très, très bruyants.

Appelle-moi autant que tu veux, mon fils. Cours partout. Remplis notre vie et notre maison du trottinement de tes petits pieds et de la merveilleuse musique de ton rire d'enfant. Seulement rappelle-toi, quand tu grandiras et que tu auras tes propres enfants, de ne pas leur dire de s'asseoir et de se taire.

Le silence n'est pas toujours d'or.

Debbie Gilmore

8

LES MIRACLES

En présence de l'amour,
des miracles se produisent.

Robert Schuller

Le bébé miracle

La foi est une manière de posséder déjà ce que l'on espère, un moyen de connaître des réalités que l'on ne voit pas.

Épître aux Hébreux 11:1

Il était né six semaines et demie avant terme par une chaude journée d'août 1967 et il fut rapidement amené dans une couveuse qui l'attendait. Pesant 2,125 kg seulement et ressemblant à une poupée partiellement gonflée, il était tout de même le plus beau bébé qu'elle avait jamais vu.

Le docteur Carter, le père du bébé, essaya de dire à sa femme, Donna, de ne pas trop espérer — leur bébé souffrait d'une grave jaunisse. Plus que tout au monde, il aurait voulu lui dire que leur enfant allait très bien, tout spécialement après trois fausses couches, et après toute la tristesse qu'ils avaient ressentie, et toutes les larmes qu'ils avaient versées. Mais leur bébé n'allait pas bien.

Malgré toute sa formation médicale et son expérience, le docteur Carter s'étrangla en disant ces mots. Mais il savait qu'il devait lui expliquer que le bébé qu'ils désiraient tant depuis des années ne vivrait probablement pas — peut-être quarante-huit heures tout au plus. Il devait la préparer pour ce qui allait se passer.

Elle nomma immédiatement le bébé Jeffrey, comme son mari. Comme la jaunisse du bébé empirait, des confrères vinrent les consoler. Ils hochèrent la tête et essayèrent de les encourager du mieux qu'ils le pouvaient. Mais ils savaient que les nouvelles étaient loin d'être bonnes. Même s'il survivait, à moins que le foie du petit Jeffrey ne commence à fonctionner bientôt, la jaunisse produirait des dommages irrémédiables à son cerveau.

Donna dit à tous qu'il irait bien. Elle savait que son bébé allait vivre. Les infirmières avaient pitié d'elle, étant donné que son bébé allait probablement mourir de toute façon et ainsi, elles la laissèrent le prendre. Lorsqu'elle toucha son minuscule, fragile corps et murmura qu'il allait grandir et devenir un homme fort, en bonne santé, le petit Jeffrey sourit. Elle raconta la chose aux infirmières et elles la regardèrent tristement, en lui disant que les bébés font des sourires involontaires et qu'elle avait besoin de repos. Elles n'eurent pas le courage de lui en dire plus.

La famille élargie discuta des arrangements funéraires avec son mari et avec le prêtre de la paroisse. Ils vinrent finalement en parler avec Donna. Elle commença à pleurer et demanda à tout le monde de quitter la chambre d'hôpital. Son bébé n'allait pas être enterré. Il allait rentrer à la maison, jaunisse ou pas. Elle ne voulait même pas penser aux funérailles.

À soixante-deux heures, on fit encore une numération globulaire du sang du bébé. La jaunisse avait considérablement diminué! Le petit Jeffrey commença à manger toutes les deux heures. Donna demanda à le prendre le plus possible et elle lui parla. Comme il n'avait pas besoin d'oxygène, les infirmières se plièrent à sa requête. À l'examen suivant, la numération avait baissé de deux autres points. Donna commença à organiser sa fête de bienvenue.

Jeffrey rentra à la maison presque trois semaines après sa naissance. Toutefois, ce n'était pas la fin de l'histoire.

Six semaines plus tard, lors de son premier bilan de santé, le pédiatre dit à Donna qu'il pensait que le bébé était peut-être aveugle ou qu'il avait des dommages aux yeux. Elle répondit que cela était absurde puisqu'il la suivait du regard. Après quelques tests, cela se révéla une fausse alerte. Pourtant, pendant la première année, le bébé ne fit pas beaucoup de progrès. Il passa des examens de routine, mais Donna savait qu'il semblait très en retard dans son développement. Avait-il souffert de sérieux dommages au cerveau suite à la jaunisse?

À treize mois, Jeffrey fit soudain une petite attaque. Ils l'amenèrent en urgence à l'hôpital et on diagnostiqua une possible tumeur au cerveau. Après plusieurs tests et radiographies, le neurologue dit que Jeffrey était hydrocéphale — de l'eau dans le cerveau — et qu'ils devraient l'opérer immédiatement pour placer un *shunt* permanent à l'intérieur de sa tête. À ce moment-là, les opérations de ce genre étaient encore assez expérimentales. C'était la seule procédure connue pour que ces enfants continuent à vivre.

Une fois encore, Donna n'accepta pas complètement le diagnostic. S'il était hydrocéphale, pourquoi est-ce que cela ne se développait que maintenant? Ses amies lui dirent qu'elle faisait preuve de dénégation. Elle devrait plutôt écouter les médecins.

Bien sûr qu'elle ferait ce qui était nécessaire pour aider son fils, mais elle avait aussi préparé son propre plan d'action. Trois jours avant l'opération, elle appela toutes les personnes qu'elle connaissait dans plusieurs États et leur demanda de prier à 19 h chaque soir avant l'opération. Elle leur dit de demander à d'autres de se joindre à eux s'ils le pouvaient.

Quand arriva le jour de l'opération, elle se sentait calme. Des amis dans sept États priaient pour son fils. Plus tard, à sa surprise, elle apprit que ses amis avaient appelé des personnes, qui avaient alors appelé d'autres personnes et qu'au bout du compte l'on avait trouvé des centaines de personnes pour prier à 19 h, pendant trois soirs successifs. Même un groupe de personnes en Israël faisait partie de ceux qui priaient! Et tout cela pour un minuscule enfant qu'aucun d'entre eux ne connaissait.

L'opération commença très tôt. Donna et son mari arpentèrent les couloirs de l'hôpital. Après ce qui sembla seulement une courte période de temps, le neurochirurgien arriva en courant, agitant frénétiquement des radiographies. Il avait le sourire jusqu'aux oreilles. « C'est un miracle! Nous n'avons rien eu à faire. Nous avons fait le dernier test à travers la partie plus molle du crâne du bébé et il n'y avait rien. Il n'est pas hydrocéphale. »

Ils commencèrent tous à pleurer et à rire en même temps. Le neurochirurgien dit qu'il ne savait que penser. Il n'avait aucune explication pour ce phénomène.

Donc Jeffrey revint à la maison, encore une fois accueilli par une foule débordant de joie de parents et d'amis. Toutes les personnes qui avaient prié pour lui furent averties des résultats et remerciées pour leurs prières. Il ne fit plus jamais d'autre attaque.

Pourtant, d'après le calendrier de tout le monde, il se développait très lentement. Lorsqu'il eut trois ans, il passa un examen médical et le médecin regarda sévèrement Donna; il lui demanda si elle et son mari n'avaient jamais songé à le placer dans une institution. Donna était stupéfaite. *Le placer dans une institution? Comment quelqu'un pourrait-il faire cela?* Elle refusa et le sujet ne fut plus jamais abordé par la suite.

À la place, Donna organisa plutôt la salle de jeu du sous-sol comme une école Montessori. Jeffrey n'apprenait pas vraiment à parler; elle travailla donc avec lui en utilisant des techniques d'apprentissage qui impliquaient tous ses sens — la vue, l'odorat, le toucher, le goût et l'ouïe. Donna croyait que Jeffrey était normal et qu'il ne suivait tout simplement pas le même calendrier que les autres.

Elle lui enseigna les couleurs en utilisant des M&Ms. Il apprit rapidement le nom des couleurs et bien d'autres choses. Et, alors qu'à trois ans et demi il ne disait pas plus que quelques mots, sa première phrase complète fut : « Passe-moi le ketchup! » Il progressait rapidement lorsqu'il apprenait quelque chose de nouveau — non pas petit à petit comme le faisait sa sœur, mais à pas de géant, comme s'il

avançait tout d'un coup. Cette manière d'apprendre caractéristique le suivit toute sa vie.

Quand Jeffrey eut quatre ans, Donna voulut qu'il fré-
quente une véritable maternelle tout comme sa sœur. La
première année, il joua constamment avec la fontaine. Il
ouvrait et fermait l'eau continuellement. Les enseignants
dirent que c'était un gaspillage d'argent que de l'envoyer à
l'école. Il serait bien mieux dans une « école spéciale ». Ils
expliquèrent qu'il était « lent »; exaspérée, une enseignante
souligna que Jeffrey était attardé et qu'elle était à même de
reconnaître le problème — elle enseignait depuis vingt-cinq
ans!

Donna demeura ferme. Si elle continuait à payer pour
lui, seraient-ils d'accord pour le garder une autre année? Ils
acceptèrent à contrecœur mais seulement si on lui interdisait de jouer avec la fontaine. Donna accepta l'entente.

L'automne suivant, il retourna en maternelle. Cette fois-
ci, il commença à construire des structures architecturales
complexes et à examiner tous les dinosaures en plastique
dont il connaissait le nom, les classifiant par type. Il trouva
de nouveaux intérêts à jouer avec des cubes comportant des
chiffres; il parlait et posait une question, puis une autre
question, puis une autre question. Il était plus sociable et ne
jouait plus avec la fontaine. Les professeurs ne pouvaient le
croire. Finalement, il semblait intelligent!

Cependant, lors de son examen pédiatrique, son nouveau médecin dit qu'il croyait que Jeffrey avait besoin de
passer des tests. Il avait l'impression que son développement marquait du retard. Après examens, le pédiatre,
maintenant renommé au niveau national dans sa discipline, affirma que Jeffrey était autiste. Donna décida qu'elle
en avait assez! Depuis sa naissance, les médecins avaient
« diagnostiqué » Jeffrey comme étant peut-être (1) aveugle,
(2) hydrocéphale, (3) épileptique, (4) attardé et finalement
maintenant (5) autiste. Si elle et son mari avaient écouté les

experts, les amis bien intentionnés et même certains membres de la famille, Jeffrey aurait été placé en institution. Donna resta polie mais elle dit qu'elle ne croyait pas du tout que Jeffrey souffrait d'autisme. Il était en maternelle et il commencerait sa première année de primaire à temps.

À part le fait de manquer de coordination et de ne pas avoir d'habiletés motrices très développées, les années d'école primaire de Jeffrey ne furent pas différentes des autres. Ses capacités d'apprentissage étaient parfaitement normales. Il fit partie des scouts, obtint des mentions, une bourse présidentielle pour le collège, deux bourses d'études pour l'université et il fut placé dans toutes les classes de surdoués. Son examen d'entrée à l'université stupéfia tout le monde.

Mais ce n'est pas encore la fin de l'histoire.

Après avoir réussi ses examens universitaires avec mention, Jeffrey fut encouragé à entrer en faculté de médecine. Donna lui disait toujours qu'elle croyait que sa vie avait un but particulier et qu'il était là pour aider les gens. Après avoir réussi ses études de médecine, Jeffrey fut accepté pour son stage de résidence dans une prestigieuse clinique.

Un jour, alors qu'il faisait une rotation en salle d'urgence, un homme âgé surgit. Il était suicidaire et, dans un ultime effort, l'un de ses amis l'avait amené afin qu'il parle à quelqu'un. Jeffrey le vit et il lui posa des questions sur sa vie. L'homme lui dit combien il était triste en raison de son récent divorce et de son licenciement pour cause de réduction d'effectif — il avait ce travail depuis des années. Il était désespéré, il croyait que sa vie était terminée et que rien de ce qu'il avait accompli n'avait compté. Jeffrey lui parla un moment et, après lui avoir fait passer quelques examens, lui remit une ordonnance qui l'aiderait pour les jours suivants. Jeffrey s'arrangea pour le faire voir par un travailleur social qui le suivrait pendant le mois suivant.

Tout à coup, le patient regarda l'insigne du médecin et dit : « Jeffrey Carter? Est-ce que votre mère se nomme Donna? »

Jeffrey acquiesça. « Pourquoi? Oui. Comment savez-vous cela? »

« Vous êtes le bébé miracle! Vous êtes le bébé miracle!, cria l'homme, tout excité. J'ai prié pour vous quand vous étiez à l'hôpital et maintenant, vous êtes médecin! »

Jeffrey confirma qu'il était né au Minnesota et qu'il était maintenant retourné « chez lui » pour compléter sa formation médicale.

Le vieil homme sourit et contempla son nouveau médecin comme s'il en examinait chaque centimètre. Puis, il raconta l'histoire à Jeffrey.

« Étiez-vous vraiment l'une des personnes qui ont prié pour moi? » lui demanda Jeffrey.

« Oh, oui, trois soirs par semaine, à 19 h, pendant des années. Nous étions supposés prier seulement jusqu'à l'opération, mais certains d'entre nous ont continué pendant un moment. »

« Vous avez prié pour moi tout ce temps? »

Comme l'homme hochait la tête, des larmes commencèrent à se former dans ses yeux. Jeffrey étendit les bras pour embrasser son patient — un homme qui, seulement quelques heures auparavant, avait pensé s'enlever la vie parce qu'il avait perdu tout espoir.

« Merci d'avoir prié pour moi… de vous être soucié de moi. Vous voyez, je suis ici grâce à vous. »

Pour les deux hommes, la foi bouclait la boucle.

Ronna Rowlette

Le message

Ma mère s'était battue contre le cancer du sein et elle avait gagné. Elle était en rémission depuis cinq ans lorsqu'elle se rendit à l'hôpital pour une chirurgie exploratrice. Après l'opération, le médecin me prit à part et me dit que non seulement le cancer était réapparu, mais que lui ne pouvait plus rien faire. « Trois mois », me dit-il tristement.

Je me demandai comment ma mère prendrait la nouvelle, mais comme les jours passaient, je me rendis compte que les médecins ne l'avaient pas mise au courant du misérable secret. Attendaient-ils vraiment de moi, son fils, que je rompe le silence? Je ne pouvais imaginer comment j'en serais capable.

Trois jours passèrent sans que je dise un mot. Je la regardais pendant qu'elle faisait sa valise, prête à quitter l'hôpital après avoir récupéré de sa chirurgie. Elle était joyeuse et me racontait ses projets pour la semaine suivante, lorsqu'elle détecta quelque chose sur mon visage.

« Maman », ai-je réussi à lui dire, « ne t'ont-ils pas… ne t'ont-ils pas dit? »

« Dit quoi? » demanda-t-elle. Je ne pouvais répondre, mais je n'eus pas à le faire. Les larmes qui coulaient sur mon visage lui expliquaient tout. Nous nous serrâmes l'un contre l'autre pendant que je lui racontais ce que je savais.

Nous avions toujours été intimes, mais après ce jour, je m'ouvris à ma mère d'une manière que je n'aurais jamais cru possible. Je retournai à New York à mon métier de styliste en coiffure et à la vie que j'avais organisée là-bas, mais nous parlâmes souvent et longtemps au téléphone — pas seulement comme une mère avec son fils, mais comme des amis.

Peu après, je pris un mois de congé et le passai avec elle, bavardant de tout et de rien — sa vie et la mienne, la politique, la philosophie, la religion. Elle était déçue que je n'aie pas continué dans la foi où j'avais été élevé. Elle essaya de me convaincre de l'existence de Dieu, mais même si je ne discutais pas, rien de ce qu'elle me disait ne me persuadait qu'elle avait raison. Je suppose que j'étais agnostique. Je ne savais vraiment pas.

Quand je partis, je n'étais pas certain de la revoir, mais d'une certaine façon, cela n'avait pas d'importance. Même si nous n'étions pas d'accord sur tout, nous nous complétions.

Le jour précédant mon départ, ma mère m'offrit une superbe croix, l'une des choses les plus précieuses qu'elle possédait. Ma mère avait toujours été une personne profondément religieuse. Et, même si elle en avait rarement parlé, elle était entrée au couvent lorsqu'elle était jeune fille et avait été religieuse pendant deux ans. Lorsque les affaires de sa famille la demandèrent de façon urgente, elle prit la difficile décision de quitter le couvent et de revenir chez elle.

Finalement, elle se maria et je naquis, moi, son unique enfant. La croix qu'elle me donna était celle qu'elle avait reçue le jour où elle était devenue religieuse. Elle était fabriquée de manière exquise, et en la prenant dans ma main, je pus ressentir l'amour qu'elle me donnait en même temps que la croix.

Moins d'un mois plus tard, je reçus l'appel redouté. Ma mère était entrée dans le coma. Les médecins croyaient qu'elle n'avait plus beaucoup de temps à vivre, donc je me rendis à toute vitesse à l'aéroport pour prendre le prochain vol vers la maison. Comme l'avion décollait, je regardai par mon hublot, contemplant le ciel coloré par le soleil couchant. Tout à coup, je fus accablé par le chagrin. Cette tristesse m'accompagna tout au long du vol. Quand j'arrivai à l'hôpital, on m'informa que j'étais arrivé trop tard. Ma mère était morte alors que j'étais dans l'avion — au moment exact où le chagrin m'avait envahi.

Après les funérailles, je retournai à New York. Ma mère me manquait mais j'étais reconnaissant que nous ayons eu le temps de tout nous dire. Elle était partie, laissant un grand vide en moi. *C'est ainsi qu'est la vie*, pensai-je d'un air triste et rêveur. *Quand c'est terminé, c'est terminé. On meurt, et c'est la fin.*

Un jour, trois mois après la mort de ma mère, une cliente vint au salon pour son rendez-vous. Cette femme était ma cliente depuis près d'un an, mais je n'avais pas sympathisé avec elle. C'était une femme d'affaires très importante, avec un air réservé de politesse froide. Nous ne parlions pas de notre vie. En fait, je fus surpris quand, à son dernier rendez-vous, elle me glissa que les médecins lui avaient diagnostiqué un cancer du sein. Aujourd'hui, elle ne parla pas de sa maladie et moi non plus. Je la plaçai sous le séchoir et me tournai pour m'éloigner.

« Thomas, dit-elle, en remontant le casque du séchoir. J'hésite à vous dire ceci parce que je sais que ça vous paraîtra étrange. J'ai ce sentiment très fort que je suis supposée vous dire que Anita?... Marie?.... Mary?... Anita Mary va bien. Elle m'a demandé de vous dire que tout va bien. »

J'étais abasourdi. Je restai bouche bée. Comment pouvait-elle savoir? Car même si ma mère s'appelait Joyce, le nom qu'elle avait choisi au couvent — celui inscrit sur la croix qu'elle m'avait donnée — était sœur Anita Mary. Personne ne le savait, sauf les autres religieuses et moi.

En un instant, toute ma perception de la réalité fut bouleversée. Maman avait choisi une femme atteinte d'un cancer du sein pour me dire, d'une manière qui ne pouvait laisser aucun doute, que la mort n'est pas la fin et que l'esprit survit.

Thomas Brown

Smokey

Ma fille fut un parent tout à fait convenable. Deux jours seulement après la naissance de mes deux petits-fils, Josh et Jarod, des jumeaux identiques, elle quitta l'hôpital pour les emmener à la maison. Les bébés ne pesaient que 1,8 kg chacun et ma fille les avait revêtus de chemises de nuit de poupées, les seuls vêtements qui pouvaient leur convenir.

Pendant les cinq jours qui suivirent, toute notre énergie fut concentrée sur eux. La maison entière tournait autour de ces deux minuscules créatures qui prenaient leur biberon toutes les deux heures. Nous passions pratiquement la journée entière dans cette alimentation : remplir les biberons, vider les biberons, nettoyer les biberons, changer les couches, préparer d'autres biberons. Après le dernier boire de 20 h des jumeaux, nous les changions et les bordions dans leur lit. Puis, nous nous dirigions vers la cuisine pour une tasse de café et une pause bien méritée. Nous avions besoin d'un personnel à plein temps. Ce que nous avions, c'était Smokey, le chat de la famille.

Depuis leur arrivée, Smokey avait été fasciné par les jumeaux. Il passa plus de temps que nous à leurs côtés, les observant avec curiosité ou faisant la sieste près de leur lit. Nous le surveillâmes avec soin au début, voulant nous assurer qu'il ne blesserait pas les bébés, mais même s'il ne quittait pas leur voisinage, il n'allait jamais très près d'eux.

Un soir, cependant, nous doutâmes pendant un court instant de notre confiance. Nous nous reposions dans la cuisine quand Smokey émit un cri à nous figer le sang dans les veines, comme celui d'un animal qui achève sa proie. Nous courûmes dans la chambre des jumeaux et ce que nous vîmes nous remplit de terreur. Smokey était presque assis sur Josh, le plus petit jumeau, donnant des coups de tête au petit corps du bébé, le roulant dans le berceau. Comme nous courions pour sauver Josh de ce que nous croyions une grave blessure, Smokey descendit et commença à miauler, presque à gémir. Ce fut à ce moment que nous découvrîmes que le petit Josh ne respirait plus.

Je commençai immédiatement les techniques de réanimation pendant que quelqu'un d'autre appelait les services d'urgence. Puis, une ambulance emmena Josh à l'hôpital. Finalement, il s'avéra que les deux garçons étaient allergiques au lait. Leur corps avait atteint leur limite de consommation de lait et, parce que Josh était plus petit, il était devenu malade plus rapidement. Par bonheur, Josh n'avait pas manqué trop longtemps d'oxygène. Smokey s'était rendu compte que Josh avait arrêté de respirer et nous avait alertés juste à temps. Josh allait se remettre. En fait, Smokey avait sans aucun doute sauvé la vie de Josh.

Au cours des mois qui suivirent, la famille s'installa dans une agréable routine. Puis, tard un soir, Smokey sauta sur le lit où étaient allongés ma fille et mon gendre et commença à les mordre et à les griffer. Plus mécontents que déconcertés par le comportement du chat, ils se levèrent pour l'enfermer dans la salle de bains pour la nuit. Mais Smokey se libéra de leur prise et monta comme une flèche à l'étage vers la chambre de John, le frère aîné des jumeaux. Après la poursuite, ma fille trouva John si malade qu'il ne pouvait bouger ou appeler au secours. « Ma poitrine », ce fut tout ce qu'il put dire. Lors d'une intervention chirurgicale d'urgence au cœur, les médecins découvrirent que son aorte était presque totalement obstruée.

Smokey, le chat héros, tient maintenant une place spéciale dans notre famille. Il avait été heureux d'être l'animal de compagnie préféré lorsque la maison était à moitié vide, mais à mesure qu'elle s'était remplie d'enfants, il décida qu'il valait mieux pour lui d'accéder à une fonction maternelle. Quand il s'agit d'élever une maison pleine d'enfants, Smokey se dit qu'une aide supplémentaire ne peut pas nuire.

B. A. Sutkus

Une visite de Maman

Nous étions quelques-unes à nous tenir autour du poste dans l'unité de soins intensifs (USI) où nous travaillions, lorsque je posai la question : « Pendant que vous travaillez dans l'USI, n'avez-vous jamais eu l'impression que quelqu'un d'autre se trouvait dans la pièce alors qu'il n'y avait là aucune autre personne que vous pouviez voir? »

Une autre sourit et ajouta : « Ou sentir un parfum dans la chambre d'un patient mourant alors que personne d'autre n'y était entré? » Et une autre : « Ou avez-vous déjà croisé quelqu'un dans le couloir, puis vous êtes-vous retournée et il n'y avait personne? » Nous nous sommes regardées les unes les autres et nous avons ri. « Je pensais que j'étais la seule », dis-je.

Des explications furent proposées. Peut-être était-ce parce que nous passions tellement de temps avec des personnes à mi-chemin entre la vie et la mort — ou peut-être était-ce simplement le stress.

« Je crois que c'est réel », dit calmement l'une des infirmières. « Et cela a quelque chose à voir avec le genre d'amour qui ne se termine pas quand la vie prend fin. » Elle commença à raconter son histoire.

Un homme, au début de la vingtaine, fut admis à l'USI après qu'une énorme pièce de machinerie eut écrasé son pied pendant qu'il travaillait. Il avait besoin d'une intervention chirurgicale immédiate et elle commença rapidement à le préparer pour la salle d'opération. Elle venait juste de commencer les procédures préopératoires lorsqu'une femme très anxieuse entra dans l'USI, s'informant au sujet du jeune homme.

« Va-t-il bien? » demanda la femme. « Il est stable et il dort paisiblement », répondit l'infirmière.

« Souffre-t-il ? » pleura la femme. « Non, la rassura l'infirmière. On lui a donné des médicaments très puissants dans la salle d'urgence quand il est arrivé. »

« Ira-t-il mieux ? » demanda la femme, son visage toujours crispé par l'inquiétude. « Il est jeune et en bonne santé et il devrait se remettre merveilleusement de l'opération », l'assura l'infirmière.

La femme parut quelque peu soulagée, mais elle demanda à le voir. « Je suis sa mère », expliqua-t-elle.

L'infirmière lui jeta un regard compatissant. « Je comprends votre anxiété, mais je dois le préparer pour l'opération. Si vous me donnez cinq minutes, je vous promets de vous laisser le voir avant qu'il ne soit envoyé à la salle d'opération. »

« Mais va-t-il bien ? » répéta la mère. « Est-ce qu'il ira bien ? » « Il aura besoin de beaucoup de rééducation, mais il semble être dur à la tâche et je suis certaine que tout ira bien. »

Le soulagement remplit le visage de la femme. « Merci de prendre si bien soin de mon fils, dit-elle. J'attendrai à l'extérieur. »

Quand l'infirmière eut terminé ses tâches, elle marcha jusqu'à la salle d'attente comme elle l'avait promis pour aller chercher la mère. Personne ne s'y trouvait. Elle vérifia les toilettes et la salle des distributeurs automatiques, mais il n'y avait toujours pas de trace de la femme qui avait été si inquiète de voir son fils. L'infirmière était tout près de la faire appeler lorsqu'un groupe de collègues de travail du patient s'approchèrent d'elle pour demander des nouvelles de leur ami.

« Vous pouvez entrer et le voir seulement pour quelques minutes, répondit l'infirmière. Je dois trouver sa mère. »

« Madame, il n'a pas de mère », dit l'un des hommes, en la regardant de manière étrange.

« Mais une femme qui affirmait être sa mère était ici. Je viens tout juste de lui parler », insista l'infirmière.

« Vous ne comprenez pas, dit un autre des collègues. Sa mère est morte, il y a quelques années. La seule famille qui lui reste est un cousin. Nous lui avons téléphoné et nous lui avons raconté ce qui était arrivé, mais nous n'avons appelé personne d'autre. »

L'infirmière demeura perplexe mais retourna à son travail. Peu après, pendant l'opération du jeune homme, son cousin arriva et demanda à le voir. L'infirmière lui donna les dernières nouvelles et puis, comme il se retournait pour partir, elle l'appela : « Au fait, une femme est venue et a demandé de ses nouvelles. Elle a dit qu'elle était sa mère. »

Le cousin demeura sans bouger pendant un moment. « À quoi ressemblait-elle? » demanda-t-il finalement, et comme l'infirmière décrivait la femme, il hocha lentement la tête et sourit, à la fois incrédule et émerveillé. « Merci » fut tout ce qu'il dit et il partit.

Lorsque l'infirmière demanda plus tard à ses collègues des nouvelles de la femme venue dans l'USI, personne ne se rappelait l'avoir vue. Elle ne se montra jamais plus.

Pendant un moment, nous sommes demeurées silencieuses, réfléchissant à l'histoire de l'infirmière. Était-ce possible? Qui peut vraiment le dire? Tout ce que je sais, c'est que mon expérience d'infirmière ne me fait plus douter que l'amour va au-delà de la mort. Ou qu'une mère surveille ses enfants aussi longtemps qu'elle vit — et même plus longtemps.

Patricia A. Walters-Fischer

9

LES BEAUX MOMENTS

*La qualité de votre vie se mesure
par les petites choses.*

Barbara Braham

Une poupée du père Noël

Alice avait cinq ans lorsque sa mère mourut. Même si ses neuf frères et sœurs étaient affectueux et prenaient soin d'elle, rien ne pouvait remplacer l'amour d'une mère.

Nous étions en 1925 et la vie n'était pas facile. Alice, qui grandit et devint ma mère, me dit que sa famille était trop pauvre pour même avoir les moyens de lui offrir une poupée.

À la suite de la perte de sa mère, Alice fit le serment de se soucier des autres. À commencer par son père, puis son mari, plus tard ses trois enfants et ensuite son petit-fils, tous furent la préoccupation principale de sa vie. Elle sentait que son dévouement à l'égard de sa propre famille pourrait compenser son enfance triste, mais un vide non comblé semblait persister.

En décembre 1982, je décrochai un emploi dans une banque locale. Un après-midi, nous nous trouvions dans le hall de la banque en train de décorer l'arbre et de chanter des cantiques, nous préparant pour la période de Noël. Une de mes clientes s'approcha de moi pour me montrer un échantillon de son travail : de superbes poupées confectionnées à la main. Elle prenait des commandes pour Noël. Je décidai d'en acheter une pour ma fille, Katie, qui avait presque cinq ans. Puis, j'eus une idée. Je demandai à ma cliente si elle pouvait me fabriquer une poupée spéciale pour ma mère — une avec des cheveux gris et des lunettes : une poupée de grand-mère.

La fabricante de poupées trouva bien sûr cette idée originale et la prit comme un défi de créativité. Donc, je passai ma commande pour Noël : deux poupées, une avec des cheveux blonds et une autre avec des cheveux gris, pour le matin de Noël !

Les choses commencèrent réellement à s'organiser quand un ami me dit que son père — qui jouait le rôle du père Noël à plusieurs réceptions de bienfaisance de mon secteur — accepterait de nous rendre visite le matin de Noël afin de livrer ses cadeaux à ma Katie! Sachant que mes parents seraient aussi présents, je commençai à me préparer pour ce qui serait l'une des journées les plus mémorables de ma vie de mère.

Le jour de Noël arriva et, au moment prévu, arriva également le père Noël. J'avais préparé les cadeaux qu'il devait remettre, en même temps qu'un dernier pour ma mère, glissé dans le fond de la hotte du père Noël. Katie était surprise et transportée de joie que le père Noël soit venu la voir dans sa propre maison, heureuse comme je ne l'avais jamais vue dans sa jeune vie.

Ma mère prenait plaisir à voir la réaction de sa petite-fille devant la visite de cet invité spécial. Comme le père Noël se tournait pour partir, il regarda encore une fois dans sa hotte et en sortit un autre cadeau. Comme il demandait qui était Alice, ma mère, interloquée d'entendre appeler son nom, indiqua que c'était elle. Le père Noël lui tendit le cadeau, accompagné d'un message écrit sur une carte qui se lisait :

Pour Alice,

J'étais en train de nettoyer mon traîneau avant mon voyage de cette année quand je suis tombé sur ce paquet qui devait être livré le 25 décembre 1925. Le cadeau à l'intérieur a pris de l'âge, mais j'ai pensé que vous pourriez encore désirer le recevoir. Toutes mes excuses pour le retard.

Affectueusement,

Père Noël

La réaction de ma mère fut l'une des scènes émotionnel-
les les plus profondes dont j'ai jamais été témoin. Elle ne
pouvait parler, mais seulement serrer contre elle la poupée
qu'elle avait attendue pendant cinquante-sept ans. Des larmes de joie coulaient sur ses joues. Cette poupée, offerte par
le père Noël, rendit ma mère la plus heureuse « enfant » du
monde.

Alice Ferguson

« *Je dois te prévenir, il y a de la nudité dans ce livre.* »

Reproduit avec l'autorisation de Dave Carpenter.

Un vrai foyer

Son monde s'était effondré avec le divorce.

Les factures, les loyers, l'assurance médicale. Son travail à temps partiel lui rapportait peu de revenus et encore moins d'avantages. Sans soutien financier, elle avait finalement perdu la maison.

Ne sachant plus que faire, Karen réussit à louer une autocaravane exiguë pour elle et pour son fils de cinq ans, Joshua, dans un terrain de camping de la région. C'était seulement un peu mieux que vivre dans leur voiture, et elle souhaitait de tout son cœur pouvoir trouver mieux pour son fils.

Après leur soirée rituelle passée à rire devant une table de jeux et à lire des histoires, Karen envoya son fils jouer dehors jusqu'à l'heure du coucher pendant qu'elle se tourmentait devant son carnet de chèques. Entendant des voix, elle regarda par la fenêtre.

« Dis, Josh, n'as-tu pas envie d'avoir un vrai foyer? » demanda le gérant du terrain de camping.

Karen se raidit et retint son souffle en se penchant plus près de la fenêtre ouverte. Puis un sourire se propagea sur son visage lorsqu'elle entendit la réponse de Joshua.

« Nous avons déjà un vrai foyer, dit-il. C'est seulement que nous n'avons pas de maison à mettre dessus. »

Carol McAdoo Rehme

Des enfants de chœur

Quand ils étaient jeunes, je pourrais qualifier diplomatiquement la vie avec mes deux enfants de « stimulante ». Pendant des années, os cassés, points de suture, mots du directeur de l'école, jeans déchirés et nombreux animaux de compagnie hors du commun cachés sous leur lit, tout cela faisait partie du quotidien de notre famille. Mais quelquefois, j'entrevoyais — et cela m'encourageait — les beaux jeunes hommes que Kevin et Eric deviendraient un jour et tout à coup, l'univers semblait devenir plus juste.

L'un de ces aperçus arriva quand Kevin et Eric devinrent les amis d'un nouveau garçon du quartier. Mes fils avaient à peu près dix et douze ans cette année-là, et Danny se situait à peu près au milieu. Danny était un enfant sérieux, mince et frêle, mais il ne pouvait courir ni sauter ni grimper comme le reste des enfants du quartier. Danny passait ses journées dans un fauteuil roulant.

Même s'il y avait des douzaines d'enfants aux alentours, seuls Kevin et Eric prenaient le temps d'aller voir Danny et de jouer avec lui. Habituellement, ils se rendaient jusqu'au coin de sa maison. Et quelquefois, ils aidaient Danny à traverser les rues et les trottoirs pour l'amener à la maison.

À mesure que s'épanouissait l'amitié entre les garçons et Danny, j'étais satisfaite de voir qu'ils l'acceptaient et qu'ils l'aimaient sans le considérer comme quelqu'un de physiquement limité. Plus que cela, ils se rendirent compte que Danny non seulement méritait mais avait besoin d'expérimenter, dans la mesure du possible, toutes les choses qu'aimaient faire les enfants « normaux ».

Un samedi, plusieurs mois après que Danny eut déménagé dans le quartier, Kevin et Eric demandèrent s'il pouvait passer la nuit à la maison. Mon mari et moi fûmes d'accord et nous leur rappelâmes que, comme d'habitude, nous assisterions à la messe le lendemain matin. Danny fut invité à venir coucher et à nous accompagner à l'église.

Ce soir-là, les trois garçons eurent beaucoup de plaisir à jouer et à regarder la télévision. Quand il fut temps d'aller au lit, mon mari porta Danny en haut jusqu'à la chambre des garçons et nous nous assurâmes qu'il était confortablement installé pour la nuit.

S'occuper d'un enfant en fauteuil roulant était une expérience nouvelle et salutaire pour nous. Tout à coup, quelques genoux éraflés et des bras cassés semblaient être des bénédictions — conséquences d'avoir des enfants actifs et en bonne santé. Nous pouvions en être reconnaissants, plutôt que d'écouter ceux qui apprenaient aux parents à élever les enfants dans du coton.

Le jour suivant, avec l'aide de chacun de nous, Danny fut rapidement habillé et prêt pour l'église. Kevin et Eric aidèrent Danny à monter sur le siège arrière de la camionnette, et nous rangeâmes le fauteuil roulant dans l'espace à bagages. Une fois à l'église, nous descendîmes tout le monde, et les garçons poussèrent joyeusement Danny pour rencontrer leurs amis.

À cette époque, il y avait une tradition assez agréable dans notre église : les enfants faisant partie de l'assemblée des fidèles devenaient, chaque semaine et tour à tour, des servants de messe non officiels. Invariablement, les enfants étaient excités lorsqu'ils étaient choisis pour marcher dans l'allée centrale de l'église en portant un long cierge de cuivre destiné à allumer les autres cierges. Nous, les adultes, prenions toujours du plaisir à voir à quel point les jeunes prenaient leur tâche au sérieux, combien ils montaient lentement et timidement les marches jusqu'à l'autel, touchant solennellement et très délicatement chaque cierge jusqu'à ce qu'il s'allume.

Après l'enseignement religieux, nous nous préparions à entrer dans le sanctuaire lorsque le prêtre s'approcha de nous. Kevin et Eric lui avaient demandé si Danny pouvaient allumer les cierges cette semaine-là.

Conscient de la logistique d'un Danny devant gravir les marches d'un escalier, le prêtre avait essayé de les convaincre de changer d'idée et leur avait fait remarquer les obstacles. Mais mes fils avaient insisté pour que Danny remplisse cet honneur, disait le prêtre, et lui avaient assuré qu'ils avaient imaginé un plan. Avec sagesse, le prêtre avait donné son consentement et confia la situation aux enfants.

Lorsque la musique du début commença, je me retournai sur mon siège pour voir comment mes deux imprévisibles fils feraient en sorte que le miracle survienne. Kevin et Eric étaient debout derrière le fauteuil roulant, le sourire jusqu'aux oreilles. Danny, fier et nerveux, tenait la longue tige de cuivre qui allumerait les cierges. Marchant lentement au son de la musique, les garçons poussèrent le fauteuil roulant dans l'allée. Rapidement, toutes les têtes s'étaient tournées pour suivre leur progression. L'assemblée entière des fidèles venait de se rendre compte du défi à venir : la série de marches que Danny devrait monter pour atteindre l'autel.

Comme le fauteuil roulant approchait de l'autel, chaque personne dans l'église retint son souffle. Nous ignorions comment ils réussiraient leur coup. Avaient-ils l'intention de transporter ce lourd fauteuil roulant en haut des marches? Essaieraient-ils de prendre Danny et de le transporter? Un désastre surviendrait-il rapidement?

Kevin et Eric poussèrent le fauteuil roulant de Danny aux pieds des marches et s'arrêtèrent. Tous les yeux étaient rivés sur les trois garçons et le fauteuil roulant à l'avant de l'église.

Lentement, et avec une dignité au-dessus de leur âge, Kevin et Eric montèrent les marches alors que Danny demeurait assis dans son fauteuil roulant. Chaque garçon saisit un chandelier et l'apporta en bas des marches. Atteignant le fauteuil roulant de Danny, ils se penchèrent en avant et présentèrent les cierges de l'autel à leur ami qui attendait.

Danny monta fièrement la baguette dorée et alluma doucement chaque cierge. Kevin et Eric protégeaient les flammes avec le creux de la paume de leur main pendant qu'ils remontaient les cierges en haut des marches et les replaçaient sur l'autel. Puis, ils retournèrent vers Danny et tournèrent son fauteuil pour qu'il fasse face à l'assemblée. Lentement, ils le poussèrent pour redescendre l'allée.

Le visage de Danny était une image joyeuse à contempler. Son sourire illuminait tout le sanctuaire et éclairait même la voûte de l'église, faisant frissonner chaque cœur. Danny était visiblement transporté de joie et tenait la mèche cuivrée comme s'il s'agissait d'un sceptre royal. Une lueur douce semblait encercler les trois garçons à mesure qu'ils marchaient vers l'arrière de l'église. Je remarquai que le prêtre prit quelques instants avant de faire confiance à sa voix et commencer le service.

J'ai souvent été fière de mes fils, mais rarement ai-je été aussi émue. Je dus cligner des yeux pour voir leur visage souriant pendant qu'ils passaient près de mon banc pour retourner à l'arrière de l'église. Mais alors, dans cette assemblée, mes yeux n'étaient pas les seuls à être embués de larmes devant la démonstration d'amour dont nous venions d'être témoins.

Marcy Goodfleisch

Les enfants parlent à Dieu

Les lettres qui suivent expriment cette partie du monde des enfants réservée aux pensées et aux vœux spéciaux. Certaines lettres sont d'une sagesse désarmante, d'autres naïves; certaines sont ingénieuses, d'autres simples. Plusieurs sont empreintes de sérieux; d'autres sont illuminées d'un sourire. Elles sont toutes adressées à Dieu et remplies d'espoir et de confiance.

Cher DIEU,

À l'école, ils nous ont raconté ce que tu faisais. Qui le fait quand tu es en vacances?

— Jane

Cher DIEU,

Est-ce que c'est vrai que mon père n'ira pas au paradis s'il utilise à la maison les mêmes mots que lorsqu'il joue au bowling?

— Anita

Cher DIEU,

Avais-tu l'intention de faire la girafe comme elle est ou est-ce que c'était un accident?

— Norma

Cher DIEU,

Au lieu de laisser les gens mourir et d'avoir à en refaire de nouveaux, pourquoi ne gardes-tu pas ceux que tu as maintenant?

— Jane

Cher DIEU,

Qui dessine les lignes autour des pays?

— Nan

Cher DIEU,

Voulais-tu réellement dire « fais aux autres ce qu'ils te font ? » Parce que si c'est ça, alors je vais régler son compte à mon frère !

— Darla

Cher DIEU,

Merci pour le petit frère, mais j'avais prié pour avoir un petit chien.

— Joyce

Cher DIEU,

S'il te plaît, envoie-moi un poney. Je n'ai jamais rien demandé avant, tu peux vérifier.

— Bruce

Cher DIEU,

Si tu me regardes à l'église dimanche, je te montrerai mes nouvelles chaussures.

— Mickey

Cher DIEU,

Nous avons lu que Thomas Edison a inventé la lumière. Mais à l'école, on a dit que c'était toi qui l'avais fait. Alors, je parie qu'il t'a volé ton idée.

Bien à toi, Donna

Cher DIEU,

Je suppose que c'est très difficile pour toi d'aimer tout le monde de l'univers entier. Il y a seulement quatre personnes dans ma famille et je n'y arrive pas.

— Nan

Compilé par Stuart Hample et Eric Marshall

Une rose rouge pour Richard

« Maman, pourquoi est-ce que ce sont seulement les filles qui reçoivent des fleurs ? » demanda mon fils dans la voiture. Nous retournions à la maison après avoir assisté à la première représentation de la comédie musicale jouée par sa classe de sixième année, un rite de passage convoité pour les élèves qui passaient du primaire au secondaire.

Je me remémorai le début de cette soirée. J'étais assise au deuxième rang et j'avais souri à mon fils pendant qu'il disait ses répliques parfaitement mémorisées. Je me rappelai qu'après son interprétation, je m'étais empressée de le rejoindre dans les coulisses. Pour une fois, Richard n'avait pas fui mon affection démonstrative : une bonne étreinte à la manière d'un ours. En fait, il était distrait par les gros bouquets de roses et d'œillets offerts à toutes les filles et aux professeurs féminins. D'une certaine façon, cette tradition lui semblait un peu injuste — il aurait été bien d'accord de recevoir lui-même quelques fleurs.

« Je ne sais vraiment pas pourquoi c'est ainsi », lui répondis-je.

Comme nous continuions à rouler vers la maison et l'excitation de la soirée s'étant dissipée, je m'installai dans un enchaînement habituel de pensées : me tracasser. Étant une mère célibataire surchargée, j'avais souvent l'impression que je n'arrivais pas à répondre aux besoins de mon fils. La dernière représentation musicale — la plus importante — était prévue un matin et ce jour-là, je ne pouvais absolument pas quitter mon travail. Je travaillais à vingt-cinq kilomètres de là et j'avais plusieurs réunions de suite et des rendez-vous déjà prévus.

Le matin de la dernière représentation, lorsque j'embrassai Richard pour lui dire au revoir, je lui répétai probablement pour la centième fois : « J'aurais aimé être là, mon chéri. »

Il sourit. « Ça va, Maman. Je comprends. Sincèrement. »

Il essayait d'être stoïque et j'essayais de me convaincre que ça allait. Après tout, j'avais été capable d'assister à deux de ses représentations, ce devait être suffisant. J'essayais de faire de mon mieux. Alors pourquoi ne me sentais-je pas à l'aise face à cela ? Mon ressentiment d'avoir été obligée d'être au travail ce matin-là avait dû se remarquer car mon assistante et ma secrétaire se demandaient pourquoi j'étais si morose. « Nous vous aiderons à reprogrammer vos rendez-vous, m'offrirent-elles. Nous nous arrangerons pour que tout fonctionne. » Et, avant que je sache ce qui m'arrivait, je roulais à toute vitesse sur la route vers l'école. Comme je passais en trombe devant une épicerie, avec seulement cinq minutes de battement, je me dirigeai impulsivement vers le parc de stationnement. Je courus à l'intérieur du magasin et en ressortis rapidement avec une rose rouge.

Lorsque j'arrivai finalement à l'intérieur de l'école, le gymnase était bondé et il ne restait que des places debout. Des amis assis au dernier rang se poussèrent pour faire de la place à une personne supplémentaire. Juste au moment où je me glissais sur le siège, les lumières diminuèrent et le rideau s'ouvrit. Richard était là, au centre de la scène. J'étais certaine qu'il ne savait pas que j'étais parmi les spectateurs.

Quand le rideau s'ouvrit une dernière fois pour présenter la distribution au complet, je localisai rapidement mon fils dans une rangée au milieu de ces représentants de la relève. Il regardait par-dessus le public, ne semblant pas se concentrer sur un endroit en particulier. Puis, tout à coup, son regard se tourna dans ma direction. Tout son visage s'illumina et il sourit d'une manière si radieuse que les femmes assises de chaque côté de moi soufflèrent, puis avec excitation s'exclamèrent à l'unisson : « Il vous voit ! Il vous voit ! »

Plus tard, je me frayai un chemin à travers la foule pour aller à la rencontre de Richard dans les coulisses, mon cœur battant encore fort à cause de l'amour intense dans ce sourire rayonnant. Je lui tendis la rose rouge. Richard ne dit pas grand-chose, mais je pensai que cela lui plut. Puis, quand je revins au travail, je me sentis en paix. Peut-être n'étais-je pas une si mauvaise mère après tout.

Une année passa, une année difficile et harassante, qui fut loin de me faire sentir une mère sereine et accomplie pour Richard. Je terminais ma maîtrise en suivant un programme d'études supérieures à 250 kilomètres de la maison. Pourtant, la nouvelle carrière que j'avais anticipée ne se matérialisait pas. J'avançais d'un pas lent conservant le même emploi, épuisée par le travail et surchargée de responsabilités. Mon assiette était trop remplie, et je le savais. Je craignais que la seule chose qui m'importait le plus, mon fils, n'en souffre. Est-ce que je lui donnais tout ce dont il avait besoin ?

Un soir, je me précipitai du travail vers une réunion à l'école de Richard, arrivant quinze minutes en retard. Je n'avais toujours pas bien compris l'objet de cette réunion quand celle-ci fut ajournée. Comme je me levais pour partir, le professeur titulaire de Richard me toucha doucement le bras, me pressant de rester.

« Je crois que vous devriez lire ceci, dit-elle. Normalement, nous ne permettons pas aux parents de revoir l'examen lorsqu'il est fini, mais voici ce que Richard a rédigé pour la composition. Je suis une mère et je sais que si mon fils avait écrit ceci, je voudrais l'apporter chez moi. » Elle me tendit une composition avec le nom de Richard inscrit dessus :

La journée la plus heureuse que j'ai jamais eue

par Richard Irwin-Miller

La plus heureuse journée que j'ai connue à l'école s'est passé en sixième année. Nous avions travaillé pendant des mois sur une comédie musicale. Nous l'avons jouée sept fois. La dernière fois a été ma préférée. La représentation avait lieu pendant la journée d'école. Je voulais vraiment que ma mère soit présente et qu'elle m'apporte une rose, mais elle avait dit qu'elle devait aller travailler, donc je ne lui ai pas demandé. Dans la comédie musicale, il y avait trois actes. Je jouais dans le premier. Puis, je devais aller dans les coulisses et attendre jusqu'à la fin, revenir avec les autres et chanter une chanson. Alors, j'ai terminé ma partie. Puis, je suis revenu pour chanter la dernière chanson et j'ai vu ma mère. J'étais très heureux. À la fin de la dernière chanson, elle est venue jusqu'à moi et m'a donné une rose rouge.

Mes larmes menacèrent de couler sur la page. Je voulais tout donner à mon fils et ce que j'avais en fait à lui offrir était beaucoup moins que cela : des moments volés, des repas préparés en vitesse, des étreintes rapides et des baisers au moment du coucher, une seule rose. Mais j'aimais Richard et il m'aimait, et c'était largement assez. C'était la meilleure part.

Earle Irwin

La boucle d'oreille
de gars cool

Il y a de cela un certain nombre d'années, mon fils de six ans et moi étions allés dans l'un de ces grands magasins de jouets à rabais où les jouets sont empilés jusqu'au plafond. Nous étions arrivés au coin d'une allée quand je vis un jeune homme barbu avec les cheveux longs, assis dans un fauteuil roulant. Il devait avoir subi un terrible accident puisqu'il n'avait pas de jambes et son visage portait de sérieuses cicatrices. À son tour, mon fils le vit et dit à voix haute : « Regarde cet homme, Maman! »

J'ai agi comme l'aurait fait une mère normale : je tentai de faire taire mon fils, lui disant que ce n'était pas poli de montrer quelqu'un du doigt; mais mon fils donna une bonne secousse, se libéra de ma main et courut dans l'allée vers l'homme dans le fauteuil roulant. Il se tint juste en face de lui et dit avec une voix forte : « Quelle boucle d'oreille de gars *cool* tu portes! Elle est super! Où l'as-tu trouvée? »

Un sourire éclaira le visage du jeune homme. Il était tellement interloqué par le compliment qu'il rayonnait de bonheur, et les deux se tinrent là, parlant un moment de sa boucle d'oreille et aussi d'autres « trucs super ». Cette impression me resta pour toujours.

Parce que moi, j'avais seulement vu un homme dans un fauteuil roulant avec le visage horriblement marqué, mais mon fils de six ans avait vu un homme avec une boucle d'oreille de gars *cool*.

Les éditeurs de Conari Press
À partir du livre More Random Acts of Kindness

Le bas de Noël de Maman

Ma sœur Trudy et moi nous blottissions l'une contre l'autre et ricanions de notre situation délicate : nous étions trop grandes pour nous installer *sous* l'arbre de Noël, surtout que des cadeaux y étaient empilés. Nous nous étions donc couchées *à côté de* l'arbre. En fait, nous nous trouvions plutôt au milieu de la modeste salle de séjour de notre caravane. Mais c'était la tradition — la veille de Noël, nous devions dormir sous l'arbre — même si nous avions dix et douze ans. Mon frère de huit ans, Ashley, était déjà endormi. Il avait prétendu être trop grand pour être excité à l'idée de dormir sur le plancher de la salle de séjour. Et étant donné qu'il était le dernier dans l'ordre hiérarchique, on lui avait assigné l'endroit le plus éloigné de l'arbre — écrasé entre sa sœur aînée et la table basse qu'on avait poussée sur le côté pour donner plus de place.

Trudy était la plus susceptible d'avoir sa tête entre les boîtes enveloppées de papier brillant et les odorantes branches de cèdre qui égratignaient sa joue. J'étais heureuse d'être protégée des deux côtés par des corps chauds. On avait bien sûr réservé l'endroit le plus confortable et le plus sûr à Breanna, notre petite sœur de trois ans : elle dormait profondément, recroquevillée sur le canapé, en étreignant un énorme ours en peluche.

Trudy et moi étions allongées, discutant en chuchotant de ce que nous nous attendions à trouver dans nos bas le matin suivant et essayant de deviner le contenu de chacun de nos paquets, que nous avions déjà bien secoués. Nous regardâmes longuement les quatre bas de flanelle pendant mollement au-dessus de la cheminée et nous nous rendîmes compte qu'il en manquait un. *Ne sommes-nous pas cinq personnes dans notre famille ? Pourquoi Maman n'a-t-elle pas de bas ?*

Elle nous avait raconté que lorsqu'elle était petite fille, sa famille ne suspendait pas de bas la veille de Noël parce qu'ils étaient une famille « raisonnable ». Nous étions heureux d'être une famille « dé-raisonnable » et nous supposions que Maman méritait de faire partie de la tradition qu'elle avait créée pour nous. C'est alors que nous tramâmes entre nous un plan qui changerait pour toujours notre façon de voir Noël et, plus important encore, le geste de donner.

Trudy réveilla rapidement Breanna et je me dépêchai de faire la même chose avec Ashley. Trudy empila nos oreillers sur un côté et étendit la couette pour que nous puissions faire notre réunion. Son enthousiasme déclencha le nôtre. Au milieu de rires étouffés et d'exclamations excitées du genre « Oh! oui » et « Ça va être parfait! », nous préparâmes le bas de Maman. Pendant quelques minutes, nous nous dispersâmes pour une chasse au trésor parmi nos affaires, ne rapportant que ce que nous avions de mieux. Ensuite commença la tâche d'en déterminer la signification potentielle pour Maman.

Breanna apporta sa boîte de bonbons. Nous fouillâmes parmi les bonbons à la menthe à moitié sucés et trouvâmes une poignée de chocolats du père Noël encore enveloppés et une gigantesque canne de bonbon rayée aux fruits. Trudy suggéra que nous écrivions des explications sur des Post-it et que nous en collions un sur chaque cadeau. J'écrivis en lettres rondes et soignées : « Pour tes envies de sucré » et nous l'appliquâmes sur le paquet de chocolats soigneusement enveloppé de papier — froissé —, cadeau de Breanna. Nous le plaçâmes dans le fond d'une vieille chaussette trop grande de laine rouge qu'Ashley avait trouvée dans l'armoire à manteaux et nous insérâmes la canne de bonbon à l'intérieur, de façon à ce que le cou s'accroche sur le côté.

Ashley apporta deux de ses petites voitures préférées et nous dit qu'elles serviraient à Maman : lorsque sa voiture se casserait, elle en aurait toujours deux en supplément. Trudy rédigea l'explication à sa place.

J'apportai un paquet de graines de chou et j'écrivis autour des bords du paquet : « Ainsi tu auras toujours des graines fraîches pour l'inspiration. » Je mis le paquet dans un petit pot en terre cuite que j'avais peint à l'école et le glissai dans le bas rouge, par-dessus les petites voitures.

Trudy fabriqua un petit personnage à partir d'une pierre ronde de la taille d'une noisette, recueillie dans la rivière. Elle y peignit les traits d'un visage, colla des yeux ondulés, l'enveloppa dans une couverture miniature en tissu écossais et écrivit une série de petits papiers d'adoption pour « Herman Bigorneau ». C'était pour que Maman ait toujours un bébé parce qu'elle se plaignait souvent que son vrai bébé grandissait trop vite.

Après avoir ajouté quelques pièces de monnaie disponibles, de jolies plumes d'oiseau et un petit sachet à l'odeur de pêche pour faire bonne mesure, nous accrochâmes la chaussette de Maman sur le clou le plus élevé et laissâmes le bas de Trudy sur le dessus de la boîte à bois. Puis, nous reculâmes pour admirer la chaussette bosselée. Mais quelque chose manquait. Trudy grimpa encore sur la boîte à bois et, à l'extérieur du bas, épingla un mot au moyen d'une épingle de sûreté. Il y était écrit : « À : Mère Noël — De : Les lutins T.A.A.B. » Elle était fière de cet acronyme de nos prénoms et nous étions tous tellement excités que nous pûmes difficilement dormir.

Le matin, nous nous dépêchâmes de passer devant nos bas maintenant pleins à craquer, pour nous rendre directement dans la chambre de Maman. Dans notre excitation, nous oubliâmes de frapper et nous sautâmes sur son lit en criant « Joyeux Noël! » Maman était assise contre la tête du lit, ses trésors éparpillés autour d'elle et des larmes coulaient sur son visage. Elle tenait Herman Bigorneau. Quand elle leva la tête pour nous regarder, elle sourit de son plus grand sourire et forma le mot « Merci » même s'il était trop faible pour être entendu.

Nous grimpâmes les uns sur les autres pour arriver jusqu'à elle, et elle nous embrassa tous et nous étreignit, pleurant et riant en même temps. C'était si différent de son comportement calme habituel. Mais nous comprenions. C'était son tout premier bas de Noël.

Amberley Howe

« Peux-tu garder tes yeux fermés et envelopper ceci, Maman ? C'est un cadeau pour toi de ma part. »

THE FAMILY CIRCUS® *par Bil Keane. Reproduit avec l'autorisation de Bil Keane.*

10

LÂCHER PRISE

*Vivre dans le cœur de ceux que nous laissons
n'est pas mourir.*

Thomas Campbell

La petite fille qui aimait les chats et les fleurs

Ceux qui aiment profondément ne deviennent jamais vieux; ils peuvent mourir de vieillesse, mais ils meurent jeunes.

Arthur Wing Pinero

Au début de l'automne 1984, ma mère, une femme énergique de soixante-dix ans, commença — sans raison apparente — à écrire l'histoire de sa vie. En riant, elle faisait allusion à « son livre » et son désir de coucher sur papier ses pensées, et ses souvenirs finissaient par ressembler à une légère obsession.

Une fois, elle refusa une invitation à déjeuner, me disant qu'elle devait travailler à son livre. Je ris et lui demandai s'il y avait le feu.

La tournure des événements montra que le feu était en elle. Elle termina son livre au début de décembre. Trois jours après Noël, les médecins lui découvrirent un cancer et, trois mois plus tard, elle était morte.

Du livre de ma mère : *J'ai aimé ma famille, mes amis, la nature, les animaux et plusieurs autres choses. Ce sera difficile de dire adieu à ceux que j'aime et à la beauté de ce monde.*

Je lus ces mots pour la première fois un mois après sa mort, dans l'appartement de Maman, au beau milieu des caisses d'emballage. Comme je lisais, j'essayais d'imaginer son visage, mais les souvenirs des deux derniers mois — elle était étendue dans son lit et mourante — étaient trop douloureux. Je fermai son livre, me demandant si je me sentirais jamais assez apaisée pour l'ouvrir une autre fois.

Par un dimanche après-midi pluvieux, une annéc après le jour de l'entrée de ma mère à l'hôpital, je sus tout à coup qu'il était temps de se souvenir et d'honorer sa vie — ainsi que sa mort. Je savais aussi que le moment était venu, si j'en étais capable, de faire la paix avec la perte de l'influence la plus importante de ma vie.

Pendant un mois, je fus absorbée par le carnet que j'avais rédigé pendant son hospitalisation et, bien sûr, par le livre de ma mère. Quand j'eus terminé, je me rendis compte que ma mère n'était plus perdue pour moi, que je l'avais retrouvée d'une manière différente et nouvelle.

De mes notes, en date du 21 janvier 1985 : *Ma mère continue à me stupéfier. Malgré ce qui arrive à son corps — la maladie lui enlève chacune de ses fonctions, l'une après l'autre, une nouvelle perte chaque jour — elle continue à apprécier la nature et les petits morceaux de vie qu'elle peut observer de la chambre 235. Il y a un grand magnolia encadré par sa fenêtre et elle a du plaisir à regarder les oiseaux voler activement de part et d'autre.*

Elle souffre terriblement; elle ne peut même plus s'asseoir. Aujourd'hui, c'est l'anniversaire de son petit-fils et, je ne sais comment, elle a l'intention de lui écrire un mot. Un jour, je raconterai à mon fils l'inimaginable quantité d'efforts que sa grand-mère a dû fournir pour lui écrire ce mot.

Une chaude journée de février — un jour où l'odeur de la terre semble venir à votre rencontre, en vous faisant toutes sortes de promesses — j'entrebâillai la fenêtre de sa chambre. Un air doux et odorant emplit la pièce, poussa ma mère à ouvrir les yeux et à demander : « Est-ce que le gazon a commencé à pousser? »

C'était une plaisanterie entre nous. Je fermai les yeux et un souvenir franchit les années pour me rejoindre : *J'ai cinq ans et, au beau milieu d'une nuit d'été, je sors à pas de loup de la maison pour regarder pousser le gazon et les fleurs de notre jardin.*

Tout à coup, ma mère arrive à mes côtés. Au lieu de m'envoyer au lit, elle me rejoint. Je n'avais jamais été debout aussi tard auparavant et la sensation d'aventure est puissante. Nous nous sommes assises ensemble sur les chaises de jardin en bois peintes en blanc, écoutant les cigales striduler dans les arbres.

« Regarde », dit-elle, pointant son doigt vers une étoile filante dont l'éclair déchira le ciel bleu meurtri. Mais je regardais la lumière dans ses yeux et ses longs cheveux noirs, comme une goutte d'encre sur l'aurore imminente. Plus tard, je tombai endormie la tête sur ses genoux.

Je me rappelle le jour où ma mère me demanda d'écrire pour elle un dernier message à chaque membre de la famille. « Ainsi, ils se sentiront mieux », me dit-elle.

J'écrivis à travers mes larmes, consciente qu'alors ma mère avait accepté sa mort prochaine, et moi pas. J'essayais encore de trouver comment la remettre sur pied pour la ramener à la maison. Elle remarqua ma lutte et, comme d'habitude, elle attendit que je la rattrape.

Je me souviens très clairement de la nuit où j'ai cessé de nier son état.

À partir de mes notes — le 26 janvier, 1985 : *Le traitement de radiothérapie, combiné avec les médicaments contre la douleur, commence finalement à lui apporter quelque soulagement. Lentement, j'abandonne l'espoir que ma mère redeviendra celle qu'elle était. Je crois qu'elle va mourir.*

Pendant les quelques jours qui suivirent, ma mère voulut parler de sa vie, tenir son passé comme s'il était un globe terrestre qu'elle faisait tourner sur lui-même jusqu'à ce que tous ses souvenirs puissent être projetés en pleine lumière.

Puis, nous commençâmes notre longue et dernière conversation, ajoutant des pièces au puzzle de la mémoire jusqu'à ce que, finalement, l'image d'une vie émerge du récit des histoires. Pendant que nous parlions, pendant que la trame de la vie de ma mère se renforçait, elle aussi devint plus forte. Non pas dans le sens physique, bien sûr, mais à la façon d'une *personne* et non pas simplement d'une *patiente*.

Du livre de ma mère : *Je n'ai pas oublié ce qu'est être jeune — tous les espoirs et toutes les anxiétés et la sensation accablante que tout ce que tu accomplis fera avancer ta vie ou l'anéantira. Pas d'entre-deux quand on est jeune.*

J'avais l'ambition de jouer sur scène. Ma sœur et moi avions pris des cours de danse et nous avions travaillé les pas compliqués en nous tenant au dos d'une chaise. À cette époque, je croyais que je serais une célèbre actrice! Tout cela était un rêve, bien sûr.

Couchée sur son lit d'hôpital, ma mère avait d'autres sortes de rêves. Un matin, elle se réveilla, convaincue qu'elle venait de voir un homme qui tombait du toit. Tout au long de cette journée, ses pensées étaient concentrées sur sa peur de tomber. Est-ce que je l'attraperais si elle tombait?

« N'aie pas peur, la rassurai-je. Bien sûr que je vais t'attraper. Pendant toutes ces années où je grandissais, tu m'as attrapée. Maintenant, c'est mon tour. »

Sous le masque à oxygène, son visage devint plus calme et elle ferma les yeux. *Aussi longtemps que je le pourrai,* pensai-je, *je t'attraperai.* Mais je savais qu'il viendrait un moment — et bientôt — où je devrais la laisser aller.

Et elle le ferait aussi.

Cinq jours avant sa mort, par un jour d'hiver particulièrement beau, nous contemplions en silence la lumière de l'après-midi se reflétant sur le côté d'un édifice de briques rouges qui faisait face à sa fenêtre. Le vent agitait les branches d'un jeune hêtre pendant que le soleil couvrait d'argent les bourgeons rouges prometteurs déjà gonflés de vie au bout de chaque branche.

« Ferme les rideaux », dit-elle, regardant au loin tristement, se distanciant de la beauté qui semblait à la fois insolente et innocente puisque indifférente à sa souffrance. Elle ferma les yeux, se retirant du théâtre de lumière et de vie qui ne ferait plus jamais partie de son univers.

Sans savoir pourquoi, ce soir-là, je commençai à rapporter ses vêtements à la maison.

De mes notes, le 1er mars, 1985 : *Elle est très faible et sa respiration est irrégulière. Mais son esprit est toujours relié au monde. Quand j'ai placé le pot de jonquilles près d'elle, elle disait avec délice : « Oh, elles sont si jolies! N'est-il pas merveilleux de voir comment la vie continue? »*

Elle voulait parler de la famille, particulièrement de ses petits-enfants. « Ne permets pas que quelque chose transforme leur caractère », me dit-elle maintes et maintes fois.

L'avant-dernier jour de la vie de ma mère, l'un de ses petits-fils arriva à son chevet. Elle lui confia que, depuis les derniers jours, elle entendait de la musique. Un chœur qui chantait. « Est-ce que tu l'entends? »

Son petit-fils baissa doucement sa tête contre la sienne, écoutant en silence. Puis, il se redressa : « Je crois que je l'entends aussi », dit-il posément, les yeux remplis de la lumière de vie qui s'estompait de ceux de sa grand-mère.

Pendant le reste de l'après-midi, elle fut tour à tour consciente et désorientée. Comme à l'extérieur montait la pénombre, ma mère regarda fixement vers la fenêtre plongée dans le noir.

« Qu'est-ce que tu regardes? » lui demandai-je.

« Rien », répondit-elle.

« Bon, dis-je, alors regarde-*moi*. »

Plus que toute autre chose, je voulais que ses derniers moments conscients se passent à regarder le visage d'une personne qui l'aimait.

L'été après la mort de ma mère, quand le premier lys d'un jaune brillant apparut, je courus dans la maison pour téléphoner à ma mère et lui dire la nouvelle. Puis, je me souvins. Même maintenant, je continue à penser à ce que je dois lui dire, aux choses que j'aurais envie de lui demander. Elle avait une façon de donner à ma vie une perspective, de me rappeler que je construisais ma vie sur les fondations de ceux qui ont vécu avant moi, et que c'était mon devoir de transmettre ce passé à mes enfants pour leur avenir.

Du livre de ma mère : *Quand j'ai atteint soixante-dix ans, quelqu'un m'a demandé comment je me sentais d'être arrivée à un tel âge. Eh bien, même si mon corps n'est plus le même, moi, je n'ai pas changé. Je serai toujours la petite fille qui aimait les chats et les fleurs et qui courait vers la maison en revenant de l'école pour travailler ses leçons de danse. À l'intérieur de moi, je suis toujours cette personne.*

Cette personne me manque.

Alice Steinbach

Papi nous manque

Aimer, c'est entrevoir le paradis.

Karen Sunde

Un jour, Sam, mon fils de quatre ans, me dit qu'il avait vu sa gardienne pleurer parce qu'elle avait rompu avec son petit ami. « Elle était triste », m'expliqua-t-il. Il s'installa confortablement dans son siège-auto et soupira : « Je n'ai jamais été triste. » Sam ajouta : « Jamais. »

C'était vrai. La vie de Sam était heureuse — pour une large part grâce à sa relation avec mon père. Papi Hood était plus qu'un grand-père pour lui. Comme Sam le disait à tout le monde avec enthousiasme — ils étaient les meilleurs copains du monde.

Un jour, Sam et moi regardions le film *Anne of Green Gables*. Dans la scène où Anne souhaite à voix haute avoir un ami intime, Sam se redressa et déclara : « C'est moi et Papi — des amis intimes pour toujours et à jamais. »

Mon père décrivait leur relation de la même manière. Lorsque je quittais la ville un soir par semaine pour enseigner, c'était mon père qui allait chercher Sam à l'école dans sa camionnette rouge et qui le ramenait chez lui. Une fois rendus, ils jouaient aux pirates, aux chevaliers et à Robin des bois.

Ils s'habillaient aussi de la même façon : un T-shirt avec une poche, une casquette de baseball et un jean. Ils avaient des restaurants spéciaux qu'ils fréquentaient, des terrains de jeu où ils se rendaient régulièrement et des magasins de jouets où Papi permettait à Sam de faire la course dans les allées à bord d'une voiturette motorisée.

Sam avait même mémorisé le numéro de téléphone de mon père et l'appelait chaque matin et chaque soir. « Papi, demandait-il, tenant fermement l'appareil, est-ce que je peux t'appeler encore cent fois? » Mon père disait toujours oui et chaque fois, répondait au téléphone avec une joie égale.

Puis, mon père tomba malade. Pendant les mois de son hospitalisation pour un cancer du poumon, je m'inquiétais de la réaction de Sam devant l'état de mon père : les contusions causées par les aiguilles, les tubes à oxygène, son corps affaibli. Quand j'expliquai à Sam qu'il pourrait être effrayé de voir son grand-père si malade, il fut surpris. « C'est mon Papi, dit-il. Il ne pourrait jamais me faire peur. »

Plus tard, j'observai les adultes qui approchaient avec appréhension du lit d'hôpital de mon père, incertains de ce qu'ils diraient ou feraient. Mais Sam, nullement ébranlé par l'équipement médical et par le changement dans l'apparence de son grand-père, savait exactement ce qui était bien : des étreintes et des blagues, comme toujours.

« Vas-tu revenir à la maison bientôt? » demandait-il.

« J'essaie », lui disait Papa.

Lorsque mon père mourut, tout changea pour Sam et moi. Ne voulant pas faire face aux questions et aux émotions soulevées par la mort de mon père, je tenais à distance mon accablante tristesse. Lorsque des personnes bien intentionnées demandaient comment j'allais, je leur répondais brièvement et changeais rapidement de sujet.

Toutefois, Sam se comportait différemment. Pour lui, se poser des questions à voix haute était la meilleure façon de comprendre.

« Alors », disait-il, installé dans son siège-auto. Grand papa est dans l'espace, n'est-ce pas? » Ou, montrant du doigt une fenêtre en vitrail dans l'église, il demandait : « Est-ce qu'un de ces anges est Papi? »

Sam demanda tout de suite après la mort de mon père :
« Où est le paradis ? »

« Personne ne sait exactement, dis-je. Beaucoup de gens
croient que c'est dans le ciel. »

« Non, disait Sam, secouant la tête. C'est très loin. Près
du Cambodge. »

Un autre après-midi, il demanda : « Quand tu meurs,
tu disparais, n'est-ce pas ? Et quand tu perds connaissance,
tu disparais seulement un peu. Est-ce que c'est ça ? »

Je trouvais que ses questions étaient bonnes. Mais ce
qu'il faisait après me posait problème. Il me regardait droit
dans les yeux avec plus d'espoir que je ne pouvais supporter
et attendait mon approbation ou ma rectification ou ma
sagesse. Mais, sur ce point, ma peur et mon ignorance
étaient si grandes que je devenais muette face à son innocence.

Me souvenant de l'approche de Sam devant la maladie
de mon père, je commençai à observer son approche devant
le deuil. Le soir, il collait son visage contre la fenêtre de sa
chambre et pleurait, appelant dans la pénombre : « Papi, je
t'aime ! Fais de beaux rêves ! » Puis, lorsque ses larmes ces-
saient, il grimpait dans son lit, satisfait d'une certaine
manière et il s'endormait. Moi, par contre, j'errais dans la
maison toute la nuit, ne sachant pas comment faire le deuil.

Un jour, dans le parc de stationnement du supermarché,
j'aperçus une camionnette rouge qui ressemblait à celle de
mon père. Pendant un instant, j'oubliai qu'il était décédé.
Mon cœur bondit en même temps que je pensai, *Papa est
ici !*

Puis, je me rappelai et succombai à une crise de larmes.
Sam grimpa sur mes genoux, coincé entre moi et le volant.

« Papi te manque, n'est-ce pas ? » demanda-t-il.

Je réussis à faire oui de la tête.

« Moi aussi. Mais tu dois croire qu'il est avec nous, Maman, dit-il. Tu dois croire ça, sinon qu'est-ce qu'on va faire? »

Trop jeune pour adhérer à une idéologie particulière, Sam faisait simplement face au deuil et à la perte en croyant que la mort ne nous séparait pas vraiment de ceux que nous aimions. Je ne pouvais lui montrer le paradis sur une carte ou lui expliquer le parcours suivi par une âme. Mais il avait trouvé sa propre façon de s'en sortir.

Récemment, pendant que je préparais le dîner, Sam s'assit de lui-même à la table de cuisine, coloriant tranquillement dans son cahier de coloriage Spiderman.

« Je t'aime, aussi », dit-il.

Je ris et me retournai pour lui faire face, lui disant : « Tu dis seulement "Je t'aime, aussi" après que quelqu'un t'a dit "Je t'aime" en premier. »

« Je sais, dit Sam. Papi vient juste de me dire "Je t'aime, Sam" et j'ai dit "Je t'aime, aussi". » Il continuait à colorier.

« Grand-père vient de te parler? » demandai-je.

« Oh, Maman, dit Sam, il me dit qu'il m'aime tous les jours. Il te le dit, aussi. C'est juste que tu n'écoutes pas. »

Une fois encore, j'ai commencé à emprunter la même piste que Sam. J'ai commencé à écouter.

Ann Hood

Le plumier

J'étais dans mon bureau, plongée dans mes pensées, en train de préparer une conférence que je devais donner ce soir-là dans un collège à l'autre bout de la ville, lorsque le téléphone sonna. Une femme, que je n'avais jamais rencontrée, se présenta et dit qu'elle était la mère d'un enfant de sept ans et qu'elle était mourante. Elle raconta que son thérapeute lui avait assuré que le fait de discuter de sa mort imminente avec son fils serait trop traumatisant pour lui. Mais, sans qu'elle sache pourquoi, elle ne se sentait pas bien avec cette solution.

Sachant que je travaillais avec des enfants qui vivaient un deuil, elle me demanda mon avis. Je lui dis que notre cœur était souvent plus intelligent que notre cerveau et que je croyais qu'elle savait ce qui était le mieux pour son fils. Je l'invitai aussi à assister à la conférence que je prononcerais ce soir-là puisque je parlerais de la façon dont s'en sortent les enfants avec la mort. Elle dit qu'elle serait là.

Je me demandai plus tard si je la reconnaîtrais sur les lieux de la conférence, mais j'eus la réponse quand je vis dans la pièce une femme frêle à demi portée par deux adultes. Je parlai du fait que les enfants devinent habituellement la vérité bien avant qu'elle leur soit dite et qu'ils attendent souvent de sentir que les adultes sont prêts à parler du sujet avant de partager leurs préoccupations et leurs questions. J'expliquai que les enfants peuvent habituellement mieux supporter la vérité que le déni, même si le déni est destiné à les protéger de la souffrance. Je dis que respecter les enfants signifiait les inclure dans la tristesse de la famille, et non les en exclure.

Elle en avait assez entendu. À la pause, elle clopina jusqu'à l'estrade et, à travers ses larmes, elle dit : « Je le savais dans mon cœur. Je savais juste que je devais lui dire. » Elle dit qu'elle lui parlerait le soir même.

Le matin suivant, je reçus un autre appel téléphonique de cette femme. Elle pouvait difficilement parler, mais je réussis à entendre l'histoire à travers sa voix étranglée. Elle avait réveillé son fils à leur retour à la maison le soir précédent et lui avait calmement dit : « Derek, j'ai quelque chose à te dire. »

Rapidement, il l'avait interrompue, en disant : « Oh, Maman, est-ce maintenant que tu vas me dire que tu es mourante? »

Elle l'avait pris dans ses bras, et tous les deux avaient sangloté alors qu'elle avait dit, « Oui. »

Après quelques minutes, le petit garçon voulut descendre. Il avait dit qu'il avait quelque chose pour elle qu'il avait mis de côté. Dans le fond de l'un de ses tiroirs, il y avait un plumier sale. À l'intérieur de la boîte, une lettre écrite en un gribouillage simple. La lettre disait : « Au revoir, Maman. Je t'aimerai toujours. »

Depuis combien de temps attendait-il d'entendre la vérité, je ne sais pas. Mais je sais que deux jours plus tard, la jeune mère mourut. Dans son cercueil, on plaça une lettre et un plumier sale.

Doris Sanford

Des cartes pour Maman

J'avais perdu mon père trois ans plus tôt, et ma mère me rendait visite pour ce que je soupçonnais être la dernière fois. Nous espérions encore que son état s'améliore. Nous pensions qu'elle serait capable de vaincre le cancer du cerveau, de la même manière qu'elle l'avait fait pour le cancer du poumon, mais nous étions loin d'être aussi confiants.

Ma « tornade blanche » de mère — ainsi nommée parce que son énergie tourbillonnante nous rappelait la publicité du produit de nettoyage — était faible tout à coup. C'était comme si elle se soumettait plutôt que d'être la provocatrice guerrière que nous avions connue durant son premier combat contre le cancer. Mon expérience toute récente avec Papa me permettait de reconnaître les signes de l'imminence de la mort.

Juste avant de partir, Maman sortit de sa valise une boîte qu'elle me tendit, me demandant de ne pas l'ouvrir avant quelques mois. Je savais ce que cela signifiait et je passai courageusement les quelques heures suivantes avec elle, craquant seulement lorsqu'elle partit en voiture. À partir de cet instant et jusqu'à la veille de Noël, je versai des torrents de larmes. Je reçus l'appel m'annonçant sa mort juste au moment où nous partions pour sept heures de route pour être à ses côtés. Je l'avais vue plusieurs fois depuis qu'elle m'avait laissé la boîte et nous avions parlé de tout, sauf de ce qui se passait vraiment.

La semaine de Noël se passa dans une sorte de brouillard. Mes sœurs et moi essayâmes de sauver les vacances pour nos enfants, même si nous nous étions résignées au fait que nous ne pourrions plus jamais nous reposer sur la force de nos parents.

J'étais à la maison après les funérailles et cela prit plusieurs semaines avant que je me souvienne même de la boîte… et il se passa plusieurs autres semaines avant que je puisse me décider à l'ouvrir. Je m'armai de courage avec une tasse de thé — la panacée de toutes les femmes écossaises — et je m'assis les jambes croisées sur le sol pour ouvrir la boîte à fiches cabossée, de couleur bleue, que ma mère m'avait laissée.

À ma grande surprise, la boîte était remplie de cartes de vœux. Ma mère, la même qui avait subi ma colère d'adolescente pour avoir jeté mes trésors sans distinction, avait gardé toutes les cartes que nous lui avions envoyées. La carte du dessus était récente et avait été envoyée par ma sœur avec des vœux de prompt rétablissement. Elle l'avait reçue alors qu'elle luttait contre son premier cancer dans un établissement de soins palliatifs. À l'intérieur, ma mère avait écrit ses propres mots pour nous, disant combien notre présence avait été importante pour elle. Son écriture en pattes de mouches émergea de la carte pour m'atteindre et me faire pleurer.

Je fouillai au milieu de la boîte et en retirai une carte d'anniversaire envoyée par une autre de mes sœurs lorsqu'elle avait seize ans. Mon cœur bondit lorsque je découvris un autre mot à l'intérieur écrit par ma mère d'une main très assurée : « Ma cocotte, je vous regarde, toi et Terry, et je me sens tellement fière de voir quelle belle jeune femme tu deviens. Te voir avec ton premier petit ami me fait anticiper le jour où je t'enverrai moi aussi des cartes d'anniversaire. »

L'éducation réservée de Maman — elle était d'origine écossaise — l'avait empêchée de nous prodiguer des louanges de vive voix. Pourtant, chaque carte, à partir des plus sophistiquées achetées dans des boutiques spécialisées jusqu'aux naïfs dessins d'enfants, était gravée de ses espoirs et de ses rêves à notre égard. Plus encore, elle utilisait des mots qu'elle nous exprimait rarement au quotidien. Elle était fière de nous. Elle nous aimait. Elle pensait que nous étions merveilleuses. Nous avions toujours su ces choses, mais dans son urgence de nous voir réussir et dépasser ses rêves à notre endroit, le plus souvent elle nous poussait et nous harcelait.

Sur la carte qui était signée par le premier de ses petits-enfants, je pouvais deviner la trace de ses propres larmes. Je lus sa joie lorsque chacune de ses filles s'était mariée à un homme qui, par le cœur, deviendrait son fils. Je ris lorsqu'elle partagea ses inquiétudes à notre sujet, avec une voix que je pouvais entendre aussi clairement que lorsqu'elle était là, tout près de moi.

Je fus tout à coup avide de regarder mes propres cartes. Rapidement, j'en trouvai une. En la lisant, je me mis à sangloter. J'en trouvai une autre… et une autre. De l'une à l'autre, ma mère me disait que j'étais belle, intelligente et drôle. Elle écrivit à quel point elle était touchée que j'aie choisi de si belles cartes, et que j'y aie écrit mes propres mots remplis d'amour. Elle me dit qu'elle souhaitait être capable de s'exprimer aussi bien que moi.

Dans les mois qui suivirent, je souhaitai avoir eu la possibilité de lui dire que la manière dont elle s'était exprimée sur toutes ces cartes aiderait ses quatre filles à traverser certains des jours les plus difficiles de leur vie. Et qu'elle avait laissé derrière elle un héritage bien plus durable que tout ce qu'elle aurait pu faire d'autre.

Maintenant que j'ai donné à chacune de mes sœurs les cartes qui leur appartenaient, la boîte bleue est beaucoup plus légère; mais il y a une nouvelle couche qui se forme. Après chaque anniversaire, toutes les cartes que je reçois sont placées dans la boîte avec mon propre message qui vient du fond du cœur — avec le vœu que je dirai ces mots à voix haute aussi souvent que je le pourrai.

Je laisserai quand même ma propre pile de cartes après moi afin qu'elles soutiennent mes êtres chers lorsque je serai partie. Et ainsi conserver vivant mon amour pour eux… comme les cartes de ma mère l'ont fait pour moi.

Mary Ann Christie

Johnny et Jenny Roitelet

« Aïïïïïe! » expirai-je doucement pendant que je balançais mes jambes sur le bord du lit. Était-ce possible que tous les muscles de mon corps me fassent mal en même temps? Maman les appelait des « muscles de jardinier ». Si elle avait su combien j'étais endolorie, je me serais fait gronder. « Soulève avec tes jambes, pas avec ton dos! » m'avait-elle répété d'innombrables fois.

Mais il n'y aurait plus de sermon de ma mère sur la manière de soulever les choses, pensai-je tristement. Mon cœur se serrait au sentiment familier qui m'habitait depuis ce matin-là — il y a de cela plusieurs semaines — où ma sœur me téléphona, m'apprenant que Maman était morte subitement après une simple chute... un tout petit faux pas dans l'escalier de sa propre demeure.

En état de choc et bouleversée de chagrin, je laissai mon mari et mon enfant en Iowa pour me précipiter en Pennsylvanie, dans la maison de mon enfance, et passer les semaines suivantes avec mes sœurs et mon père. Unis dans l'incrédulité et la tristesse, nous nous chargeâmes des rites funéraires qui occupaient toutes nos journées, avant de nous coucher pour la nuit, épuisés. Nous n'avions pas le temps de laisser libre cours au chagrin. Simplement passer à travers était tout ce que nous pouvions faire.

Mais maintenant, j'étais revenue en Iowa et ici, il semblait qu'il n'y avait rien, sauf le temps de ressentir le vide et la douleur de la perte de Maman. C'était un dimanche matin. À ce moment-là, je lui aurais parlé au téléphone, une tasse de café à la main, discutant avec elle des événements de la semaine.

La majeure partie de notre conversation aurait été reliée à nos jardins. Depuis les débuts de ma tendre enfance, elle et moi avions partagé le jardinage et l'amour de la nature. À cette époque, on m'avait accordé une petite section du jardin familial que je pouvais cultiver comme je l'entendais. J'appris tous les rudiments de l'agriculture d'une cour arrière sur ses genoux, souvent *sur nos genoux,* plongées jusqu'aux coudes dans la terre fraîche du jardin. Le nom des arbres, des plantes, des oiseaux et des animaux, tout cela fut transmis de mère à fille dans le jardin, dans une communion facile.

Après mon mariage, j'eus ma propre famille avec maison et jardins. Nous parlions alors l'une avec l'autre chaque dimanche, pendant que nous contemplions nos jardins par nos fenêtres, inventoriant les oiseaux dans les mangeoires et les papillons sur les fleurs.

Mais aujourd'hui, il n'y aurait pas d'appel téléphonique. Que des muscles courbaturés et ce sentiment de vide d'être une orpheline. « Oh, Maman… », murmurai-je.

Presque distraitement, j'examinai le paysage. Les nouvelles feuilles vertes sur le chêne et sur les noyers s'agitaient dans la brise printanière. Avec une douce surprise, je réalisai que les branches supérieures d'un arbre rempli de bourgeons rouges étaient devenues assez grandes pour atteindre directement la fenêtre de ma chambre au deuxième étage.

C'était un arbre très spécial pour moi. Maman et Papa l'avaient acheté pour nous lorsqu'ils nous rendirent visite l'année suivant la construction de notre maison. Puis, une petite pensée amusante et inattendue, presque un murmure, me passa par la tête. « Tiens, cette branche est tellement solide, je pourrais y suspendre une maison d'oiseaux. »

Je me rendis dans la véranda entourée de moustiquaires et sortis de l'étagère une petite maison d'oiseaux jaune avec un toit de couleur rouge. La première chose que je sus, j'étais dans la cour arrière de la maison, grimpée sur une échelle avec ma chemise de nuit qui flottait dans le vent. Je suspendis la petite maison à une branche faisant face au sud-est, comme Maman me l'avait toujours enseigné. Puis, je revins en courant dans la maison et regardai attentivement par la fenêtre de la chambre à coucher. C'était parfait! Placée tout juste en face ma fenêtre, juste assez inclinée, me laissant une vue parfaite de l'ouverture. « Je me demande si je trouverai preneurs? », songeai-je avec espoir. Le reste de la journée, je me trouvai des excuses pour me retrouver dans la chambre, cherchant des visiteurs à plumes.

Le matin suivant, je fus réveillée par un gazouillis si fort qu'on aurait dit qu'il provenait de mon oreiller. Je me dressai dans mon lit et vérifiai la maison d'oiseaux. Perché sur le toit, il y avait un petit roitelet qui chantait de tout son cœur et bondissait sur toutes les branches alentour remplies de bourgeons rouges, comme pour dire : « Youpi! Je la prends! » Mon cœur se gonfla de joie.

La semaine suivante, mes matins commencèrent toujours au début de l'aurore avec une forte sérénade de mon ami actif. Ma curiosité m'amena à feuilleter mes livres sur les oiseaux, et j'appris que mon copain était un mâle qui cherchait une femelle. Ce mâle particulier — Johnny Roitelet comme je l'appelai — était l'équivalent ailé d'un adolescent passionné par les filles, arborant une voiture jaune clair et rouge équipée d'un moteur gonflé. « Hé! Ma belle, regarde. Entre dans ma maison! Hé! Mon ange, c'est quoi ton signe? » semblait-il gazouiller sans relâche à toute Jenny Roitelet, dans un rayon de 800 mètres.

Je commençai à l'encourager. « Vas-y, Johnny, vas-y! » Chaque matin, je l'appelais dès mon réveil pour entendre son chant amoureux. Mon mari et ma fille me trouvèrent complètement folle, mais ils étaient transportés de joie de me voir ressentir de nouveau un certain bonheur.

En moins d'une semaine, il me fut donné d'assister au premier grand rendez-vous de Johnny. Alors qu'une Jenny volait vers la petite maison et commençait à l'examiner,

Johnny était perché sur une branche au-dessus et vantait bruyamment les avantages de sa maison, sa virilité et son profond désir de l'épouser. La chanson de Johnny surpassait maintenant la plus grande aria de Puccini, pendant que Jenny inspectait soigneusement l'intérieur et l'extérieur de la maison ainsi que les branches feuillues autour. L'un et l'autre voletaient ici et là.

Je sus que l'offre de Johnny était acceptée quand Jenny vola jusqu'à un tas de bois tout près, en détacha une tige puis retourna à la maison pour la rentrer à l'intérieur.

Dans les quelques semaines qui suivirent, je passai beaucoup de temps à cette fenêtre à observer Johnny et Jenny Roitelet. Ils construisirent leur nid, y déposèrent leurs minuscules œufs et élevèrent une couvée d'oisillons roitelets. J'épiai les oisillons alors qu'ils voletaient plus loin pour commencer leur propre vie quelque part dans nos bois. Je m'émerveillai à ce miracle et me délectai de cette magie. Je célébrai le modeste cycle de vie se manifestant juste à l'extérieur de ma fenêtre dans l'arbre de Maman, rempli de bourgeons rouges.

Cela ressemble bien à Maman de m'avoir envoyé Johnny et Jenny. Le charme de leur vie d'oiseaux vécue simplement était un signal de réveil, l'ordre de me ramener aux cycles plus importants de ma propre vie. Et même si mes amis roitelets m'ont manqué pendant l'hiver, leur magie a persisté. À mesure que les mois passaient, je recommençai à me sentir entière.

Le printemps suivant, je nettoyai mes maisons d'oiseaux pour encourager le retour de mes amis pour une autre saison. Quand je sortis le nid bien ordonné de Johnny et Jenny, je le tins pendant un moment dans mes mains et souris, me souvenant des événements de l'été précédent.

Je fus particulièrement surprise lorsque je récupérai un autre nid d'une maison d'oiseaux perchée dans un cèdre voisin. Je remarquai un morceau de papier noirci par le feu entrelacé dans les brins de paille et les brindilles. Nul doute que cela venait des déchets non brûlés recueillis dans la poubelle par les oiseaux. Curieuse, je tirai sur le petit morceau et le dépliai. C'était le fragment d'une vieille facture de téléphone en lambeaux. Tout à coup, j'eus le souffle coupé. C'était le numéro de téléphone de Maman.

Bien sûr, je gardai ce nid. Comme Johnny et Jenny, il est un étonnant rappel que Maman et moi sommes toujours en contact. Je le considère comme un discret petit coup de coude venant de ma première et meilleure enseignante pour me dire que, tout comme nos jardins, la vie suit son cours.

Holly Manon Moore

Les cerises
enrobées de chocolat

(NOTE DE L'ÉDITEUR : Cette lettre de Noël fut envoyée aux amis et à la famille avec une boîte de cerises enrobées de chocolat.)

Quelle terrible façon de passer Noël ! Au mois de juin, les médecins avaient découvert que mon fils aîné, Cameron, était atteint de leucémie myéloblastique aiguë. Après une atroce balade dans un hélicoptère militaire jusqu'à l'hôpital Walter Reed, trois séries d'une épouvantable chimiothérapie, l'insoutenable résection d'un poumon et une décevante recherche de moelle osseuse, nous nous étions rendus au Duke University Hospital. Au début de décembre, Cameron avait subi une transplantation de sang de cordon, un ultime effort pour lui sauver la vie. Maintenant, nous étions à la veille de Noël.

Il sembla bizarre de passer Noël dans la petite chambre de l'unité 9200 — circonstances tellement différentes de nos préparatifs habituels des Fêtes à la maison. Nous avions toujours consacré des semaines à notre projet favori du temps des Fêtes : la confection de biscuits. En ce moment, les biscuits provenaient de la famille et des amis, étant donné que j'essayais de passer tout mon temps avec Cameron, l'aidant à alléger l'ennui et les longues heures. Depuis quelques semaines, on l'avait mis en isolement, car la chimiothérapie et les médicaments utilisés pour sa nouvelle greffe de moelle osseuse le privaient de son système immunitaire. Lorsque les cadeaux étaient arrivés par la poste, nous n'avions pas attendu que Noël arrive, nous les avions ouverts immédiatement, car tout devenait prétexte à créer des moments joyeux à travers ces instants ennuyeux et douloureux.

Par le passé, la veille de Noël, sur le coup de dix-huit heures, l'horloge nous indiquait « l'heure magique ». Le moment où chaque membre de ma famille — en Iowa, au Wisconsin, en Californie ou à Washington, D.C. — ouvrait ses cadeaux. En accomplissant ce rituel exactement au même moment, nous réunissions la famille d'une certaine façon, malgré notre éloignement physique. Le père de Cameron, sa belle-mère, sa sœur et son frère ouvraient aussi leurs cadeaux chez eux, à cette heure précise.

Cette année, l'heure magique ne trouverait que Cameron et moi, dans une minuscule chambre d'hôpital presque vide, puisqu'on interdisait la plupart des décorations dans cet environnement stérile.

Nous étions assis tous les deux, écoutant le ronronnement du filtre HEPA et le bip des six pompes à infusion reliées à un cathéter installé dans son cœur, alors que Cameron attendait dix-huit heures... exactement, pour ouvrir les quelques cadeaux que j'avais mis de côté pour lui. Il insistait pour que nous maintenions cette petite tradition, afin de créer un semblant de normalité — brusquement abandonnée six mois plus tôt. Je le regardai ouvrir les cadeaux. Son préféré était un jouet qui disait « Je t'aime » quand on le serrait.

Noël avait passé bien trop rapidement. Du moins, c'était ce que je croyais.

Avec précaution, Cameron atteignit le côté de son lit d'hôpital et me tendit une petite boîte verte. Elle était enveloppée avec beaucoup de goût, manifestement par une boutique de cadeaux, avec des coins parfaitement repliés et un morceau de ruban noué, retenu par une étiquette gaufrée or.

Surprise, je dis : « Pour moi? »

« Maman, ce ne serait pas Noël si tu n'avais pas quelque chose à déballer toi aussi », répondit-il.

Pendant un moment, je demeurai muette. Finalement, je demandai : « Mais comment te l'es-tu procuré? As-tu demandé à une infirmière d'aller à la boutique de cadeaux? »

Cameron s'appuya contre la tête de son lit et me servit son sourire le plus espiègle.

« Non! Hier, quand tu es retournée à la maison quelques heures pour prendre une douche, je me suis esquivé jusqu'en bas. »

« CAMERON! Tu n'es pas censé quitter l'étage! Tu sais que tu peux attraper n'importe quel microbe. Ils t'ont laissé quitter l'unité? »

« Non! » Son sourire était encore plus large maintenant. « Ils ne regardaient pas. Je suis juste sorti. »

Ce n'était pas qu'un petit exploit, car depuis la transplantation de sang de cordon, Cameron était affaibli. Il pouvait difficilement marcher et certainement pas sans aide. Cela avait dû lui prendre toutes ses forces simplement pour traverser les couloirs de la petite unité, pousser la lourde perche à quatre branches où étaient suspendus ses médicaments et une pompe contre la douleur. Comment lui avait-il été possible de descendre neuf étages jusqu'à la boutique de cadeaux?

« Ne t'en fais pas, Maman. Je portais mon masque et j'ai utilisé ma canne. Tu parles qu'ils m'ont passé un savon quand je suis revenu. Je ne pourrais plus m'enfuir de nouveau, car maintenant ils me surveillent. »

Je ne pouvais lever les yeux. Je tenais la boîte encore plus serré et j'avais déjà commencé à pleurer.

« Ouvre-la! Ce n'est pas grand-chose, mais ce ne serait pas Noël si tu n'avais pas reçu quelque chose de ma part à déballer. »

J'ouvris la boîte de cerises enrobées de chocolat enveloppée à la boutique de cadeaux. « Ce sont tes préférés, n'est-ce pas? » me demanda-t-il avec espoir.

Je finis par regarder mon pauvre bébé de dix-huit ans. Toute la souffrance de Cameron avait commencé presque immédiatement après avoir obtenu son diplôme collégial. Savait-il l'ampleur de la leçon qu'il me donnait sur ce que signifiait une vraie famille ? « Oh, absolument, ce sont mes préférés. »

Cameron rit un peu. « Regarde, nous suivons encore nos traditions, même ici. »

« Cameron, c'est le plus beau cadeau que j'ai jamais reçu... de ma vie », lui dis-je. Et je pesais chaque mot. « Commençons une nouvelle tradition. Chaque Noël, donnons-nous chacun une boîte de cerises enrobées de chocolat et nous parlerons avec nostalgie de l'année que nous avons passée au Duke University Hospital à combattre la leucémie. Nous nous souviendrons combien c'était horrible et combien nous sommes heureux d'en être sortis. »

Nous fîmes ce pacte à ce moment et à cet endroit, pendant que nous partagions la boîte de cerises enrobées de chocolat. Quelle merveilleuse façon de passer Noël!

Cameron mourut deux mois plus tard, après deux transplantations de sang de cordon infructueuses. Il était si courageux, ne cédant jamais, n'abandonnant jamais. Ce sera mon premier Noël sans lui et le premier Noël sans un cadeau de lui à déballer.

Ceci est mon cadeau pour vous. Une boîte de cerises enrobées de chocolat. Et quand vous l'ouvrirez, je souhaite que vous vous rappeliez que le temps des Fêtes, c'est vraiment... le temps d'être avec vos amis et votre famille... de recréer des traditions, peut-être en inventer de nouvelles... mais, plus que tout, c'est le temps de l'amour.

Quelle merveilleuse façon de passer Noël.

Dawn Holt

Je te ferai un arc-en-ciel

Rien ne peut jamais réellement nous préparer à perdre notre enfant. Avec le recul, j'ai souvent pensé que les médecins auraient dû rédiger un certificat de décès pour moi comme ils l'ont fait pour mon fils. Car lorsqu'il est parti, une partie de moi est morte en même temps.

Andy avait presque douze ans. Depuis trois ans, il se battait contre le cancer. Il avait subi de la radiothérapie et de la chimiothérapie; il était entré en rémission, puis le cancer était réapparu. Et le cycle avait recommencé plusieurs fois. J'étais surprise de sa détermination; il continuait de se relever chaque fois que le cancer l'envoyait au tapis. Son cran et son courage influençaient peut-être ma propre attitude à propos de son avenir ou peut-être étais-je tout simplement effrayée d'envisager la possibilité de sa mort. Quelle qu'en fût la cause, je crus toujours qu'Andy réussirait à s'en sortir. Cet enfant vaincrait les sombres probabilités.

Pendant trois étés, Andy était allé dans un camp destiné aux enfants atteints de cancer. Il adorait ce camp et semblait se réjouir de la semaine où il pourrait oublier l'hôpital et la maladie, et redevenir un enfant normal. Le jour suivant le retour de sa troisième aventure estivale, nous nous rendîmes à la clinique pour un examen de routine. Les nouvelles étaient mauvaises. Le médecin programma une transplantation de moelle osseuse qui aurait lieu deux jours plus tard dans un hôpital situé à près de 500 kilomètres de chez nous. Le lendemain, nous jetâmes nos affaires dans une valise et nous partîmes.

J'avais placé dans ma valise le cadeau qu'Andy m'avait rapporté du camp : un capteur de lumière en plastique en forme d'arc-en-ciel, muni d'une ventouse servant à le fixer à la fenêtre. Comme la plupart des mères, tout cadeau qui venait de mon enfant devenait un trésor et je voulais l'apporter avec moi.

Nous arrivâmes à l'hôpital et nous commençâmes l'exténuante épreuve qui, selon les médecins, constituait la seule chance pour mon fils. Nous passâmes sept semaines à cet endroit. Qui devinrent les sept dernières semaines de la vie d'Andy.

Nous ne parlâmes jamais de la mort... sauf une fois. Andy était épuisé et devait savoir qu'il perdait du terrain. Il essaya de m'en donner un signe. Après l'un des nombreux protocoles médicaux pénibles qu'il endurait régulièrement, il avait mal au cœur et il était faible. Il se tourna vers moi et il me demanda : « Est-ce que ça fait mal de mourir? »

J'étais stupéfaite mais je répondis sans mentir : « Je ne sais pas. Mais je ne veux pas parler de la mort, parce que tu ne vas pas mourir, Andy. »

Il prit ma main et dit : « Pas tout de suite, mais je deviens très fatigué. »

Je sus ce qu'il voulait me dire, mais j'essayai de toutes mes forces d'ignorer le message et d'empêcher l'affreuse pensée de pénétrer dans mon esprit.

Je passais une grande partie de mes journées à regarder Andy dormir. Quelquefois, je me rendais à la boutique de cadeaux pour acheter des cartes et du papier à lettres. J'avais très peu d'argent. Les infirmières connaissaient notre situation et firent semblant de ne pas remarquer quand je couchais dans la chambre d'Andy et que je mangeais les restes de la nourriture supplémentaire que nous avions commandée pour Andy. Mais je réussis toujours, en raclant un peu les fonds de tiroirs, à réunir l'argent nécessaire pour acheter du papier et des cartes car Andy adorait tellement recevoir du courrier.

La transplantation de moelle osseuse était une terrible épreuve. Andy ne pouvait recevoir de visiteurs, dont la présence aurait pu nuire à son système immunitaire. Je savais qu'il se sentait encore plus isolé que jamais. Déterminée à faire quelque chose qui lui rendrait la vie plus facile, je commençai à aborder des étrangers dans les salles d'attente en leur demandant : « Pourriez-vous écrire une carte pour mon fils? » J'expliquais sa situation et je leur offrais une carte ou du papier pour qu'ils puissent écrire. Leurs visages exprimaient de la surprise, mais ils le faisaient. Personne ne me refusa cette requête. Ils jetaient un regard sur moi et ils voyaient une mère qui souffrait.

Je fus étonnée que ces gentilles personnes, qui devaient faire face à leurs propres inquiétudes, prennent le temps d'écrire à Andy. Certaines ne faisaient que signer la carte avec un petit message de prompt rétablissement. D'autres écrivaient de vraies lettres : « Salut! Je viens d'Idaho pour rendre visite à ma grand-mère qui est hospitalisée… » et elles remplissaient une page ou deux avec leur histoire, invitant parfois Andy à les visiter où qu'ils soient lorsqu'il irait mieux. Une fois, une femme m'arrêta pour me dire : « Vous m'avez demandé d'écrire à votre fils il y a quelques semaines. Puis-je lui écrire de nouveau? » Je postais toutes ces lettres pour Andy et je l'observais avec joie pendant qu'il les lisait. Andy reçut un flot régulier de courrier jusqu'au jour de sa mort.

Un jour, j'allai au magasin de cadeaux pour acheter de nouvelles cartes et je vis en vente un prisme en forme d'arc-en-ciel. Me souvenant du capteur de lumière en forme d'arc-en-ciel qu'Andy m'avait offert, je sentis que je devais le lui acheter. Cela coûtait cher, mais je tendis l'argent et me dépêchai de revenir dans la chambre d'Andy pour le lui montrer.

Il était étendu sur son lit, trop faible pour même lever la tête. Les stores étaient presque fermés, mais un rayon de soleil se déversait en pente sur le lit. Je plaçai le prisme dans ses mains et lui dis : « Andy, fais-moi un arc-en-ciel. »

Mais Andy ne pouvait pas. Il essaya de lever son bras, mais c'était trop pour lui.

Il tourna son visage vers moi et dit : « Maman, dès que j'irai mieux, je te ferai un arc-en-ciel que tu n'oublieras jamais. »

Ce fut l'une des dernières choses qu'il me dit. Quelques heures plus tard, il s'endormit et, durant la nuit, il sombra dans le coma. Je demeurai avec lui dans l'unité de soins intensifs, lui donnant des massages, lui parlant, lui lisant son courrier, mais il ne remua jamais. Le seul bruit était le ronronnement constant et le bip des appareils de respiration artificielle entourant son lit. Je voyais la mort en face de moi, mais je croyais encore qu'il y aurait un sauvetage de dernière minute, un miracle qui me rendrait mon fils.

Après cinq jours, les médecins me dirent que son cerveau avait cessé de fonctionner et qu'il ne serait plus jamais « Andy ». Il était temps de le débrancher des machines qui conservaient son corps en vie.

Je demandai à le prendre. Alors, juste après l'aurore, ils m'amenèrent une berceuse dans la chambre et, après que je fus installée dans la chaise, ils éteignirent les machines et le soulevèrent de son lit pour le placer dans mes bras. Pendant qu'ils le soulevaient, sa jambe fit un mouvement involontaire et il frappa une cruche de plastique transparent qui était sur sa table de chevet et qui se renversa sur le lit.

« Ouvrez les stores, criai-je. Je veux que cette chambre soit remplie par la lumière du soleil. » L'infirmière se dépêcha d'aller vers la fenêtre pour tirer la corde.

Pendant qu'elle le faisait, je remarquai un capteur de lumière en forme d'arc-en-ciel fixé à la fenêtre, sans doute laissé par un précédent occupant de cette chambre. Je retins mon souffle, émerveillée. Et alors, comme la lumière du soleil remplissait la chambre, les rayons frappèrent la cruche couchée sur le côté sur le lit et toutes les personnes présentes arrêtèrent leur travail, silencieuses et impressionnées.

La chambre était tout à coup remplie d'éclairs de couleur, des douzaines et des douzaines d'arcs-en-ciel, sur les murs, sur le sol, au plafond, sur la couverture enroulée autour d'Andy reposant dans mes bras. La chambre était vivante d'arcs-en-ciel.

Personne ne pouvait parler. Je baissai les yeux pour regarder mon fils, il avait cessé de respirer. Andy était parti, mais même après le choc de cette première vague de chagrin, je me sentis réconfortée. Andy avait fait l'arc-en-ciel qu'il m'avait promis — celui que je n'oublierais jamais.

Linda Bremner

Un souvenir de Noël

La neige tombait doucement, ses délicats flocons à l'aspect de dentelle s'accrochant sur mon poncho de laine. Le long de la rue blanchissante, je traînais et je portais en alternance mon encombrant fardeau — un énorme sac à ordures rempli de cadeaux. Il était près de minuit, la veille de Noël, mais je n'étais pas pressée de rentrer à la maison. Mes larmes brouillaient le kaléidoscope des lumières multicolores qui clignotaient joyeusement depuis les maisons de nos voisins. Des bougies plus tamisées éclairaient faiblement chaque fenêtre de notre maison, dans leur timide tentative de feindre l'allégresse. Tout à coup, je m'arrêtai et regardai fixement. Un personnage bien en chair, vêtu de rouge et portant une barbe blanche, tapait doucement à notre porte d'entrée en marmonnant « Ho! Ho! Ho! »

Que fait-il ici? pensai-je amèrement.

Noël ne viendrait pas au numéro 5 du chemin Jodi cette année. Je craignais qu'il ne revienne jamais. Mon esprit retourna rapidement en arrière, jusqu'à ce jour de novembre, le jour où notre bonheur sembla disparaître pour toujours.

La température automnale se rafraîchissait. Mon mari, Jack, nos trois enfants et moi nous serrions dans la voiture pour nous rendre à la partie de football du dimanche après-midi des Junior Midgets. Nos deux aînés, Tara, quatre ans, et Sean, dix-huit mois, allaient et venaient en courant dans les gradins, pendant que je surveillais le bébé, Christopher, qui avait trois mois. Il était chaudement blotti dans sa voiture d'enfant, faisant la sieste à plat ventre, inconscient du bruit et de la fraîcheur de l'air.

« Je n'ai pas encore vu votre petit dernier », dit en nous appelant l'un de nos amis, Tony, qui arrivait à mes côtés. Il sourit et jeta un œil furtif dans la poussette. Toujours enthousiaste à l'idée de montrer le bébé, je le soulevai, son visage retourné vers Tony. Le sourire disparut du visage de Tony et une expression horrifiée emplit ses yeux. Qu'est-ce qui n'allait pas? Je retournai Christopher vers moi. Son superbe et parfait petit visage était crispé, de couleur bleu gris. Je criai.

Un autre parent — un policier de la ville de New York — sauta des gradins, m'enleva Christopher des bras et commença à appliquer des techniques de réanimation avant que les cris ne se soient éteints de mes lèvres. Une ambulance était en attente pour la partie de football et le policier courut vers elle avec notre enfant sans vie qu'il tenait délicatement dans ses bras. Jack courait derrière eux. Avant qu'ils démarrent, j'avais perdu connaissance et une seconde ambulance était appelée pour m'emmener à l'hôpital.

Lorsque j'arrivai quelques minutes plus tard, le policier qui avait transporté Christopher ouvrit la porte de mon ambulance. Il se nommait John et il avait de doux yeux marron. Il sauta dans l'ambulance et s'assit près de moi. Je n'aimais pas ce que je voyais dans ses yeux. Il approcha une de ses mains massives — des mains qui avaient essayé de sauver mon bébé — et tint la mienne.

« Prions un moment avant d'entrer », me dit-il gentiment.

« Est-ce qu'il est vivant? » suppliai-je.

Je ne voulais pas prier — ni à ce moment-là, ni pour un long moment après. John me conduisit à l'intérieur de l'hôpital jusqu'à Jack et nous restâmes debout ensemble en écoutant l'explication des médecins : SMSN (syndrome de mort subite du nourrisson). Notre fils était un autre de ces enfants morts simplement pendant leur sommeil. Personne ne savait pourquoi ni comment. À l'hôpital, on ne pouvait plus faire grand-chose. Christopher était déjà mort lorsque je l'avais soulevé de la poussette. Il était mort à un certain moment durant sa douillette et inoffensive sieste.

Nous nous étions mis en route ce matin-là — une famille avec trois enfants heureux et en bonne santé. Et nous retournions, Jack et moi, ce soir-là, recroquevillés et perplexes, sur le siège arrière de la voiture de John. Tara et Sean se trouvaient chez un ami. Et Christopher, notre bébé, était mort.

John et sa famille demeuraient à environ trois pâtés de maisons de chez nous. Vétéran de vingt ans au service de police de New York, John avait l'habitude de la mort, mais il n'était ni endurci ni immunisé contre elle. Ce furent sa patience et sa compassion qui nous guidèrent à travers les pires heures de notre vie.

Les semaines qui suivirent comprenaient les deux plus joyeuses fêtes de famille de l'année — l'Action de grâces et Noël — mais pour nous, elles correspondaient plutôt à un douloureux brouillard. Jack et moi étions si submergés par la douleur, que nous nous coupâmes l'un de l'autre et du reste du monde.

Au début de décembre, si j'avais pu faire en sorte que Noël n'arrive pas pour le monde entier, je l'aurais fait. *Noël n'a pas le droit de venir cette année*, pensai-je avec colère.

Mais maintenant, à l'approche de minuit la veille de Noël, le père Noël s'imposait à ma porte d'entrée. Si jamais j'avais cru en l'existence du père Noël, le moment de la dure réalité était certainement arrivé — le moment où j'ai su qu'il n'existait pas, qu'il n'avait jamais existé et qu'il n'existerait jamais.

Furieuse en même temps qu'épuisée, je déposai le chargement de cadeaux que j'avais achetés pour les enfants il y avait de cela plusieurs semaines. Peu de temps après la mort de Christopher, j'avais fait don de ses cadeaux à l'association Birth Right. Les cadeaux de Tara et de Sean avaient été cachés en sécurité, loin de leurs yeux d'espion, dans la maison d'un voisin jusqu'à cette soirée. Je ressentis un accès de remords. Jack et moi n'avions probablement pas bien travaillé pour nous préparer à Noël cette année-là; hébétés, nous avions fait machinalement le choix et la décoration d'un arbre avec Tara et Sean.

Pendant ce temps, j'atteignis les marches de l'entrée. Jack avait ouvert la porte et il regardait d'un air ébahi le corpulent personnage. Ses yeux se posèrent sur moi, qui étais derrière le père Noël. Il pensait probablement que je l'avais amené à la maison dans une timide tentative de revivre un peu l'esprit de Noël. Je haussai les épaules, indiquant que j'étais aussi perplexe que lui. J'entrai dans la maison, derrière l'homme habillé de rouge.

Le père Noël nous ignora. Par bonds, il monta joyeusement l'escalier et se rendit tout droit vers les chambres des enfants. Il réveilla d'abord Tara, l'appelant doucement par son prénom. Elle s'assit bien droit et sourit. Bien sûr que le père Noël était debout à côté de son lit! Que pouviez-vous espérer d'autre la veille de Noël? raisonna-t-elle dans sa petite tête de quatre ans et elle se lança immédiatement dans l'énumération de sa liste de cadeaux. « Une poupée Barbie avec beaucoup de vêtements, un service à thé, le jeu Candyland et une poupée qui fait vraiment pipi », termina-t-elle joyeusement. Le père Noël lui fit une étreinte et lui fit promettre qu'elle allait tout de suite se rendormir. « N'oublie pas, j'ai été très gentille », lui cria-t-elle.

Le père Noël entra dans la chambre de Sean qui n'était pas très enthousiaste à l'idée de se lever — il ne l'était jamais — et qui paraissait un peu sceptique. Mais, il se rappela qu'un bonhomme qui lui ressemblait lui avait donné une sucette en forme de renne lorsqu'il était au centre commercial et il décida d'accepter qu'il reste. Le père Noël le souleva de son lit d'enfant. Sean sourit d'un air endormi et donna une étreinte au père Noël.

Je regardai les mains massives et fortes qui avaient gentiment tenu mon fils et, levant les yeux vers le visage du père Noël, je vis d'aimables yeux marron qui me regardaient à travers les plis de sa barbe blanche duveteuse. Je me rappelai ces mains fortes et la chaleur de ces yeux.

« Oh! John! », criai-je en éclatant en larmes. Le père Noël nous rejoignit Jack et moi et il nous tint serrés. « J'ai pensé que vous pourriez avoir besoin d'un peu de Noël ce soir », dit-il doucement.

Le père Noël nous quitta bientôt et nous le regardâmes marcher dans la rue recouverte de neige vers la chaleur de sa propre maison et de sa famille. Sans un mot, Jack et moi plaçâmes nos paquets sous l'arbre et reculâmes pour admirer le papier brillant luire sous les lumières de l'arbre de Noël. Le père Noël était venu au numéro 5 du chemin Jodi. Et Noël aussi.

Lenore Gavigan

« Les grands-mères sont bonnes pour étreindre
parce qu'elles ont des années et des années de pratique. »

THE FAMILY CIRCUS® par Bil Keane. Reproduit avec l'autorisation de Bil
Keane.

11

L'AMOUR
D'UNE GRAND-MÈRE

*Il arrive que l'amour parfait ne survienne
qu'avec le premier petit-enfant.*

Proverbe gallois

*La meilleure chose à dépenser pour les enfants,
c'est votre temps.*

Joseph Addison

La soirée de la soupe de Mamie

La semaine avait été plus occupée qu'à l'ordinaire et un torticolis avait empiré les choses. Un jeudi après-midi, j'avais épuisé toutes mes réserves d'énergie et de patience. Tout ce que je voulais, c'était arriver à la maison, enfiler un peignoir confortable, me préparer un bol de bonne soupe chaude et m'affaler les pieds surélevés.

Alors, lorsque je m'engageai dans l'allée et que je vis la voiture de ma belle-fille Wanda, je poussai un gémissement de désespoir. J'avais oublié que c'était la soirée de Bryan.

Depuis la séparation de ses parents, j'avais essayé que mon petit-fils de six ans passe quelques heures avec moi, au moins une fois par semaine. Je tentais toujours de faire de ces heures un moment spécial pour lui. Nous cuisinions son plat préféré — du poulet aux canneberges — ou bien nous nous rendions à son restaurant de hamburgers favori. Puis, soit un film, soit une balade à travers le parc et ensuite le retour à la maison pour avoir du plaisir ensemble. Nous nous asseyions par terre et nous faisions des courses de petites voitures. Quelquefois, nous fabriquions des bonbons ou peut-être lisions-nous un livre comique ou effrayant. Bryan adorait toutes ces activités et moi aussi. D'habitude.

Ce soir-là, je ne voyais pas comment je pourrais affronter la chose. J'allais devoir remettre à la semaine prochaine notre soirée ensemble. Je les étreignis tous les deux, puis je leur expliquai combien je me sentais mal.

« Bryan, mon chéri, je suis désolée, dis-je. Ce soir, ta mamie Joan n'est pas en forme pour du plaisir et des jeux. Seulement un bon bol de soupe chaude, une heure de télévision en paressant, puis me coucher de bonne heure. Nous aurons notre soirée ensemble une autre fois. »

Le sourire de Bryan s'évanouit et je lus la déception dans ses yeux. « Mon Dieu, pardonne-moi, priai-je, mais je ne suis vraiment pas en forme pour cela ce soir. J'ai besoin de cette soirée pour me détendre et pour me ressourcer. »

Bryan leva gravement les yeux vers moi. « J'aime la soupe, Mamie. » Mon cœur de grand-mère savait ce qu'il disait en réalité. Dans ses mots, il disait : « S'il te plaît, ne me renvoie pas. Laisse-moi rester. »

J'entendis Wanda dire : « Non, Bryan. Mamie Joan est trop fatiguée ce soir. Peut-être la semaine prochaine. »

Mais, dans les yeux de Bryan, je vis une ombre, le doute. Quelque chose d'autre avait changé. Peut-être que mamie Joan ne voulait plus qu'il vienne la voir. Pas ce soir, pas la semaine prochaine, plus jamais.

J'hésitai et puis j'essayai encore. « Seulement de la soupe et la télévision, Bryan. Pas de petites voitures sur le sol pour moi ce soir, pas de confection de biscuits, pas de livre. Je ne serai probablement pas debout longtemps. »

« J'aime la soupe », répéta-t-il. Avec un soupir de résignation, je cédai et mis ma main sur son épaule. « Alors, vous êtes cordialement invité à dîner dans mon château. Le repas sera léger, mais la compagnie sera délicieuse. Escortez la Reine Mère, s'il vous plaît, Sir Bryan. »

Cela valut la peine de regarder ses yeux s'illuminer de joie et de l'entendre rire pendant qu'il exécutait un semblant de salut et répondait : « D'accord, votre Altesse royale. » Pendant que je mettais la soupe sur le poêle et passais mon peignoir, Bryan prépara les plateaux et alluma le téléviseur.

Je dus m'endormir après les premières cuillerées de soupe. Quand je me réveillai, il y avait une couverture de laine sur mes jambes, les bols et les plateaux avaient disparu. Bryan était affalé sur le sol, divisant son attention entre un cahier de coloriage et une émission à la télévision.

Je regardai ma montre : neuf heures! Wanda viendrait bientôt chercher Bryan. Pauvre enfant, quel moment ennuyeux devait-il avoir passé.

Bryan leva les yeux en souriant. Et, à ma surprise, il courut pour me donner une grosse étreinte. « Je t'aime, Mamie, dit-il, ses bras encore autour de mon cou. N'avons-nous pas eu beaucoup de plaisir ensemble? »

Son grand sourire et ses yeux joyeux me révélèrent que, cette fois-ci, ses mots signifiaient bien ce qu'il voulait dire. Et, à ma surprise, je sus qu'il avait raison. Nous avions vraiment eu du bon temps ensemble.

C'était le mot-clé — *ensemble*. Nous n'avions rien fait de palpitant ou de spécial. J'avais dormi dans le fauteuil, Bryan avait colorié et regardé la télévision. Mais nous étions ensemble.

Ce soir-là, je me rendis compte de quelque chose d'important. Les visites de Bryan n'ont pas à être un marathon d'activités. La chose importante, c'est qu'il sait que je l'aime et que je veux être avec lui. Il sait qu'il a une place dans ma vie, qui lui est tout spécialement réservée. Un moment réservé seulement pour que nous soyons ensemble.

Bryan vient toujours me voir une fois par semaine. Nous faisons encore cuire du poulet ou nous allons manger à l'extérieur ou nous confectionnons des biscuits ou encore nous nous promenons dans le parc. Mais, à l'occasion, nous nous consacrons à notre moment préféré ensemble — notre festin d'amour spécial — la soirée de la soupe de Mamie.

Joan Cinelli

Devenir grand-mère

Pour comprendre l'amour de vos parents, vous devez élever des enfants.

Proverbe chinois

Après trois jours de travail, ma fille eut son premier enfant, une magnifique fille de 3,3 kilogrammes.

J'étais surprise de constater que, dès l'instant où elle vit son nouveau-né, la douleur de l'accouchement fut immédiatement remplacée par le bonheur de la maternité.

Dans ces tout premiers instants où je devins grand-mère, quand mon cœur faillit s'arrêter, il y eut un moment exceptionnel, très significatif à mes yeux. Un moment qui se démarqua d'entre tous les autres par la soudaine profondeur de notre lien — fille, mère et grand-mère.

Ma superbe fille se tourna vers moi, les yeux brillant d'une lumière que je ne lui avais jamais connue auparavant.

« Maman, dit-elle, maintenant je sais à quel point tu m'aimes. »

Robin Lim

La poignée de main secrète

Cher John,

Je dois confesser que ton fils — mon nouveau petit-fils — et moi partageons un petit secret. Le premier jour où tu l'as emmené de l'hôpital à la maison et que tu l'as mis dans mes bras, lui et moi avons conclu un pacte. Pendant que personne ne nous regardait, j'ai déplié le tissu ample de sa manche de doux coton pour trouver son chaud petit poing et j'ai libéré ses doigts pour qu'il puisse les enrouler autour de l'un des miens. Sa poigne était assurée, ferme et forte, comme je savais qu'elle le serait, et pendant un instant, comme il me tenait fermement, j'ai été presque submergée par des pensées sur ce que cet enfant signifiait pour moi.

J'ai rêvé de tout ce qu'il lui restait maintenant à faire et à être et je me suis rappelé combien toi, mon tout nouveau bébé à moi — il n'y a pas tant d'années de cela — tu m'avais également tenue fermement. Toi aussi, tu t'étais accroché à mon doigt et tu l'avais serré non pas parce que tu avais peur, mais parce que tu étais déterminé, comme si tu disais : « Ceci est ma force, mon courage pour l'instant. Je m'accrocherai fermement, mais seulement jusqu'à ce que je sois prêt à affronter le monde par moi-même. »

Puis, il me semble que j'ai à peine cligné des yeux et tu as lâché prise, bien avant ce que je croyais. Un hochet aux couleurs vives avec un son intéressant capta ton attention et tu eus besoin d'examiner ce nouvel objet avec tes deux mains douces et rondes. Je clignai encore des yeux et tu étais assis, le torse bombé, en train d'empiler des cubes pour construire une maison. Tu contemplais ton œuvre avec des yeux agrandis par la fierté devant un travail bien fait.

Ces doigts précieux ont grandi et ont fini par tenir un crayon, dessinant des images de ciels ensoleillés et des bonshommes, alors que la pointe rose en triangle d'une langue jonglait sur le coin de ta bouche en signe de concentration. Ces doigts ont sculpté des animaux d'argile, ont appris à lacer des chaussures et à tenir un couteau pour beurrer ton propre pain. Je les regardais pendant qu'ils agrippaient la poignée de ta boîte à lunch, un peu trop fermement dans les septembres de ton enfance, et de manière plus décontractée en mai, alors que tu la balançais à tes côtés.

Ces mains jadis potelées ont perdu leur douce rondeur et les doigts sont devenus longs et fins lorsqu'il fut le temps de tenir des outils, de dribbler avec un ballon de basket et de les poser d'un air presque trop détaché sur le volant de la première voiture que tu as conduite. Avant que je le sache, elles étaient devenues les mains d'un homme, bien qu'un peu de leur douceur soit restée, ct je suis pratiquement certaine que mes tendres souvenirs n'ont rien d'imaginaire.

Puis, le jour vint où je vis la main qui avait serré d'abord la mienne prendre celle d'une autre femme. Cela sembla étrange, mais ce n'était pas mal, alors que tu entourais sa taille de ta main et que tu dansais avec elle.

Pendant toutes ces années passées, je sus, dès le bref instant où tu tins fermement mon doigt, que nous avions conclu une entente, scellée d'une poignée de main secrète, stipulant que chacun de nous lâcherait prise lorsque le temps serait venu. À ce même instant, je sus, alors que nous détachions nos mains, que nous demeurerions toujours liés d'une très belle et très spéciale manière.

Maintenant, alors que je pense au parfait petit poing de mon nouveau petit-fils, avec ses doigts enroulés autour du mien, je sais que je peux cligner des yeux et qu'il sera assis, voulant tenir sa propre cuillère, préférant caresser un chien ou lancer une balle que tenir la main de sa grand-mère ou même celle de sa mère ou de son père. Nous pouvons cligner des yeux encore, et il sera en train de résoudre des problèmes mathématiques, tenant nonchalamment le téléphone sur sa large épaule pendant qu'il parle à une petite amie.

Si je suis chanceuse, je le verrai devenir un homme et au moment où il glissera un anneau au doigt de sa fiancée, je serai surprise de voir combien ses mains sont devenues larges.

Je pourrais penser à toutes ces choses et même plus encore, alors que je pleure ta jeunesse envolée et la mienne. Bien qu'en ce moment je me réjouirais plutôt de façon totalement égoïste de l'émotion que j'éprouvai lorsque mon précieux nouveau petit-fils serra mon doigt et me regarda intensément dans les yeux. Je ne doute pas qu'il me disait qu'il avait confiance en nous pour ne pas l'abandonner, lui enseigner ce qu'il a besoin de connaître de la vie, être là aussi longtemps qu'il aurait besoin de nous. Puis, au moment venu, nos mains lâcheront toutes prise, mais nous continuerons à nous tenir bien serrés dans nos cœurs.

Je t'aimerai toujours,

Maman

Lynn Stearns

Une seconde chance

Quand ils étaient petits et que j'étais plus jeune,
Souvent je manquais de temps pour le plaisir.

Il fallait faire le ménage et payer les factures.
J'étais aussi pressée qu'occupée.

Et quand je les bordais pour dormir,
Mes devoirs m'appelaient encore.

Je les embrassais et je m'en retournais,
Mes promesses brisées encore aujourd'hui.

Nous avions de bons moments. Je les aimais très fort,
Mais année après année, les interruptions augmentaient.

Puis, tout à coup, ils furent grands et ils partirent.
J'eus l'impression que la vie m'avait mise au rancart.

Mais alors, il y eut un miracle. Vous pouvez me croire.
Cette fois-ci, je reconnus mon droit de réplique.

Et je laissai chaque précieux moment être
Étreint et savouré avec bonheur.

Je vois maintenant les enfants de mes enfants
Réunis gentiment à mes genoux.

Mon regard s'élève, reconnaissante,
Car Dieu m'a donné une seconde chance.

L. D. Hindman

« J'ai besoin d'un nouveau ballon de football.
Je me demande si je devrais prier,
écrire une lettre au père Noël
ou appeler Grand-maman. »

Le Noël où je devins riche

Il y avait un arbre ce Noël-là. Pas aussi gros et aussi fourni que certains arbres, mais toutes les précieuses décorations et les lumières étaient accrochées aux branches et il brillait. Il y avait aussi des cadeaux. Gaily les enveloppa dans du papier de soie rouge ou vert, et les scella avec des bouts de rubans et des timbres de Noël colorés. Mais les cadeaux étaient beaucoup moins nombreux qu'à l'accoutumée. J'avais déjà remarqué que ma pile de cadeaux était très réduite.

Nous n'étions pas pauvres, mais les temps étaient difficiles, les emplois rares, les budgets serrés. Ma mère et moi partagions une maison avec Grand-mère, ma tante et mon oncle. En cette année de la Dépression, ils étiraient les victuailles au maximum, emportaient des sandwiches au travail et marchaient autant qu'ils le pouvaient pour économiser le prix des billets d'autobus.

Des années avant que le slogan de la Seconde Guerre mondiale devienne célèbre, nous le vivions déjà comme beaucoup d'autres familles : « Finissez-le, usez-le; contentez-vous-en ou passez-vous-en ». Les choix étaient limités.

Donc je comprenais pourquoi ma pile de cadeaux était si modeste. Je comprenais, mais j'éprouvais quand même une pointe de déception coupable.

Je savais que, dans ces boîtes enveloppées de couleurs gaies, je ne trouverais pas la moindre surprise du genre qui vous couperait le souffle. Je savais que, dans l'une d'elles, il y aurait un livre : Maman réussissait toujours à me donner un nouveau livre. Mais aucune nouvelle robe, ou un pullover, ou un peignoir chaudement matelassé. Rien qui permettait d'espérer que Noël serait plus généreux.

Mais il y avait une boîte où était écrit mon nom. Un cadeau de Grand-mère. Je le conservais pour la fin. Peut-être serait-ce un nouveau pull-over, ou même une robe — une robe bleue. Grand-mère et moi aimions beaucoup les jolies robes et toutes les nuances de bleu.

Poussant avec application des « oh! » et des « ah! » devant l'odorante barre de savon au chèvrefeuille, les mitaines rouges, le livre attendu (un nouveau Nancy Drew!), j'allai rapidement chercher ce dernier paquet. Je commençais à ressentir un regain d'excitation pour Noël. C'était une assez grosse boîte. J'avais honte d'être si avide, de même espérer une robe ou un pull-over — mais l'espérant tout de même, j'ouvris la boîte.

Des chaussettes!

Rien que des chaussettes!

Aux chevilles, aux genoux, même une paire de ces affreux longs bas de coton blanc qui tombaient toujours et faisaient des plis autour de mes genoux.

Espérant que personne n'avait remarqué ma déception, je pris l'une des quatre paires et offris mes remerciements en souriant à Grand-mère. Elle souriait aussi. Non pas de son sourire poli, distrait, du genre « Oui, ma chérie », mais de son sourire heureux, pétillant dans le style : « C'est un cadeau important d'une femme à une autre, alors tu y fais attention! »

Avais-je oublié quelque chose? Je regardai de nouveau dans la boîte. Encore des chaussettes — rien d'autre que des chaussettes. Mais maintenant je voyais qu'une autre paire était placée sous la paire que j'avais trouvée. Deux rangées de chaussettes. Et une autre. Trois rangées de chaussettes!

Maintenant, je souriais vraiment et commençai à les sortir de la boîte. Des chaussettes roses, blanches, vertes, des chaussettes de toutes les teintes imaginables de bleu.

Tout le monde regardait maintenant, riant avec moi pendant que je lançais les chaussettes dans les airs et que je les comptais. Douze paires de chaussettes.

Je me relevai et serrai Grand-mère si fort que ça nous fit mal à toutes les deux.

« Joyeux Noël, Joan ma fille, dit-elle. Maintenant, chaque jour tu auras à faire des choix — une abondance de choix. Tu es riche, ma chère. »

Et je l'étais. Ce Noël et toute l'année. Chaque matin, au moment où je choisissais la paire de chaussettes que je porterais dans mon élégante armoire de chaussettes, je me sentais riche. Et je me sens encore riche.

Plus tard, ma mère me raconta que Grand-mère avait caché ces chaussettes pendant presque une année — économisant des cinq sous et des dix sous, en achetant une paire à la fois. Un jour, voyant une charmante paire de chaussettes bleues brodées à la main sur le revers, elle avait demandé au vendeur compréhensif d'accepter un dépôt et de les lui garder pour trois semaines.

Une année d'amour avait été enveloppée dans cette boîte.

Je n'oublierai jamais ce Noël.

Le cadeau de Grand-mère, cette dépense extravagante pour des chaussettes, m'apprit combien les petites choses pouvaient être merveilleuses et importantes.

J'appris aussi combien l'amour pouvait nous rendre extraordinairement riches.

Joan Cinelli

La grand-mère de remplacement

Le don de l'amour est une éducation en soi.

Eleanor Roosevelt

Pendant tout le chemin vers la maison de retraite, j'entendis Pam se plaindre.

« Je n'aime pas cette idée. Je déteste me retrouver au milieu de personnes âgées et je crois que les maisons de retraite sont des endroits répugnants. »

J'avais suggéré à ma troupe de guides que chacune adopte comme grand-mère une dame âgée de la maison de retraite. Je pensais que ce serait bon pour elles de mieux connaître les personnes âgées et de savoir combien elles sont éprouvées par la maladie et la solitude. Cela leur apprendrait, je l'espérais, à être compatissantes pour les autres. La plupart des filles croyaient que c'était une bonne idée, sauf Pam.

Si quelqu'un a besoin d'apprendre à être compatissante, c'est bien Pam, pensai-je. C'était une enfant unique très gâtée. Elle semblait ne se préoccuper que de son apparence, de ses vêtements et des garçons.

« Beurk! Ça pue ici. »

« Chut! dis-je à Pam. Ce n'est pas l'odeur la plus agréable, je sais. Estime-toi heureuse de ne pas être ici tout le temps, comme c'est leur cas. »

Je me détournai pour parler à l'administrateur. Après quelques minutes, je me rendis dans la salle d'attente principale pour vérifier ce que faisaient les filles. Elles avaient toutes trouvé une dame âgée et semblaient avoir du bon temps avec elles. Toutes, sauf Pam. Je ne la trouvais nulle part.

Je commençai à parcourir le long couloir à temps pour voir Pam entrer dans une chambre. J'arrêtai à côté de la porte.

« Bonjour. » La faible voix tremblante provenait d'une petite femme bossue couchée sur un lit étroit. « Je suis Hannah. »

« Salut! Je suis Pamela. »

« Oh! là, là! Tu es une jolie fille, Pamela. Personne d'aussi joli ne m'a rendu visite avant. »

« Vraiment? »

Je devinais que Pam était très heureuse de ce commentaire.

« Vraiment. » Les petits yeux brillants examinaient Pam. « Tu n'es pas une de ces filles effrontées, n'est-ce pas? »

« Effrontée? » Pam ne pouvait s'empêcher de sourire de la façon dont Hannah avait prononcé le mot. Comme si c'était quelque chose de mal.

« Oui. Effrontée. À mon époque, les mauvaises filles étaient appelées des effrontées. »

« Elles l'étaient? » Pam ne put retenir sa surprise. « C'était quand, Hannah? Est-ce que ça vous dérange si je vous demande votre âge?

Avec un large sourire et montrant ses gencives sans dents, Hannah dit fièrement : « J'ai 104 ans. »

« Cent quatre? » Pam demeura bouche bée. « Vous avez vraiment 104 ans? »

Hannah eut un petit rire. « Je parie que tu ne croyais pas que quelqu'un pouvait vivre aussi longtemps, pas vrai?

Bon, tu tires cette chaise près de moi et tu t'assois un moment. Ça fait longtemps que quelqu'un ne m'a pas rendu visite. »

« Vous n'avez pas de famille? » demanda Pam.

« Oh, non. Ils sont tous morts et enterrés. Je suis le dernier membre de ma famille qui reste. »

J'avançai dans la chambre, me présentai à Hannah et rappelai à Pam pourquoi nous étions là.

Pam me regarda et chuchota : « Elle a 104 ans! »

J'expliquai à Hannah que les filles voulaient adopter comme grand-mère une dame âgée.

Un peu à contrecœur, Pam demanda à Hannah si elle pouvait l'adopter.

Hannah sourit de son large sourire sans dents. « Je serais vraiment fière d'être ta grand-mère. »

Chaque semaine, j'emmenai les filles rendre visite à leur grand-mère de remplacement. J'ignore lesquelles étaient les plus contentes, les filles ou les grands-mères. Au début, Pam était silencieuse, mais au cours des semaines, je pus observer un changement chez elle.

« Elle est incroyable!, disait Pam aux autres filles. Savez-vous qu'elle peut se rappeler le temps où il y avait des problèmes avec les Indiens! Certaines des choses que nous étudions à propos de l'histoire américaine, elle en a été témoin. »

« Tu en es venue à réellement l'aimer au cours de ces derniers mois, n'est-ce pas? » lui demanda sa meilleure amie.

« Tu sais, je l'aime vraiment. Elle est la personne la plus intéressante que je connaisse. Et les histoires qu'elle raconte! Elle est si intéressée à tout ce qui se passe. Elle est paralysée par l'arthrite et complètement clouée au lit, mais elle ne se plaint jamais. »

Je pouvais voir que l'affection entre Pam et Hannah grandissait avec chaque visite. Pam brossait les longs cheveux blancs d'Hannah pendant qu'elle écoutait les histoires sur la façon dont Hannah et les autres jeunes femmes s'habillaient et se coiffaient à son époque. Puis, à son tour, Pam racontait à Hannah toutes ses réflexions et toutes ses peurs, et Hannah partageait avec Pam sa sagesse, issue d'une longue expérience. Elles riaient souvent ensemble.

Pam apportait de petits cadeaux qui éclairaient les yeux d'Hannah. Le favori d'Hannah, c'étaient les bonbons au chocolat au lait que Pam apportait en secret. Souriante, Hannah les laissait fondre dans sa bouche.

Un jour, en route pour notre visite, je remarquai que Pam apportait un gros bouquet de lilas.

« Pam, ils sont magnifiques. »

« Je les apporte à Hannah. Ce sont ses fleurs préférées. »

Lorsque nous arrivâmes, Pam se précipita dans la chambre d'Hannah. « Hannah? »

Je l'entendis appeler le prénom d'Hannah et me rendis dans la pièce. Le lit était fait avec des draps blancs et empesés comme si personne n'y avait jamais couché.

« Puis-je vous aider? » Un des employés avança dans la chambre.

« Oui, nous cherchons Hannah », lui dis-je.

« Oh! mes pauvres, personne ne vous a dit? Hannah est morte la nuit dernière. »

« Est morte? » murmura Pam.

« Oui, son cœur s'est arrêté. Elle est partie très paisiblement. »

« Pam, je suis désolée. » Je plaçai mon bras autour d'elle.

Jetant ses lilas par terre, Pam se tourna vers moi. « Tout ça est de ta faute!, cria-t-elle. Je ne voulais pas adopter une personne âgée. Puis, j'ai rencontré Hannah. Je l'aimais, et maintenant elle est partie. Ce n'est pas juste. »

Je l'entourai de mes bras et la laissai pleurer. Elle n'avait jamais perdu quelqu'un auparavant.

« Hannah voulait que vous preniez ceci. » L'employé tendit à Pam une vieille Bible usée, avec un mot adressé à : Ma petite-fille, Pamela. Le mot disait seulement : « L'amour ne meurt jamais. »

J'assistai aux funérailles d'Hannah avec Pam. Elle ne prononça pas un mot de tout le service. Elle tenait seulement la Bible d'Hannah.

Je ne fus pas surprise que Pam commence à manquer nos réunions de guides les jours où nous visitions la maison de retraite. Je ne savais pas quoi lui dire. *Ça n'avait peut-être pas été une si bonne idée après tout,* pensai-je.

Quelques mois plus tard, à l'une de nos réunions régulières, Pam demanda : « La semaine prochaine, est-ce que je peux retourner à la maison de retraite avec le reste du groupe? »

« Bien sûr, tu peux, mais es-tu certaine que tu le veux? »

Pam sourit et dit : « Oui. Personne ne pourra jamais remplacer Hannah, mais je sais qu'il y a d'autres grands-mères, aussi merveilleuses, qui attendent d'être adoptées. »

« Oui, je parie qu'il y en a. Quelle bonne idée, Pam. »

Elle avait appris et, en agissant ainsi, elle me rappela que *l'amour est toujours une bonne idée.*

Pat Curtis

12

MERCI, MAMAN

*Les personnes qui comptent ne sont pas
celles qui ont des références
mais celles qui se font du souci.*

Max Lucado
And the Angels Were Silent

*La maternité,
c'est d'être disponible pour vos enfants
quand ils ont besoin de vous,
quels que soient leur âge ou leurs besoins.*

Major Doris Pengilly

Des leçons écrites
sur des serviettes de table

Dans la boîte à lunch d'un enfant, on retrouve les pensées d'une mère.

Proverbe japonais

En 1974, ma mère étudiait à New York au Collège catholique pour jeunes filles. Elle était une excellente étudiante et voulait devenir éducatrice spécialisée. Mais ses rêves de carrière dans l'enseignement furent interrompus par un enfant non prévu : le sien. Ma mère devint enceinte de moi pendant sa première année d'université et quitta l'école pour épouser mon père. Même si ma mère laissa l'éducation de manière académique, elle ne la quitta pas totalement.

Quand je naquis, ma mère s'organisa immédiatement pour que l'apprentissage devienne une partie intégrante et amusante de ma vie. Tout ce que nous faisions comportait une interaction positive d'apprentissage, que ce soit en confectionnant des biscuits ou en passant la journée à la bibliothèque. Je ne regardais jamais la télévision, non parce qu'on me l'interdisait, mais parce que c'était bien plus amusant d'écrire des histoires avec ma mère. Nous n'avons jamais été riches, mais avec tous les livres, les rires et les étreintes, je n'ai jamais ressenti la pauvreté.

Quand, à six ans, j'entrai finalement dans une classe d'école, j'étais excitée mais terrifiée. Ce premier jour de classe, durant la collation, je m'assis tranquillement à mon bureau et j'ouvris ma boîte à lunch Miss Piggy. À l'intérieur, je trouvai un mot de ma mère écrit sur une serviette de table. Elle disait qu'elle m'aimait, qu'elle était fière de moi et que j'étais la meilleure élève de maternelle au monde! Ce mot écrit sur ma serviette me permit de passer à travers cette première journée... et beaucoup d'autres jours d'école qui suivirent.

Depuis ce premier mot écrit sur une serviette, il y en eut beaucoup d'autres. À l'école primaire où je me battais avec les mathématiques, je reçus des mots qui me disaient : « Tiens bon, ma grande! Tu vas y arriver! N'oublie pas quel grand écrivain tu es! » Au début de mon secondaire, quand j'étais la « nouvelle », boutonneuse et cheveux crépus, des mots m'étaient adressés : « Sois en bons termes avec les autres. N'aie pas peur. Tout le monde serait chanceux de t'avoir comme amie! » Au collège, quand mon équipe de basketball fut la première dans l'histoire de notre école à jouer dans un championnat d'État, je pus lire : « "Je" n'existe pas quand on joue en équipe. Tu es arrivée aussi loin parce que tu as appris à partager. » Et d'autres mots sur des serviettes envoyées spécialement pour moi au collège et à l'université, lorsque ma mère était physiquement éloignée de moi. Malgré les changements tumultueux à l'université — changements de matière, de petit ami, de ma façon de voir le monde — ma constante demeurait les encouragements de ma mère, son soutien et ses enseignements, rappelés par des années d'amour, d'engagement et de mots écrits sur des serviettes de table.

Ma sœur de dix-neuf ans est maintenant étudiante en deuxième année à l'université. Quelque part dans son dortoir, à travers son uniforme de basket et ses bouquins de soins infirmiers, elle garde cachée mais accessible une boîte de mots érudits écrits sur des serviettes de papier. À la maison, ma sœur de seize ans et mon frère de neuf ans ont aussi leur propre cachette de petits mots. Lorsqu'ils les lisent, je sais qu'ils ressentent la même chaleureuse vague de confiance que moi durant mes années d'école.

Cette année, à l'occasion de Noël, ma mère a reçu un sac d'école, un agenda, des cahiers et une bourse d'études à plein temps pour l'université. Ces cadeaux témoignaient d'un changement imminent dans sa vie. Après une interruption de vingt-cinq ans, ma mère de quarante-quatre ans retourne finalement à l'école pour obtenir son diplôme d'enseignante. Et même si je suis immensément fière que ma mère poursuive ses rêves, j'ai voulu lui faire savoir qu'elle n'avait pas besoin d'un diplôme pour être une brillante enseignante.

Donc, je lui ai aussi donné un cadeau de Noël pour l'école : une boîte à lunch remplie de ses denrées préférées. Elle a ri lorsqu'elle a ouvert la boîte et en a sorti des boîtes de thon en conserve et de jus de légumes. Puis, elle a retiré une serviette de table où était écrit un mot.

Comme elle ouvrait sa serviette de table sur laquelle j'avais écrit « Tu vas y arriver! », des larmes ont commencé à couler sur son visage. Quand ses yeux ont rencontré les miens, j'ai vu qu'elle avait compris mon message tacite. Ma mère est — et a toujours été — une enseignante.

Caurie Anne Miner

La meilleure façon de garder les enfants à la maison, c'est de rendre agréable l'atmosphère du foyer — et de dégonfler les pneus.

Dorothy Parker

Un investissement
qui a rapporté

Pendant notre enfance, nous avons toujours soupçonné notre mère d'être un petit peu folle. Je pense à une journée particulière, un samedi après-midi d'automne où Maman avait couru toute la journée pour faire des courses. Nous, les cinq enfants, étions en train de ratisser les feuilles dans la cour devant la maison quand Maman arriva dans l'allée. Elle conduisait notre vieille camionnette cabossée. (Cela me surprend toujours de constater qu'elle n'était pas embarrassée d'être vue dans cet engin.)

« Hé, les enfants, venez voir ce que j'ai trouvé! » Maman criait avec excitation et nous nous précipitâmes pour aller investiguer. Nous ne savions jamais ce que ma mère était capable de faire. Elle grimpa à l'arrière de la camionnette, ouvrit les bras très larges et cria : « Ta-daa! Pouvez-vous croire que c'était gratuit? » Elle arborait un énorme sourire à l'avance.

Grimpant dans la camionnette pour la rejoindre, nous vîmes le plus affreux canapé du monde. Il avait déjà été bleu et rouge écossais, mais maintenant il était décoloré, taché et le rembourrage sortait à certains endroits.

« *Maman*, s'il te plaît, dis-moi que tu ne mettras pas ça dans la salle de séjour! » grognai-je, terrifiée par la gêne de devoir expliquer cette horreur à mes amis. Les adolescents pouvaient faire des farces comme ça, pas les mères! *Parfois*, pensai-je, *Maman est vraiment cinglée.*

« Bien sûr que non!, rit Maman. Je le mettrai dans le garage. Vous voyez, j'ai eu l'idée que nous pourrions nettoyer un peu le garage et le transformer en un coin réservé aux jeunes. M. Larson en bas de la rue a dit que si nous la voulions, nous pourrions récupérer pour seulement dix dollars sa vieille table de ping-pong, et nous l'installerions là aussi. Alors, quand des amis viendront, vous pourrez vous détendre dans le garage, vous coucher plus tard et ne déranger personne! Alors, qu'est-ce que vous en pensez? »

Je regardai mes frères et sœurs, qui étaient manifestement emballés par l'idée. « Hourra!, cria Chris. Ce sera un coin juste pour les gars. Pas de filles. D'accord, John? » John était prompt à acquiescer, mais Maman interrompit le tout comme mes sœurs et moi commencions à protester.

« Nous allons tous le partager. Vous savez comment les choses se passent ici! Mais avant tout, nous devons nettoyer le garage. Allons-y! » Les râteaux et les tas de feuilles furent abandonnés comme nous suivions Maman dans le garage. Je dois admettre que, même si Maman était assez folle pour nous ramener un horrible canapé à la maison, l'idée d'une pièce qui nous serait entièrement réservée commençait à germer en moi. Il y avait déjà un panier de basket et un jeu de fléchettes à l'extérieur du garage. Ce pourrait devenir un endroit « pas mal *cool* » pour flâner. Je n'étais pas certaine que mes amies jouaient au ping-pong, mais au moins nous pourrions nous asseoir sur le canapé (une fois que j'aurais trouvé une couverture *propre* pour couvrir ces taches) et bavarder.

Notre garage devint rapidement l'endroit préféré du quartier, où les enfants des environs pouvaient se défouler et se détendre. Maman ne pouvait pas être plus heureuse. Elle appréciait qu'il y ait beaucoup de jeunes dans la maison. Tout le monde l'aimait aussi et la traitait comme quelqu'un de la bande. Quelquefois, je revenais le soir avec des copines et je finissais par aller me coucher pendant que Maman et mes amies étaient encore debout à bavarder. Tout le monde la considérait comme leur amie, et j'étais secrètement très fière d'avoir une mère « *cool* ».

Maman fit de notre maison un endroit toujours ouvert à nos amis, quels qu'ils soient ou quels que soient leur passé ou leur réputation. Nos parents étaient toujours très stricts sur nos sorties le soir pour des fêtes ou des rendez-vous, mais Maman nous rappelait toujours promptement qu'elle était heureuse que tous nos amis viennent chez nous. Nous pouvions toujours ramener la soirée à la maison!

Notre sécurité demeurait sa véritable inquiétude. Elle était plus heureuse de savoir que la soirée avait lieu en bas plutôt que chez quelqu'un d'autre! Je pense que Maman et Papa ont probablement passé plusieurs heures sans dormir, pendant que les parties de ping-pong et les tournois de basketball se déroulaient sous leur fenêtre, à toute heure de la nuit. Mais nous ne les avons jamais entendus se plaindre. Pour eux, c'était un sacrifice qui en valait la peine.

Maman n'était pas le genre de mère qui avait toujours des biscuits et du lait à offrir, à nous et nos amis. Au lieu de cela, elle avait au réfrigérateur une préparation pour biscuits et brownies, et du pop-corn à faire éclater au four à micro-ondes, tout cela disponible vingt-quatre heures sur vingt-quatre. Même maintenant, quand mon mari et moi venons rendre visite à nos parents, nous pouvons compter voir mes frères et mes sœurs et des amis là dans la cuisine. Parfois, même lorsque mes frères et sœurs sont absents, leurs amis sont là! Maman s'est tellement fait aimer d'eux grâce à son bon cœur et sa politique des portes ouvertes; ils savent qu'ils peuvent compter sur elle pour les écouter quand personne d'autre ne le fera.

Notre vieux canapé est encore dans le garage. Même s'il est passablement démoli, personne ne veut s'en séparer. Pour nous, il exprime de façon très particulière l'investissement de Maman dans notre vie et dans nos amitiés.

Allison Yates Gaskins

Irrésistible

Ma mère, Beulah Hill Wetchen, naquit dans le rural Alabama en 1908, une époque où la plupart des femmes ne pouvaient même pas songer à une carrière. Déjà petite fille, elle se levait aux premières heures du jour et travaillait pendant de longues journées dans les champs de coton, supportant la chaleur implacable de l'Alabama. Elle me dit que, pendant ces moments, elle se jurait de s'instruire et de poursuivre une carrière d'infirmière. À cette époque, cela exigeait une énorme détermination et de l'ambition pour réaliser son rêve et son objectif de devenir infirmière diplômée.

Étant l'aînée de onze enfants, ses parents comptaient sur elle pour les aider à élever le reste de la famille. De nombreux jours, Beulah restait à la maison au lieu d'aller à l'école pour aider à garder les plus jeunes enfants pendant que sa mère et son père travaillaient dans les champs. Ce fut encore plus difficile de décider de quitter la maison et de suivre une formation d'infirmière à Tuscaloosa, car elle savait que sa mère et son père manqueraient désespérément de son aide. À la fin, toutefois, cette même décision sembla de plus grande valeur à la famille qu'aucun d'entre eux n'aurait pu le prévoir.

Après sa formation d'infirmière, ma mère resta à Tuscaloosa, se consacrant aux soins à domicile et habitant dans son propre appartement. Elle était particulièrement douée pour les soins au chevet des malades, ce qui, à cette époque, était le cœur de cette profession.

Un soir, elle reçut un appel affolé de son père. Howell, son frère de dix-sept ans, était gravement malade. Il avait des douleurs abdominales depuis deux jours et son état avait progressivement empiré, accompagné de fièvre et de frissons. Le médecin, qui venait tout juste de quitter la

maison après avoir administré une injection contre la douleur à Howell, avait dit à mes grands-parents : « Si votre
garçon passe la nuit, il s'en sortira probablement. » La mère
de Beulah ne pouvait pas accepter cet effrayant diagnostic
et ne rien faire jusqu'au matin. Elle dit à son mari : « Nous
devons joindre Beulah. Elle saura quoi faire. »

N'ayant ni voiture ni téléphone, le père de Beulah marcha jusqu'au central téléphonique de la ville voisine de
Moundville pour passer l'appel. Lorsqu'il joignit Beulah,
elle lui dit qu'elle prendrait le train de minuit à destination
de New Orleans. Elle partit immédiatement pour la gare
ferroviaire de Tuscaloosa. Elle savait qu'il n'était pas prévu
que le train arrête à Moundville, mais elle décida qu'elle
ferait face à cet obstacle lorsqu'elle arriverait à la gare.

Lorsqu'elle arriva sur place, elle était assez sûre d'elle et
dit au responsable de la billetterie où elle devait se rendre,
mais on lui répondit que le train n'arrêterait pas à Moundville. En rien découragée, ma mère monta à bord du train et
dit au chef de train : « Vous *allez* arrêter ce train à Moundville. Mon frère est très malade et est peut-être en train de
mourir. Je dois arriver à lui immédiatement et je *descendrai*
de ce train où je dois le faire! »

Apparemment, son regard et le ton de sa voix eurent
l'impact nécessaire sur le chef de train car le train arrêta
brièvement — très brièvement — à Moundville. Ma mère
me dit que son pied n'avait pas complètement quitté la dernière marche du train quand il commença à bouger.

Quand ma mère arriva à la maison, son frère Howel
était étendu sur un lit de camp bas dans la salle de séjour.
Elle s'agenouilla à ses côtés et sentit une odeur très caractéristique dans son haleine. En plus d'avoir constaté que sa
peau était pâle et moite, elle était certaine que son appendice avait éclaté. Elle dit à ses parents qu'ils devaient
l'emmener à l'hôpital immédiatement.

Le même voisin qui avait conduit mon grand-père à la gare les emmena à l'hôpital à Tuscaloosa. À l'arrivée à l'hôpital, ma mère expliqua au surveillant infirmier de nuit ce qu'elle croyait être le problème de son frère et un chirurgien fut appelé. Deux heures après l'appel téléphonique à ma mère, Howel se retrouvait en salle d'opération. Beulah eut la permission de rester dans la salle durant l'opération. Après avoir ouvert l'abdomen, le chirurgien se retourna vers elle et dit : « Mademoiselle Hill, votre diagnostic est exact. L'appendice de votre frère a éclaté. C'est comme de l'eau trouble à l'intérieur mais nous ferons tout ce que nous pouvons pour le sauver. »

Une semaine après l'opération, mon oncle se rétablissait et était en voie de recouvrer la santé.

L'année dernière, ma mère célébra son quatre-vingt-dixième anniversaire et, dans son style bien à elle, la fête fut conforme à ses souhaits, avec de la musique, de la danse, des amis et la famille autour d'elle. Comme je la regardais se mêler aux invités, j'imaginai à quoi elle devait ressembler cette nuit — il y a de cela longtemps — où elle se dressa de tout son 1,57 m, regarda le conducteur de train dans les yeux et déclara : « Vous *allez* arrêter ce train parce que je *vais* en descendre! »

Mon oncle Howell vécut pour servir son pays durant deux guerres mondiales; il se maria, éleva une belle famille et devint un membre aimé et respecté de sa communauté. Tous les remerciements vont à ma mère, une femme avec l'énergie suffisante pour entreprendre un chemin difficile, amplement de grand courage pour poursuivre ses rêves et assez de détermination pour même arrêter un train.

Dixie Jane Sokolik

Le pouvoir de l'amour
de ma mère

Je découvris le pouvoir de l'amour de ma mère le printemps où j'avais trente-six ans. J'étudiais dans une faculté de psychologie et je travaillais consciencieusement, fort occupée à préparer mon doctorat. C'était le début du printemps, le gazon était encore jaune et craquait sous mes pieds, pendant que je marchais de ma voiture jusqu'à l'entrée de l'hôpital. Depuis un mois, je souffrais d'infections tellement résistantes que même les antibiotiques les plus puissants ne pouvaient les faire disparaître. Je me sentais incroyablement faible, mais j'avais tellement à faire que j'avais hâte d'en finir avec ce rendez-vous.

Comme je passais péniblement à travers les portes coulissantes vitrées de la zone d'admission, j'anticipai un diagnostic d'anémie ou toute autre déficience vitaminique, un sermon sur mes mauvaises habitudes alimentaires, se terminant avec un nouveau traitement super vitaminé et un régime sévère. Je pouvais entendre la voix de ma mère : « Je te l'avais dit — tu devrais manger plus de protéines. Tu ne prends pas bien soin de toi. Tu étudies trop fort. » *Pourquoi est-ce que cela arrive maintenant?* pensai-je avec ressentiment. *Ça arrive tellement à un mauvais moment.*

Après une attente qui sembla durer des heures, un médecin apparut derrière les rideaux rayés de couleur citron et entra dans la cabine où j'étais étendue sur une civière. Surpris de me voir seule, il me demanda où se trouvait ma famille. Je lui dis que mon mari devait travailler ce matin-là et que mon père et ma mère vivaient dans un autre État. Son visage était plus grave et plus inquiet.

« J'ai des raisons de croire que vous avez la leucémie », me dit-il. La déclaration sembla suspendue dans les airs et puis tomba comme une tonne de briques, démolissant mon univers et me secouant jusqu'au plus profond de moi. Après ce premier instant de choc, ma première question fut : « Est-ce que je vais mourir? »

Le médecin expliqua que son diagnostic devait être immédiatement confirmé par d'autres analyses. Ensuite, des traitements de chimiothérapie commenceraient immédiatement. La vérité était que j'allais être admise immédiatement à l'hôpital et que je ne pourrais pas en ressortir avant au moins un mois. Mon état était critique. Il me dit que si j'avais attendu un jour ou deux de plus, cela aurait pu être fatal. Mon corps ne fonctionnait plus à cause de la prolifération rapide des globules blancs dans le sang. Je pouvais encore mourir — soudainement — n'importe quand.

Après un test douloureux qui confirma le diagnostic d'une leucémie aiguë, ma famille commença à arriver. De façon très nette, je me souviens de l'expression de choc et d'angoisse sur le visage de ma mère. Elle ressemblait à quelqu'un à qui l'univers avait asséné un coup mortel, comme si son propre monde avait aussi été détruit. Ce sentiment d'un traumatisme partagé nous accompagnerait au cours des épreuves des cinq mois suivants.

Le temps passa dans le brouillard des traitements. Il y eut trois séjours prolongés à l'hôpital, des séries de chimiothérapie, l'attente interminable pour que la numération sanguine revienne à la normale suite aux effets dévastateurs de la chimio, et des journées et des nuits encore plus longues passées à repousser la fièvre de l'infection. Durant ce temps, ma mère était mon roc, toujours présente, me soutenant toujours. Chaque jour, de douze à seize heures par jour, elle restait là avec moi à l'hôpital.

Un des aspects les plus pénibles de la routine hospitalière, c'était le masque qu'elle devait porter continuellement lorsqu'elle se trouvait dans ma chambre, pour me protéger des microbes potentiellement mortels du monde extérieur.

Néanmoins, elle porta son masque chaque jour sans hésiter et sans se plaindre, supportant avec moi le confinement ennuyeux et inconfortable de la salle d'isolement.

Plus tard, j'en vins à considérer ce temps d'isolement partagé comme un moment d'incommensurables liens, pas très différent du temps où j'étais dans son ventre. J'étais dépendante d'elle pour ma survie, j'avais confiance en elle pour me nourrir et me protéger. J'en vins à prendre conscience de l'énormité des responsabilités qu'elle avait prises à mon endroit lors de ma conception, il y avait des années. Et maintenant, sans un instant d'hésitation, encore une fois, elle avait pris cette responsabilité. La beauté et le pouvoir de notre lien et son engagement à prendre soin de moi furent des forces de guérison profondes pour mon rétablissement.

Durant ces mois, ma mère et moi suivions plusieurs rituels qui vinrent nous soutenir. Chaque matin, je me levais tôt et m'asseyais à la fenêtre attendant que la familière voiture rouge de ma mère passe tranquillement sur la rue et entre dans le parc de stationnement des visiteurs. Lorsque j'apercevais sa voiture, je me sentais immédiatement capable de passer un autre jour — comme si elle était mon ange gardien, me guidant et me protégeant à travers le combat le plus difficile de ma vie. Alors qu'elle marchait du parc de stationnement jusqu'à l'hôpital, je lui faisais signe de la main. Chaque matin, elle regardait vers moi et répondait joyeusement à mon geste. Elle aussi était heureuse de me voir.

Durant ce temps, je commençai à comprendre qu'une mère fait ce qu'elle doit faire pour nourrir et protéger son enfant, même si cela signifie endurer de terribles conditions elle-même. J'appris plus tard que ces longues journées à l'hôpital étaient très stressantes pour ma mère. Certains jours, elle souffrait de démangeaisons dues à un douloureux urticaire et descendait aux urgences pour se faire soigner. Elle le cachait si bien que je ne pouvais jamais savoir qu'elle était incommodée. La plupart du temps, elle s'asseyait à côté de mon lit et nous parlions, jouions aux cartes et regardions « Oprah » toutes les deux. À d'autres moments, elle lisait tranquillement et me regardait dormir.

Pendant ces journées, ma mère n'avait d'autre objectif que me dire, par sa présence, qu'elle m'aimait. Je ressentais particulièrement son amour lorsqu'elle tendait sa main et la posait sur la mienne. Un tout petit geste, mais qui m'apportait immédiatement le calme et la paix — une impression que le monde allait bien et moi aussi.

Je chérissais aussi nos rituels du soir. Plusieurs soirs, je fus paniquée et anxieuse de voir qu'il était temps pour ma mère de partir. Elle m'embrassait en me disant au revoir et m'assurait que je la reverrais le lendemain. Encore une fois, je me perchais sur le rebord de la fenêtre et attendais de la voir marcher dans la nuit jusqu'à sa voiture. Comme elle approchait du bout du trottoir, elle se retournait et regardait les fenêtres assombries de l'hôpital pour me trouver, alors que je lui faisais signe de la main. Puis, je suivais les feux arrière de sa voiture qui disparaissaient dans l'obscurité, sachant que dès le matin nous recommencerions tous nos rituels. C'est de cette façon que nous avons survécu à ces mois remplis de défis — ensemble.

Finalement, je me suis rétablie de ma leucémie et je suis en rémission depuis maintenant sept ans. Me battre pour ma vie fut douloureux de toutes les façons. Pourtant, le partage de cette épreuve avec ma mère produisit quelques-uns des plus précieux moments de notre relation. J'ai expérimenté de première main l'irrésistible pouvoir de l'amour d'une mère, capable d'apporter la paix et la guérison, même dans les circonstances les plus difficiles de la vie.

Shana Helmholdt

Une maison pour Maman

Derrière chaque grand homme, il y a eu une mère remarquable.

Lyndall dans *The Story of an African Farm*
de Olive Schreiner

Ma mère grandit dans les hautes — et pauvres — terres du Sud, où la vie était dure, où les hommes réussissaient à cultiver dans l'argile et où les femmes elles-mêmes travaillaient jusqu'à en mourir. La pauvreté représentait tout ce dont elle avait été témoin, tout ce qu'elle avait goûté et avait été.

Mon premier souvenir d'elle est celui d'une grande femme blonde, traînant un sac de toile de quarante-cinq kilos à travers un champ qui devait faire dans les quarante acres carrés. Je me souviens du bruit du sac pendant qu'il glisse à hauteur de poitrine entre les tiges d'un vert si profond, si sombre, qu'elles paraissent presque noires. Je me rappelle aussi de l'odeur de la sueur mêlée à la poussière soulevée. La grande femme porte un pantalon d'homme et un vieux chapeau de paille et, de temps à autre, elle regarde par-dessus son épaule pour sourire au petit garçon de trois ans dont les cheveux sont d'un blanc presque aussi pur que les graines de coton qu'elle ramasse. Le petit garçon se laisse porter sur le bout du sac d'environ deux mètres de long, comme s'il s'agissait d'un tapis magique. C'est mon premier souvenir et c'est le meilleur. Un souvenir qui continue à hanter mes pensées, puisqu'il résume si parfaitement sa façon tellement digne de nous emmener avec elle, mes deux frères et moi.

Elle ramassait du coton pour quelques dollars par jour. Et lorsque ce travail était terminé, elle dépouillait de longs

rangs de canne à sucre, ramassait des tomates et des paca-
nes — un labeur éreintant, le dos penché. Le travail manuel
transforma lentement la superbe jeune femme en une
autre, vieillie avant son temps.

Le soir, Maman repassait dans la chambre que je parta-
geais avec mes frères dans la toute petite maison de ma
grand-mère. J'avais l'habitude d'aller dormir avec les vêtements d'étrangers empilés sur mon lit. Chaque chemise lui
rapportait seulement quelques sous, mais elle y travaillait
des heures et des heures, dégoulinant de sueur.

Elle s'inscrivit pour que nous recevions de l'aide sociale
et des repas gratuits. Même si elle détestait faire la queue
pour le fromage distribué par le gouvernement, elle le faisait quand même.

Au magasin d'entraide, elle faisait la queue, attendant
pour acheter des robes qui couvriraient ses bras brûlés par
le soleil. Je me rappelle que nous fouillions dans la décharge
municipale, cherchant dans les montagnes d'ordures un
trésor que Maman pouvait vendre : des fils de cuivre, de
l'aluminium, des bouteilles de Coca-Cola et de Royal
Crown, qui valaient un sou.

Il semblait que ma mère ne faisait que travailler, sortant simplement pour aller faire des courses. Cela me prit
beaucoup de temps pour me rendre compte qu'elle restait à
la maison parce qu'elle craignait que nous puissions avoir
honte d'elle.

Je ne me rappelle pas avoir jamais eu honte de ma mère
quand j'étais petit garçon. Mais plus tard, quand je découvris les filles et que je me fis des amis, j'admets que j'étais
content de la laisser dans son propre exil.

Je me souviens de l'été, avant de commencer le
deuxième cycle du secondaire, où je sortais sérieusement
avec une meneuse de claque de quatorze ans. Elle était la
fille d'une famille respectée de la petite communauté où

j'allais à l'école, mais qui n'était pas celle où j'habitais. Je ne lui avais rien dit de mon milieu social. Je me croyais en sécurité.

Un jour, j'entendis frapper à la porte. C'était elle, encadrée de ses amies. Elles venaient m'inviter à un pique-nique. Je n'oublierai jamais l'expression de leur visage lorsqu'elles entrèrent dans la minuscule salle de séjour, avec son canapé déchiré, son tapis usé et ses ampoules nues suspendues au plafond. Et je vis la façon dont elles regardèrent ma mère, avec ses sandales et son vieux pantalon déchiré aux genoux.

J'avais honte de ce que j'étais. Pire, j'avais honte de ma mère.

Le temps passa et j'avais vingt-sept ans. Je ne restais plus à la maison depuis longtemps, et tout embarras déjà ressenti avait disparu depuis longtemps. J'essayais d'aider Maman avec de petites choses, comme payer l'épicerie et les factures de médecin, pour compenser le mal que j'avais pu lui faire. Mais la chose que je désirais le plus était au-delà de mes possibilités.

Toute sa vie, ma mère avait vécu dans la maison des autres. « Maman, disais-je, un de ces jours, je t'achèterai une maison. » Elle hochait la tête. Elle pensait que je rêvais.

Elle n'avait même jamais dit qu'elle voulait une maison. Elle n'y avait même jamais fait allusion. Mais si vous aviez pu voir son visage lorsque nous suivions les routes de campagne de notre comté, l'entendre expliquer que celle-ci avait une charpente en forme de « A » et une autre était de style victorien, et que celle-ci aurait besoin de peinture et que celle-là venait juste de recevoir un revêtement d'aluminium, vous auriez su.

J'aurais pu lui acheter une maison à crédit, mais je craignais que quelque chose ne survienne, m'empêchant de la payer. La seule chose pire que se passer de quelque chose, c'est recevoir quelque chose puis se le faire enlever. Je ne pouvais prendre ce risque et je décidai que je devais acheter une maison au comptant.

Le problème, c'est que j'avais choisi la profession la moins rémunérée d'Amérique, le journalisme. Au collège, la seule chose où j'excellais était le récit d'histoires et ce n'était pas payant.

Je me joignis au journal de l'école car la carte de presse me donnait la liberté de traîner dans les couloirs et de perdre mon temps. Je ne pouvais savoir que cela me sauverait.

Après le collège, je m'inscrivis à l'Université d'État de Jacksonville pour un cours de rédaction de nouvelles. Je me présentai au journal de l'école et proposai d'écrire bénévolement. Je couvrais les sports et rendais bien compte des événements, la plupart du temps.

Quelques semaines plus tard, le rédacteur en chef du journal local, le *Jacksonville News,* m'appela pour me demander si je voulais un emploi de journaliste pour cinquante dollars par semaine.

Ma mère découpa mon premier article et le plaça dans un album, comme elle le fit pour chacun de ceux qui suivirent qu'elle put trouver. J'écrivis d'abord sur les sports, puis je quittai l'université puisque celle-ci m'avait donné ce que je voulais : un emploi costume-cravate. Rapidement, je prêtai mes maigres talents à des journaux de plus en plus importants et, finalement, je devins une sorte de reporter national itinérant. En 1994, j'allai travailler pour le *New York Times*, le temple de la profession. Ce travail m'envoya à l'autre bout du monde et dans les mêmes sortes d'hôtels particuliers à colonnes où ma mère avait l'habitude de nettoyer les salles de bain.

Et puis, quand j'eus trente-six ans, je gagnai le prix Pulitzer.

Maman n'avait jamais entendu parler du Pulitzer. Quand je lui dis que nous devrions nous rendre à New York pour le recevoir, elle refusa. Je crois qu'elle était effrayée à l'idée que tous ces gens sophistiqués découvrent l'imposteur parmi eux, qu'ils lui demandent de quitter la table. J'abandonnai après un moment.

Mais quand la nouvelle s'ébruita, son téléphone ne cessa de sonner pendant des jours. De la parenté dont nous n'avions pas entendu parler depuis des années, des professeurs, de parfaits étrangers appelèrent pour dire combien ils étaient fiers que j'aie gagné un prix si prestigieux. Des gens qui ne lui avaient jamais adressé la parole auparavant parlaient avec elle dans la rue.

Je l'appelai une dernière fois pour la supplier de venir. « J'ai réfléchi à ce sujet, dit-elle, et j'estime que je suis capable de le faire. » J'ai presque lâché l'appareil. Elle avait décidé que si cette chose était si importante pour tout le monde, alors elle devait être d'autant plus importante pour moi.

Ma mère n'avait pas peur de grand-chose. Mais le jour du déjeuner préparé pour le lauréat du prix Pulitzer, elle était effrayée. Lorsque nous nous rendîmes à la réception, l'endroit était bondé; nous sommes donc restés debout juste devant la porte. Je touchai son épaule qui tremblait.

Puis, un par un, les rédacteurs en chef du *New York Times* vinrent rendre hommage à ma mère, pour lui dire quel homme de qualité elle avait élevé. Nous nous assîmes à une table avec Arthur Sulzberger Jr., l'éditeur du *Times*, qui la traita comme une reine.

J'ai souvent vu ma mère pleurer de douleur, de peine, de misère quand j'étais enfant. Je ne l'ai jamais vu pleurer de bonheur jusqu'à ce qu'ils appellent mon nom et que je marche pour aller chercher le prix, puis le lui tendre.

Cette même année, j'ai tenu la promesse faite à ma mère. J'ai pris tout l'argent que je possédais et je lui ai acheté une maison, une belle maison, la première chose de réelle valeur qu'elle ait jamais possédée. Nous avons dû en voir au moins une centaine jusqu'à ce que celle-ci séduise ses yeux et son cœur.

« C'est un rêve, n'est-ce pas? C'est seulement un rêve », dit-elle.

Ma mère croit qu'elle a échoué, que ses trois fils n'ont pas eu assez des belles choses de la vie. Elle se le reproche.

Mais avec le coup de pouce qu'elle m'avait donné et une série d'heureux hasards, je finis par me rendre au temple de cette profession, travaillant sous la direction de véritables légendes au *New York Times* et remportant l'honneur le plus important conféré à ma profession. Je suis aussi fier de cela que d'être le fils d'une femme qui cueillait le coton et repassait à domicile. J'ai toujours cru que l'un ne pouvait aller sans l'autre.

J'espère qu'elle se le reproche aussi.

Rick Bragg
Condensé de It's All Over But the Shoutin'

À propos des auteurs

Jack Canfield

Jack Canfield est l'un des meilleurs spécialistes américains du développement du potentiel humain et de l'efficacité professionnelle. Conférencier dynamique et coloré, il est également un conseiller très en demande pour son extraordinaire capacité à informer et inspirer son auditoire, pour l'amener à améliorer son estime de soi et maximiser son rendement.

Auteur et narrateur de plusieurs audiocassettes et vidéocassettes à succès, dont *Self-Esteem and Peak Performance, How to Build High Self-Esteem, Self-Esteem in the Classroom* et *Chicken Soup for the Soul,* on le voit régulièrement dans des émissions télévisées telles que *Good Morning America, 20/20* et *NBC Nightly News.* En outre, il est le coauteur de nombreux livres, dont la série *Bouillon de poulet pour l'âme, Dare to Win* et *The Aladdin Factor* (tous avec Mark Victor Hansen), *100 Ways to Build Self-Concept in the Classroom* (avec Harold C. Wells), *Heart at Work* (avec Jacqueline Miller) et *La force du Focus* (avec Les Hewitt et Mark Victor Hansen).

Jack prononce régulièrement des conférences pour des associations professionnelles, des commissions scolaires, des organismes gouvernementaux, des églises, des hôpitaux, des entreprises du secteur de la vente et des corporations. Sa liste de clients corporatifs comprend des noms comme American Dental Association, American Management Association, AT&T, Campbell's Soup, Clairol, Domino's Pizza, GE, ITT, Hartford Insurance, Johnson & Johnson, the Million Dollar Roundtable, NCR, New England Telephone, Re/Max, Scott Paper, TRW et Virgin Records. Jack fait également partie du corps enseignant d'une école d'entrepreneurship, Income Builders International.

Tous les ans, Jack dirige un programme de formation de huit jours qui s'adresse à ceux qui œuvrent dans les domaines de l'estime de soi et du rendement maximal. Ce programme attire des éducateurs, des conseillers, des formateurs auprès de groupes de soutien aux parents, des formateurs en entreprise, des conférenciers professionnels, des ministres du culte et des gens qui désirent améliorer leurs talents d'orateur et d'animateur de séminaire.

Mark Victor Hansen

Mark Victor Hansen est un conférencier professionnel qui, au cours des vingt dernières années, s'est adressé à plus de deux millions de personnes dans trente-deux pays. Il a fait plus de 4 000 présentations sur l'excellence et les stratégies dans le domaine de la vente, sur l'enrichissement et le développement personnels, et sur les moyens de tripler ses revenus tout en doublant son temps libre.

Mark a consacré toute sa vie à sa mission d'apporter des changements profonds et positifs dans la vie des gens. Tout au long de sa carrière, non seulement il a su inciter des centaines de milliers de personnes à se bâtir un avenir meilleur et à donner un sens à leur vie, mais il les a aussi aidées à vendre des milliards de dollars de produits et services.

Mark est un auteur prolifique qui a écrit de nombreux livres, dont *Future Diary, How to Achieve Total Prosperity* et *The Miracle of Tithing.* Il est coauteur de la série *Bouillon de poulet pour l'âme,* de *Dare to Win* et de *The Aladdin Factor* (tous en collaboration avec Jack Canfield) et de *The Master Motivator* (avec Joe Batten).

En plus d'écrire et de donner des conférences, Mark a réalisé une collection complète d'audiocassettes et de vidéocassettes sur l'enrichissement personnel qui ont permis aux gens de découvrir et d'utiliser toutes leurs ressources innées dans leur vie personnelle et professionnelle. Le message qu'il transmet a fait de lui une personnalité de la radio et de la télévision. On a notamment pu le voir sur les réseaux ABC, NBC, CBS, CNN, PBS et HBO. Mark a également fait la couverture de nombreux magazines, dont *Success*, *Entrepreneur* et *Changes*.

C'est un homme au grand cœur et aux grandes idées, un modèle pour tous ceux qui cherchent à s'améliorer.

Marci Shimoff

Marci Shimoff est coauteure de best-sellers du *New York Times* — *Bouillon de poulet pour l'âme de la femme*, *Bouillon de poulet pour l'âme d'une mère*, *Bouillon de poulet pour l'âme de la femme II*, *Bouillon de poulet pour l'âme des célibataires*. Conférencière professionnelle reconnue, elle a inspiré, pendant les dix-huit dernières années, des milliers de personnes avec son message sur la croissance personnelle et professionnelle. Depuis 1994, elle prononce des conférences basées sur le message véhiculé dans *Bouillon de poulet pour l'âme* à des auditoires à travers le monde.

Marci est la cofondatrice et la présidente de The Esteem Group, une entreprise spécialisée qui œuvre dans le domaine de l'estime de soi et qui offre aux femmes des programmes inspirants. Des entreprises parmi les plus importantes aux États-Unis ont fait appel à ses talents de formatrice. Parmi ses clients, on retrouve AT&T, American Airlines, Sears, Junior League, Pampered Chef, Jazzercise et Bristol-Myers Squibb. Conférencière réputée pour son humour et son dynamisme, elle a livré son message à des organisations professionnelles, des universités, des organismes de santé, des groupes de femmes et des entreprises Fortune 500. Elle réussit toujours, grâce à ses compétences, à ouvrir les cœurs et à élever les esprits.

Marci allie son style énergique et engageant à une solide formation. Détentrice d'un M.B.A. de l'UCLA (University of California, Los Angeles), elle a également étudié pendant un an aux États-Unis et en Europe pour l'obtention d'un certificat avancé dans le domaine de la gestion du stress. Depuis 1989, Marci a étudié le concept d'estime de soi en compagnie de Jack Canfield et a assisté à son programme annuel de formation destiné aux professionnels.

En 1983, elle a été coauteure d'une étude très remarquée qui portait sur les cinquante femmes d'affaires les plus influentes aux États-Unis. Depuis ce temps, elle est devenue une spécialiste des conférences destinées à des auditoires féminins, afin d'aider les femmes à découvrir l'extraordinaire qui se trouve en chacune d'elles.

Même si Marci a travaillé sur plusieurs projets tout au long de sa carrière, aucun ne lui a procuré autant de satisfaction que la production des *Bouillon de poulet pour l'âme*. En ce moment, travaillant aux futures parutions de *Bouillon de poulet pour l'âme*, elle se sent comblée d'avoir l'occasion d'apporter de l'inspiration à des millions de personnes à travers le monde.

Carol Kline

Carol Kline est une conférencière, animatrice en estime de soi et formatrice diplômée dans le programme d'habiletés parentales *Redirecting Children's Behavior* (RCB). Première animatrice de RCB en Iowa, Carol a offert des ateliers, des classes hebdomadaires destinées aux parents et des programmes au service des formateurs en éducation des enfants depuis 1993. De plus, elle a été consultante dans un camp d'estime de soi destiné aux adolescents et aux enfants. Depuis 1975, Carol a également enseigné dans des programmes de gestion de stress destinés au grand public.

En 1990, elle a commencé à étudier dans le domaine de l'estime de soi avec Jack Canfield et a accompagné celui-ci dans son programme annuel de Formation de formateurs à titre d'animatrice. Son style dynamique et engageant a su capter l'enthousiasme des nombreux auditoires auxquels elle s'adresse.

Carol est aussi une bénévole active dans sa communauté, dans les domaines de la protection des animaux, des collectes de fonds pour les groupes locaux de jeunes et de l'éducation humaniste pour les enfants.

En plus de ses activités touchant la formation des parents, l'estime de soi et le bénévolat, Carol a été écrivaine indépendante pendant quatorze années. Détentrice d'un B.A. en littérature, elle a écrit pour des journaux, des bulletins et d'autres publications. Elle a offert des séminaires destinés aux écrivains sur la façon efficace d'écrire des histoires et a participé comme conférencière à des congrès d'écrivains américains. Elle est coauteure de best-sellers du *New York Times — Bouillon de poulet pour l'âme de l'ami des bêtes* et *Chicken Soup for the Cat and Dog Lover's Soul.* Elle a aussi contribué à plusieurs autres *Bouillon de poulet pour l'âme* avec ses histoires et par son talent de rédactrice.

Autorisations

Nous aimerions remercier les nombreuses personnes et maisons d'édition qui nous ont permis de reproduire les textes suivants. (Note : les histoires qui sont signées *anonyme*, qui appartiennent au domaine public ou qui ont été écrites par Jack Canfield, Mark Victor Hansen, Marci Shimoff et Carol Cline n'apparaissent pas sur cette liste.)

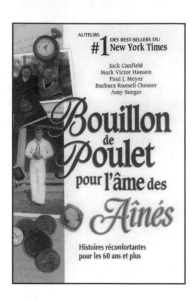

Bouillon de poulet pour l'âme des Aînés

Histoires réconfortantes
pour les 60 ans et plus

Avec ses histoires touchantes, distrayantes et inspirantes, ce dernier *Bouillon de poulet* vous offre des récits vécus par des sexagénaires qui ont donné un sens nouveau à l'expression « devenir meilleur en vieillissant », en accueillant les joies et les défis de l'existence avec élégance, dynamisme et une attitude positive.

Même si elles ont été écrites à l'intention des personnes de soixante ans et plus, chaque histoire révèle des vérités éternelles sur la façon dont chacun peut vivre sa vie avec un maximum de sens et d'agrément.

ISBN 2-89092-300-2 • 336 PAGES

Bouillon de poulet pour l'âme de l'Amérique

Des histoires pour guérir
le cœur d'une nation

Le 11 septembre 2001, l'Amérique et le monde libre ont subi la tragique perte de milliers de vies et la destruction d'un des symboles de la liberté.

Au cours des heures, des jours et des semaines qui ont suivi, une lumière a émergé de la noirceur — un phare éternel d'espoir, de compassion, de courage et d'amour — une lumière qui ne s'éteindra jamais peu importe l'ampleur de l'adversité.

Les histoires de *Bouillon de poulet pour l'âme de l'Amérique* rendent hommage aux hommes, aux femmes et aux enfants qui se sont présentés et ont donné le meilleur d'eux-mêmes en ces temps de grand besoin.

ISBN 2-89092-304-5 • 320 PAGES

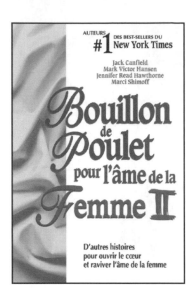

Bouillon de poulet pour l'âme de la Femme II

*D'autres histoires pour ouvrir le cœur
et raviver l'âme de la femme*

Vous serez émus par la manière dont des femmes ont fait face aux moments déterminants de la vie en trouvant l'amour, en faisant face à une perte, en surmontant les obstacles et en réalisant leurs rêves. Avec ses histoires sur les joies, les défis, les relations et les attitudes des femmes, c'est le livre tout indiqué pour vous ou pour toutes les autres femmes dans votre vie : épouse, fille, collègue de travail, mère, sœur ou tante.

Bouillon de poulet pour l'âme de la femme II permet de placer les moments difficiles en perspective, de renouveler votre confiance en vous et de prendre conscience des petits miracles dans votre propre vie.

ISBN 2-89092-291-X • 336 PAGES

Bouillon de poulet pour l'âme
Livre de Cuisine

Des recettes et des histoires

La cuisine est le cœur de la maison. Tant d'expériences de vie se font autour de la table familiale : nous racontons des histoires, nous passons nos journées en revue, nous transmettons des traditions, nous pleurons nos pertes, nous réglons nos différends, nous présentons nos nouvelles amours et nous célébrons des fêtes. Dans la préparation et le partage des repas, nous créons des souvenirs profonds qui restent gravés à jamais dans notre mémoire.

Dans la foulée de *Bouillon de poulet pour l'âme,* voici un recueil d'histoires chaleureuses accompagnées de recettes alléchantes. Assaisonné de bénédicités sincères, ce merveilleux livre vous aidera à retrouver les valeurs traditionnelles et à favoriser le partage de conversations riches — et de nouvelles recettes — à l'heure des repas.

ISBN 2-89092-302-9 • 352 PAGES

SÉRIE
BOUILLON DE POULET
POUR L'ÂME

1er bol

ISBN 2-89092-212-X
288 PAGES

2e bol

ISBN 2-89092-208-1
304 PAGES

3^e bol

ISBN 2-89092-217-0
304 PAGES

4^e bol

ISBN 2-89092-250-2
304 PAGES

5^e bol

ISBN 2-89092-267-7
336 PAGES

Ami des bêtes

ISBN 2-89092-254-5
304 PAGES

Enfant

ISBN 2-89092-257-X
336 PAGES

Ados

ISBN 2-89092-285-5
336 PAGES

Ados Journal

ISBN 2-89092-266-9
336 PAGES

Ados II

ISBN 2-89092-285-5
336 PAGES

Chrétiens

ISBN 2-89092-235-9
288 PAGES

Survivant

ISBN 2-89092-277-4
304 PAGES

Femme

ISBN 2-89092-218-9
288 PAGES

Mère

ISBN 2-89092-232-4
312 PAGES

Travail

ISBN 2-89092-248-0
288 PAGES

Couple

ISBN 2-89092-268-5
288 PAGES

Golfeur

ISBN 2-89092-256-1
336 PAGES

Célibataires

ISBN 2-89092-292-8
336 PAGES

FORMAT DE POCHE

Concentré

ISBN 2-89092-251-0
216 PAGES

Tasse

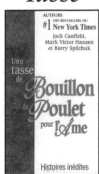

ISBN 2-89092-245-6
192 PAGES

PUBLICATIONS DISPONIBLES

1er bol
2e bol
3e bol
4e bol
5e bol
Ados
Ados II
Ados — JOURNAL
Aînés
Amérique
Ami des bêtes
Célibataires
Chrétiens
Concentré (poche)
Couple
Cuisine (livre de)
Enfant
Femme
Femme II
Golfeur
Mère
Mère II
Survivant
Tasse (poche)
Travail

À PARAÎTRE

Golfeur II
Grands-parents
Future maman
Préados (9-13 ans)
Ados – Coups durs
Père
Ados III

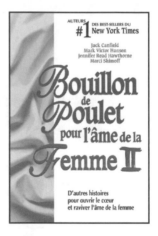